UNIVERSITY OF NORTH CAROLINA
STUDIES IN THE ROMANCE LANGUAGES AND LITERATURES

Number 115

DON MANUEL CAÑETE,
CRONISTA LITERARIO
DEL ROMANTICISMO Y DEL POSROMANTICISMO
EN ESPAÑA

DON MANUEL CAÑETE,
CRONISTA LITERARIO
DEL ROMANTICISMO Y DEL
POSROMANTICISMO EN ESPAÑA

POR

DONALD ALLEN RANDOLPH

CHAPEL HILL
THE UNIVERSITY OF NORTH CAROLINA PRESS

DEPÓSITO LEGAL: V. 146 - 1972

ARTES GRÁFICAS SOLER, S. A. - JÁVEA, 28 - VALENCIA (8) - 1972

ÍNDICE

Págs.

Capítulo   I. Juventud, educación y primeros escritos (1822-1843).   11
—   II. Los comienzos de Cañete en Madrid (1844-1848). *El Faro* ...   50
—   III. Cañete con *El Heraldo*. Primera Parte ...   98
—   IV. Cañete con *El Heraldo*. Segunda Parte ...   126
—   V. Ausencia de Madrid. Regreso triunfal ...   166
—   VI. Cañete en la Academia Española ...   199
—   VII. La crítica de Cañete en la época realista ...   233

BREVE ADVERTENCIA PRELIMINAR

En cuestiones de interpretación literaria, don Manuel Cañete fue el amigo o el enemigo de innumerables escritores. A mediados del siglo XIX el más poderoso de los críticos españoles, pudo apoyar eficazmente las carreras de ciertos favoritos suyos; pidieron y recibieron su aprobación, por ejemplo, Manuel Tamayo y Baus, Adelardo López de Ayala, José Selgas y Gaspar Núñez de Arce.

De otra parte, nadie había en la escena cultural de entonces que participase en mayor número de ruidosas polémicas. Y aquí, en este estudio, tratamos de arreglar por primera vez la desordenada historia de sus muchas batallas. Sus adversarios más fogosos fueron José Zorrilla, José de Echegaray, Leopoldo Alas, Julián Romea y Tomás Rodríguez Rubí (con este último Cañete se batió en duelo). Además, nacieron resentimientos que perjudicaron sus amistades con Fernán Caballero y Gertrudis Gómez de Avellaneda. Ni siquiera como erudito historiador de los orígenes del teatro español podía librarse Cañete de controversias y disputaciones; esta actividad docta, su mayor contribución a las letras, es otro aspecto de sus labores que aquí se delinea.

Aunque Cañete siempre ha sido una autoridad muy consultada, ha faltado hasta ahora una biografía extensa de su vida interesante. Poeta, periodista, crítico y socio de varias academias, trabó amistad con la flor y nata de los intelectuales de Sevilla, Cádiz, Granada y Madrid. En particular hemos podido reconstruir los eventos de sus años juveniles y los comienzos de su vida profesional; nacido en 1822, D. Manuel publicó su primera crítica de teatros antes de tener los quince años; hasta la hora de su muerte en 1891 continuaría incansablemente su tarea de juez literario.

Han facilitado la tarea de reconstrucción los apuntes de un diario; escritos por Cañete en su adolescencia, cuando era muy pobre y sin casa ni hogar, describe los viajes que hizo por Extremadura (probablemente en compañía de algunos faranduleros). Este documento singular se guarda entre los papeles del sevillano en la Biblioteca de Menéndez Pelayo y debo agradecimiento al director de ella, don Ignacio Aguilera, que me autorizó para usarlo; ha sido hasta ahora inédito e inéditas también las diez cartas que constituyen el apéndice epistolar que completa nuestra monografía. Firmadas por José de Bremón, Antonio García Gutiérrez, Eustaquio Navarrete, Antonio Gil y Zárate, Aureliano Fernández-Guerra, Antonio Sánchez Moguel, Pascual Gayangos y el marqués de Cabriñana, están hoy en la misma biblioteca, y representan, tal vez, lo más valioso del estudio que publicamos.

Me ha ayudado a llevar a cabo mi trabajo la generosa ayuda del estipendio que me confirió la National Foundation on the Arts and the Humanities.

Capítulo I

JUVENTUD, EDUCACIÓN Y PRIMEROS ESCRITOS
(1822-1843)

Periódicos madrileños y barceloneses de noviembre y diciembre de 1891 suministran una documentación abundante sobre la última enfermedad, el fallecimiento y entierro de don Manuel Cañete; participaron en la descripción de pormenores necrológicos comentaristas de primera fila tales como don Leopoldo Alas y doña Emilia Pardo Bazán.

Pero Cañete, que murió una figura afamada y discutida en su país, había nacido, al contrario, bajo circunstancias oscuras. Varios biógrafos suyos pudieron conocerle en vida, incluso las dos mencionadas celebridades —pero conocieron esencialmente al anciano. Para ellos el remoto año de 1822, que le vio nacer, y aun la época de su juventud eran en el fondo *terra incognita*. Que yo sepa, ningún íntimo amigo nos ha rasgado con su autoridad el velo de incertidumbre que oscurece la historia verdadera de estos orígenes.

Sin embargo, todos los biógrafos y, también, testimonios provenientes de la correspondencia del biografiado mismo, coinciden en un punto capital: siempre afirman que Cañete nació en Andalucía, en Sevilla, el 6 de agosto de 1822.

Mucho más raras son las noticias que nos han llegado que tratan de sus deudos y es difícil no ver en los existentes ecos de conjeturas y hablillas que debían repercutir por el mundo teatral; aun en estos particulares encontramos bastante unanimidad de parecer.

La condesa de Pardo Bazán, don Emilio Cotarelo y don Mario Méndez Bejarano son los más explícitos, por cauto que se muestre este último en su conocido *Diccionario de escritores, maestros y oradores naturales de Sevilla;* allí, sin identificarle, se limita a citar las siguientes palabras de otro biógrafo anterior: "había misterio en su origen, aristocrático indudablemente, y de una de las casas más linajudas de Andalucía".[1] La novelista coruñesa y el antiguo secretario de la Academia Española especifican más, a propósito de la madre de Cañete. Ha declarado la condesa en su *Nuevo teatro crítico*: "don Manuel Cañete, el docto investigador de los orígenes del teatro nacional, el perseverante crítico dramático, nació entre bastidores, como hijo de actriz, siendo lo que llaman nuestros vecinos *un enfant de la balle*".[2] Cotarelo es el más enfático y el menos desconfiado de todos en esta cuestión, proporcionándonos el nombre de una actriz: "Cañete —escribe en su estudio de la vida de doña Gertrudis Gómez de Avellaneda—, aunque hijo de un título de Castilla, bien que natural, tuvo muy humildes principios, fue en su mocedad apuntador de teatros y sólo en fuerza de talento pudo elevarse, ayudado del Conde de San Luis, a los puestos que ocupó durante su vida. Su madre era bailarina y se llamaba María Cañete, como la madre de don Álvaro de Luna".[3]

¿Fue la actriz doña María Cañete la madre de nuestro poeta? El hijo nunca llevó el apellido de su padre ya que éste no le reconoció, confesándolo así Cañete en dolorosas poesías. Sus papeles, que hoy en día están en la Biblioteca de Menéndez Pelayo, parecen derramar alguna luz sobre esta interrogación. Incluyen un documento que sugiere el interés con que seguramente seguía la carrera de María Cañete nuestro joven del mismo apellido. Es un cuadro para el año cómico barcelonés (del 3 de abril de 1836 al 7 de febrero de 1837), o sea, una lista de actores y otros profesionales del teatro para esa temporada que incluye el nombre de la Sra. María Cañete, sobresaliente de primera, dama joven, primera actriz de carácter joven. El cuadro fue publicado en el *Diario de Barcelona*, en la entrega del martes, 29 de marzo de 1836, cuando Manuel no tenía aún catorce años de edad.

---

[1] Mario Méndez Bejarano, *Diccionario de escritores, maestros y oradores naturales de Sevilla y su actual provincia*, I (Sevilla: Tipografía Girones, 1922), p. 104, col. 1, núm. 429.

[2] Emilia Pardo Bazán, *Nuevo teatro crítico*, IV (Madrid: La España Editorial, 1891), p. 34.

[3] Emilio Cotarelo y Mori, "La Avellaneda y sus obras", *Boletín de la Academia Española*, XVI (1929), 307, n. 3.

Ahora, precisamente fue José Valero, de carrera larguísima y triunfante, el que inició a Cañete en sus empeños relacionados con el arte dramático. En otro de los mencionados artículos necrológicos de la prensa de la capital podemos leer el dato: "En los primeros años de su vida [Cañete] pensó dedicarse al teatro, y fue traspunto de una compañía que por entonces dirigía el inolvidable Valero".[4] Nos parece probable que María Cañete, cualquiera que fuese su parentesco con él, o presentase el adolescente a Valero, o, de alguna manera, facilitase su entrada en la compañía.

Cotarelo ha juzgado que dicha actriz fue, en efecto, la madre de Manuel Cañete. Pero otras consideraciones no nos dejan secundar su juicio; tienen que ver con el año que ésta murió. En una carta inédita firmada por el marqués de Cabriñana, con fecha de Córdoba, el 12 de octubre de 1861, hallamos escritas palabras de consuelo: "Con el mayor sentimiento he sabido el fallecimiento de su Sōra. madre (Q. D. H.) el que me ha impresionado vivamente. Quisiera estar al lado de V. para prodigarle los consuelos de un buen amigo, si bien infructuosos, le demostraría así la extraordinaria parte que toma en su acerbo dolor".[5] La correspondencia que recibió Cañete en 1861 nos proporciona referencias a la delicada salud de su madre y los pésames que recibió a la muerte de ella. En otra carta inédita, del 26 de julio, Aureliano Fernández-Guerra se muestra ya preocupado por la condición física de doña *Francisca*: "He sabido con gozo que tu madre está mejor, cuando más nos flaqueaban las esperanzas de alivio por haberse hecho crónico su padecimiento. Pero deseo tener directamente de ti minuciosas noticias, y que al fin me digas que ves a doña Francisca, firme y alentada". María Cañete, hermana tal vez de doña Francisca, todavía continuaba activa en el teatro después de 1861. La dama joven de 1836, en Barcelona, nos la encuentra en México casi treinta años más tarde don Augusto Martínez Olmedilla, trabajando allí la actriz con la "Compañía Imperial" dirigida por don José Zorrilla. La noche del 4 de noviembre de 1865 pusieron *Don Juan Tenorio* y en la distribución María Cañete hizo el papel de Brígida. Invalidado, al

---

[4] "Muerte de don Manuel Cañete", *La Unión Católica*, 5 noviembre 1891.
[5] Todas las cartas inéditas que cito están en la Biblioteca de Menéndez Pelayo.

parecer, el argumento de Cotarelo, en cuanto a doña María, nos contentaremos poniéndonos de acuerdo con otra observación menos categórica que la de don Emilio: "en el resto del reparto figuran una María Cañete y un señor Capilla, que demuestran la existencia de linajes en el mundillo farandulero", concluye Martínez Olmedilla, hablando de dicha representación, lo cual parece verosímil en el caso de María y Manuel Cañete, parientes sin duda. [6]

Se ha dicho que Cañete tenía herencia paterna de sangre azul. Méndez Bejarano y Cotarelo dieron crédito a esta opinión. La Pardo Bazán, más circunspecta, se restringe a ver en él características de tipo noble: "en sus mocedades —escribe— ejerció el humilde cargo de apuntador. No era sin embargo plebeya su traza, antes muy atildada y pulcra, cual si denunciase mezcla de aristocrática sangre". [7]

Cañete mismo se llamó un "hombre bien nacido". En sus *Poesías* de 1859 hallamos una dedicatoria muy significativa; en ella ofrece sentidas gracias a don Antonio de Rueda y Quintanilla, el marqués de Saltillo, por un generoso favor recibido; la termina asegurando: "aspiro a cumplir con lo que exige la gratitud, cuyas deudas, aun satisfechas, no se extinguen para el hombre bien nacido". [8] En una epístola de este tomo dirigida a don Mariano Roca de Togores, el marqués de Molins, y que lleva la fecha de diciembre de 1858, el poeta revela cuán violenta había sido su reacción juvenil contra el terrible golpe de la repudiación paternal y cuánta satisfacción le dio el haber sabido vencer comienzos tan poco prometedores:

> Sin el vivo oropel de un nombre vano
> Que otro lleva por mí, solo, abatido,
> De la existencia en el verdor temprano
> Corrí a luchar como león herido
> Con la desgracia y la miseria, y fuerte
> Tras tanto batallar las he rendido.
> ....
> ¡Oh santa indignación! Ni aciagas penas,
> Ni tremendos reveses, ni dolores,

---

[6] Augusto Martínez Olmedilla, *Arriba el telón* (Madrid: Aguilar, 1961), pp. 32-33.

[7] Pardo Bazán, p. 34. No está ausente en estas palabras una intención maliciosa. Doña Emilia tenía sobradas razones para no querer bien a Cañete.

[8] Manuel Cañete, *Poesías* (Madrid: Imprenta y Estereotipia de M. Rivadeneyra, 1859).

Ni mortales angustias, con cadenas
De humillación ahogaron mis ardores:
Cuando más cruda adversidad rugía
Más mi valor, mis ímpetus mayores.

Pero la ruptura no era absoluta y final. El padre observando los laudables progresos del joven le ayudaba económicamente de vez en cuando. Si consultamos el libro *Correspondencias literarias del siglo XIX,* ordenadas y publicadas por el distinguido académico don José María de Cossío, hallamos en él una carta fechada en Ronda y del 4 de septiembre de 1840; en ella el actor don Joaquín Arjona da estos consejos al joven de diez y ocho años, felicitándole por la comedia *Lo que alcanza una pasión*: "Te doy la enhorabuena por tu comedia y desearé puedas sacar a ella el mejor partido posible, que no lo veo difícil con la protección del papá". [9] Pero Arjona no menciona al único de noble alcurnia en quien se ha creído descubrir dicho lazo consanguíneo —es decir, no menciona al marqués de Saltillo. Otras palabras de la citada dedicatoria nada quitan de la sospecha. "Tres años se van a cumplir, mi querido amigo —comienzan diciendo— desde que me hizo V. un favor sin tener yo que pasar por el sonrojo de solicitarlo. Este proceder generoso, al que he procurado corresponder lealmente, y que en días de amargura avivó en mí la fe que siempre he tenido en la Providencia, existirá impreso en mi corazón mientras me dure la vida". [10] La vaguedad de la fraseología esconde la naturaleza de la referida transacción; solamente podemos adivinarla a base de las actividades de Cañete en esa época.

Tres años antes, 1854, estalló la revolución de julio y cesó de publicarse *El Heraldo,* el periódico cuyo poderoso crítico teatral era Cañete desde hacía varios años. Tras peregrinaciones a la Montaña, volvió a Andalucía, su patria chica, en enero de 1855. En octubre, en Sanlúcar de Barrameda, Cañete escribió el soneto "A Don Antonio Rueda, marqués de Saltillo, en la muerte de su querida madre"; [11] allí lamenta la súbita muerte por la peste de la anciana dama y no vacila en tutear al noble:

---

[9] José María de Cossío, *Correspondencias literarias del siglo XIX en la Biblioteca de Menéndez Pelayo* (Santander: Boletín de la Biblioteca de Menéndez Pelayo, 1930), p. 86.
[10] Véase la nota 8.
[11] Cañete, *Poesías* (1859), p. 139.

Templa el dolor. No lágrimas merece
La que, amparo feliz del desvalido,
Cayó al impulso del azote odioso.

¿Qué favor hubiera podido hacer, entonces, el marqués de Saltillo por su compasivo protegido que en 1855 le trataba de tú? Si no nos hemos engañado hasta ahora, viendo en Cañete un vástago del noble andaluz, y sabiendo por la carta de Arjona que el verdadero padre, fuese quien fuese, solía ayudarle, con tales precedentes no sería atrevido decir que pudiera haber contribuido importantes sumas para la excelente *Revista de ciencias, literatura y artes*, fundada el mismo año en Sevilla y dirigida por Cañete y su socio José Fernández Espino. De otra parte, dudamos que el aristócrata le hubiera hecho jamás concesiones respecto a su rango social. Pero con todo, otro biógrafo ha añadido sobre este asunto algo más, un punto, si es verídico, conmovedor: "pudo ser rico —declara, refiriéndose a Cañete— e ingresar en la antigua nobleza; baste saber que prefirió el trabajo para mantener a su madre, a la opulencia abandonándola". [12]

La unión en el nacimiento de Cañete de padres de tanta disparidad social, el doble legado que representaron y que más tarde le ayudó a frecuentar con naturalidad dos mundos tan separados, nos dan una clave, tal vez la más importante, para entender bien su éxito posterior. Aparte de su propio talento, fue con la ayuda de actores y aristócratas que Cañete llegó a la cumbre.

Las azarosas circunstancias de su niñez también tuvieron efectos fundamentales en la formación de su carácter. Se ha notado que tan profunda fue su capacidad de querer que profesaba a través de su vida poco menos de un culto de amistad por algunos compañeros; ¿qué mucho que encontrásemos sed de afecto en aquél cuyo padre se negó a dárselo en años formativos? Además, su madre se ausentó, dejándole muy pequeño en manos de otra señora sevillana. Tal abandono hizo del niño un joven sensible y de aire triste quien, quizás a manera de reacción o como necesidad de protegerse contra el dolor, se convirtió en un adulto algo solitario y de espíritu muy independiente. Cañete nunca se casó, y en su madurez tuvo gran confianza en sí mismo, fue un autodidacta en muchos aspectos, y observador de los demás.

---

[12] José Fernández Bremón, "Crónica general", *La Ilustración española y americana*, XLI (1891), 282.

En marzo de 1848 falleció doña Rosa Romero, "la que fue mi segunda madre", según Cañete.[13] El poeta dedicó algunos versos a la memoria de esta mujer que dejó de existir a los 65 años de edad y a quien —nos dice— "Dios y mi madre quisieron confiar el cuidado de los primeros años de mi vida".[14] Sin duda la bondadosa señora ayudó mucho a inculcar en el impresionable corazón del niño esa nota de fuerte religiosidad que siempre le distinguió.

La adversa situación económica del muchacho impedía que completase en regla sus estudios; sin embargo, Hans Juretschke pudo incluirle en su registro de discípulos del célebre don Alberto Lista. Las observaciones de Juretschke son interesantes porque aclaran la naturaleza de la instrucción que ellos recibían: "Los alumnos de Cádiz y Sevilla sólo conocen al segundo Lista, al crítico adverso a la *Enciclopedia* y al defensor de la filosofía de la historia y de la reafirmación nacional. Fernández Espino, Cañete, Huidobro, Bécquer, Zapata o Amador de los Ríos, se sitúan más o menos conscientemente en esta línea".[15] El último de los enumerados, don José Amador de los Ríos, en cartas fechadas a mediados de 1839 y a comienzos de 1840, nos revela que hubo contactos entre Cañete y don Alberto por esas fechas en Cádiz.[16] El discípulo, con sólo diez y siete años de edad ya era editor de una apreciable revista gaditana, *La Aureola*, y parece que su venerable preceptor, en aquel centro comercial, le aconsejaba sobre cuestiones literarias y periodísticas. En una ocasión, aparentemente, por medio de la prensa local, Lista llegó a amonestarle para que no imitase a Zorrilla en el estilo de sus propias composiciones poéticas; Cañete, más tarde, no vaciló en echar en cara al vate vallisoletano este punto cuando quiso rematar su debate en una agria desavenencia que surgió entre los dos: "empiezo a rayar —le informa en un comunicado del año 1849— en la edad en que ciertos juicios comienzan a acrisolarse en abstracto, y eso me sucede a mí con el de tus obras, formado ya definitivamente en mi cerebro desde que el Sr. Lista me hizo caer, en los primeros albores de mi juventud, de

---

[13] Cañete, *Poesías* (1859), p. 258, n. 2.
[14] *Ibid.*
[15] Hans Juretschke, *Vida, obra y pensamiento de Alberto Lista* (Madrid: Consejo Superior de Investigaciones Científicas, 1951), p. 373.
[16] Cossío, pp. 7 y 8.

las alas del entusiasmo que me llevaba a imitarte". [17] En una nota, añade que el artículo pertinente lo dio a luz don Alberto Lista en el *Tiempo*, diario de Cádiz, en 1839, y que se trató de su periódico *La Aureola*.

Otros maestros, tres dignos de mención aquí, guiaron los precoces pasos intelectuales y morales del joven; le conocieron seguramente en Granada, entre 1840 y 1843, siendo el más importante, el preclaro varón don José Fernández-Guerra. "Lo vasto de sus conocimientos —dice Cañete, uno de sus principales biógrafos— el profundo estudio que había hecho de nuestra literatura y nuestro idioma, el buen gusto que le distinguía, y sobre todo el amor con que prodigaba los tesoros de su saber a cuantos a él acudían codiciosos de enseñanza, daba tal autoridad a don José Fernández-Guerra, que todos los que teníamos la fortuna de cultivar su trato recogíamos sus palabras con la veneración debida a su talento y las nobles prendas de su alma". [18] Otros recuerdos del poeta, en verso, nos dan una visión mucho más íntima, más familiar e idílica, de horas deleitosas para él, compartidas con don José y con sus hijos Aureliano y Luis Fernández-Guerra; se los reveló a don Aureliano en 1854:

> Ya la memoria de mi ausente madre
> Ya la de aquellos indelebles días
> En que a las verdes márgenes del Dauro
> Y apacible Genil, sabias lecciones
> De tu amoroso padre recibimos.
> Tiempos alegres, en que el sol brillaba
> De la risueña juventud.... [19]

Si Cañete había recibido de don Alberto Lista lecciones de filosofía, de historia y literatura, preceptos doctrinarios que siempre serían de considerable peso para él, ¿qué "tesoros de saber" podía darle el culto don José en los mencionados paseos pedagógicos? Es de notar que este admirable mentor desempeñó en su carrera "ya las cátedras de lógica y metafísica, ya las de primero y segundo año de leyes, ya las de retórica y bellas artes, ya finalmente, las de historia literaria,

---

[17] Manuel Cañete, "Contestación a la carta de mi excelente amigo Don José Zorrilla", *El Heraldo*, 8 marzo 1849.
[18] Cañete, *Poesías* (1859), p. 228. (Véase también "Recuerdo", *El Heraldo*, 7 abril 1850.)
[19] *Ibid.*, p. 102.

bibliografía, numismática y antigüedades".[20] También era dueño de una preciosa biblioteca de 18.000 volúmenes, incluyendo una colección de 3.000 comedias antiguas. Cañete se ganó sus primeros laureles de dramaturgo en el rico ambiente literario de Granada; sin duda allí también, en esta época, nació el futuro historiador de la dramaturgia patria, escuchando las explicaciones de este maestro instruido, del autor de una extensa historia analítica del teatro español, u hojeando con emoción viva las piezas de la colección de comedias que el solícito don José había de poner a su disposición. Además, Cañete mismo ha dicho que se consideraba adeudado al bibliófilo por una actitud que influía continuamente su crítica teatral: o sea, la adversión que sentía por las reacciones extemporáneas de auditorios, especialmente cuando se trataba de juzgar el espectáculo de un estreno. "En Granada —ha escrito— se representó mi primer ensayo dramático (*Lo que alcanza una pasión*), acogido en el teatro con benevolencia muy superior a su escaso mérito. Allí acabé de persuadirme, gracias a los consejos de don José Fernández-Guerra, de que el común aplauso no es piedra de toque donde se pueden conocer los verdaderos quilates de las obras literarias, ni logra impedir que las corone el desprecio, cuando pasan las circunstancias en que por uno u otro accidente consiguen sin merecerlo estar en boga".[21]

Otro ejemplo nos puede atestiguar que en el alma y en el intelecto del joven, se mezclaba el respeto cariñoso por unos maestros escogidos con la receptividad a ideas de los mismos. Cañete siempre fue uno de los más francos y fogosos defensores de las glorias de la Casa de Austria —de las del rey Felipe II en particular— afecto, realmente, que iba contra los vientos y mareas del romanticismo y aun contra gustos del eclecticismo posterior; inútil es decir que cuando al fin, en 1872, apareció *El Haz de leña* de don Gaspar Núñez de Arce, el crítico lo saludó con feverosas hosanas; pero ya unos años antes del estreno del drama, Cañete, en 1867, dirigiéndose al foro de la Academia Española, presentó sus propios comentarios apologéticos a favor del monarca severo, despertando con sus reparos una polémica larga y estrepitosa en periódicos de la Corte; *El Haz de leña,* por lo que concierne a su tema, era de innegable interés polémico en la España

---

[20] *Ibid.,* p. 281.
[21] *Ibid.,* p. 264.

de entonces, en vez de representar meramente otro fruto de un romanticismo ya pasado de moda.

La admiración que sentía Cañete por la augusta persona de Felipe, secundada por fuertes deseos de vindicarle, también tuvieron sus raíces en la educación que de joven había recibido. En la ya citada epístola a Aureliano Fernández-Guerra, podemos leer:

> Allí también, en el Sagrado Monte,
> Claro honor de Granada, nos espera
> La cordial amistad del venerable,
> Del puro sacerdote a quien debiste
> Lecciones de virtud; por quien un día
> De los reyes austriacos las hazañas,
> Las bondades o vicios a los ojos
> Del mundo se pondrán, con los colores
> De la verdad austera... [22]

El Ilmo. Sr. don Juan de Cueto y Herrera fue el canónigo a quien se alude en estos versos. Por largos años maestro en Granada, sirvió de consejero real de Instrucción pública, escribió una continuación de la *España Sagrada* e historias sobre los reyes Felipe III, Felipe IV y Carlos II; su ilustre carrera se culminó con su admisión como individuo de número en las Reales Academias de la Historia y de Ciencias Morales y Políticas. Aunque en el poema le señala Cañete más bien como profesor de su amigo Aureliano, no deja de incluirse en el recuerdo. Leyendo el trozo citado se ve claro que consideraba al clérigo como autoridad máxima sobre los asuntos monárquicos expuestos. Nos parece lo menos evidente que el polemista de los Madriles de 1867 hubiera traído consigo de Granada, casi un cuarto de siglo antes, criterios fundamentales de su defensa de Felipe II.

Aunque el contacto personal con ilustres educadores fue su sistema principal de instruirse, Cañete lo suplementaba adoptando un método de correspondencia literaria con fines didácticos; con la regularidad que sus actividades le permitían, se dirigía por escrito a otros maestros que moraban en ciudades lejos de su residencia del momento. Este procedimiento, aleccionador en el manejo de la pluma, no lo dejó de emplear en años posteriores al buscar materias y consejos imprescindibles para la correcta consumación de estudios eruditos.

---

[22] *Ibid.*, p. 111.

Una figura con quien estableció semejante relación fue con el distinguido humanista don Juan María Capitán, catedrático que le había conocido en Granada, en 1841, en la casa de su mutuo amigo don José Fernández-Guerra; Capitán fechaba sus cartas ya en Antequera ya en Jerez, dispensando en su tutoría lecciones de latinidad y de literatura peninsular; a veces mandaba títulos de libros que leer, apuntando seguidamente su juicio crítico y otras anotaciones explicativas. Ya en septiembre de 1841 advirtió a su discípulo: "También va una lista de libros que V. no ignora, omitiendo la de otros que sabe demasiado. Añado a cada obra unas brevísimas reflexiones para que sirvan de antídoto a las máximas perniciosas de no pocos literatos irreflexivos..."[23] El latinista continuó su carta en una vena que muestra que él también habría podido influir en las interpretaciones históricas sostenidas por Cañete respecto a la era imperialista española; sus razonamientos no debían de diferenciarse en mucho de los del otro don Juan, el sacerdote, cuando en ella pudo declarar Capitán: "Por cierto que no admiraríamos tanto las bellas producciones antiguas de nuestro buen siglo, si la energía del gran Felipe II no hubiese arrancado con mano fuerte las pestilenciales rencillas que de la Bélgica nos vinieran".

En suma, el decir que Cañete, debido a la inseguridad de su situación vital, no recibió una educación formal en institutos de instrucción superior, que no terminó una carrera, es decir, en realidad, muy poco. Él mismo prefirió confiarse más en maestros escogidos, en un sistema más autónomo y personalizado de formación intelectual. Cañete ha puesto completamente en claro este punto de vista en un estudio que hizo sobre el comediógrafo Lope de Rueda; cuando trata de explicar su concepto de la educación del cómico, se insinúa en lo biográfico una nota autobiográfica, basada, creemos, en su propia experiencia de literato: "Sin cursar con ningún dómine —insiste— ni cursar en ningún aula puede el hombre hacer estudios y tener maestros que influyan poderosamente en el desarrollo de su inteligencia, en la formación de su carácter y gusto, en la dirección y objeto de sus obras. Estos maestros (más eficaces, por lo común, que cualquier otro) son los que él mismo busca por la natural tendencia de su ingenio o por la corriente de sus aficiones".[24]

---

[23] Cossío, p. 246.
[24] Manuel Cañete, "Estudios acerca de nuestra historia literaria. Lope de Rueda y el teatro español a mediados del siglo XVI", *Almanaque de la Ilustración*, XI (1883), 40.

¿Hemos de negar la eficacia de este procedimiento en su caso? Con maestros selectos como los cuatro mencionados, con un programa formidable de lecturas, los estudios de Cañete, erráticos al principio, más tarde concentrados, secundados continuamente por lo que aprendió en teatros, ateneos y en sociedades artísticas, en conversaciones y correspondencias con amigos eruditos, le llevarían al fin a ocupar su sillón en tres prestigiosas academias: la Academia Española y las de la Historia y de Bellas Artes de San Fernando.

Habiendo considerado hasta ahora factores genealógicos de la vida de Cañete y algo de los estudios de su juventud, pasemos al tercer tópico de este capítulo, a sus comienzos profesionales antes de irse a vivir en Madrid en 1844.

Quizá la verdadera precocidad literaria fuese mal conocida por sus contemporáneos y aun por sus biógrafos; uno de éstos, don José Fernández Bremón, hizo esta observación al comentar la muerte del crítico a los sesenta y nueve años: "algunos le suponen de más edad, no porque lo aparentase, sino por haber leído escritos suyos en *La Aureola*, periódico que empezó a publicarse en Cádiz el 8 de agosto de 1839".[25] Pero si Bremon presenta al joven redactor y poeta de diez y siete años —cosa que impresiona, sin duda— no va en ello más lejos; no parece saber para poder informárnoslo que su producción poética antedata tan tiernos años, remontándose a la época de su residencia en Sevilla.

Declaraciones de Cañete mismo indican su actividad de escritor apenas adolescente, su ejercicio profesional de la pluma antes de tener los quince años. Habrá tenido contactos con el teatro también en esta época porque, hablando del nacimiento del muchacho, Méndez Bejarano dice: "no le valió el origen, pues quedó tan escaso de fortuna que en 1836 era traspunte del Teatro Principal". Y luego añade: "Un año después publicaba artículos, versos y revistas en *El Paraíso*, *La Platea* y el *Boletín de Teatros*".[26]

¡Un apuntador de teatro de catorce años! En su oficio, ¡descendiente casi niño del inolvidable Dionisio Solís! Más exigente e importante tenía que ser el cargo entonces de lo que hoy se lo considera y por razones muy sencillas; obras dramáticas de la primera mitad del siglo XIX pudieron mantenerse sólo por breve tiempo ante el público;

---

[25] Fernández Bremón, p. 282.
[26] Méndez Bejarano, p. 194, col. 1, núm. 429.

los cambios constantes de los carteles significaron para los actores una plétora de papeles que aprender; en circunstancias tan difíciles, agravadas por un mínimo de ensayos, naturalmente la incumbencia del apuntador no fue nada insignificante.

Su nueva ocupación debió demandar instrucciones de alguna especie. ¿Quién habrá sido su preceptor? Claro está que María Cañete y amigos actores podían instruirle en cuestiones de declamación. Es muy posible que un señor, hasta ahora no traído a cuento, le guiase también en estos empeños. Se trata de don Antonio María de Ojeda y Palomo. "Debíle desde muy niño cariñosa estimación" —ha escrito Cañete al dedicarle un recuerdo. "Dotado de singulares condiciones para la declamación escénica, habría obtenido grandes triunfos si se hubiese dedicado al teatro. Aun me parece estar viéndole... representar el papel de Pelayo en la tragedia de Quintana, y representarlo con el vigor, con la maestría, con el buen gusto con que a la sazón lo interpretaba Latorre y Valero".[27] Con respecto a Ojeda, Cañete revela en renglón seguido un dato de seguro interés para aquellos que estudian influencias francesas en el teatro español: "Para éste último [Valero] tradujo en prosa elegante y castiza, apenas estrenado en París, el *Kean* de Alejandro Dumas, que tanto y con tan gran aplauso se ha representado desde entonces en los principales teatros de España y de la América española". Concluye el recuerdo aclarando cuán precoces eran sus primeras tentativas de crítico teatral: "Entusiasmado por la brillantez del éxito que obtuvo en Sevilla traducción tan esmerada, en la que Valero hizo prodigios, escribí un largo artículo, cuando todavía no contaba quince años de edad".

Aun consultando la *Historia y bibliografía de la prensa sevillana*, de don Manuel Chaves,[28] no resulta claro en qué periódico hubiera publicado Cañete su estudio de *Kean*. Pero la historia de Chaves cataloga escritos del joven literato en el *Boletín de teatros, El Paraíso* y *El Sevillano*. El boletín fue semanal, de cuatro páginas, gratis y, comenzando en septiembre de 1837, tuvo dos meses de vida. Lo que más llama la atención en el efímero periódico es la lista de los redactores; al lado del nombre de Cañete leemos también los de Francisco Rodríguez-Zapata, José Zorrilla, Gabriel García Tassara y Luis Sartorius.

---

[27] Manuel Cañete, "Teatros", *Ilustración española y americana*, XXXIV (1890), 99.
[28] Manuel Chaves, *Historia y bibliografía de la prensa sevillana* (Sevilla: Imprenta de E. Rasco, 1896), 375 pp.

Sería Sartorius, el futuro Conde de San Luis, el que daría algún día a Cañete el puesto poderoso de crítico con *El Heraldo* de Madrid. ¿Nació su amistad en 1837 cuando colaboraban en el humilde boletín? Si fue así, esta colaboración era importantísima para la carrera de don Manuel.

Según Chaves, en el *Boletín de teatros* apareció la selección poética "El Proscripto árabe". Es el primer título que conocemos de una obra de Cañete en cualquier género literario. El bibliógrafo señala que "las poesías que se publicaron en el *Boletín* pertenecen todas al género romántico, entonces en su mayor apogeo".[29] No hemos podido ver la composición, sin duda un romance morisco, y no se incluye en las *Poesías* de Cañete (dos colecciones, 1843 y 1859).

Antiguos versos suyos que podríamos citar se encuentran en *El Paraíso*, periódico semanal de filosofía, historia, literatura y bellas artes, de Sevilla. Fueron compuestos fuera de esta ciudad, en Badajoz, y llevan la fecha del primero de diciembre de 1838. Se titulan "A una flor" y los escribió Cañete a la edad de diez y seis años. Más tarde incluidos en sus *Poesías*, en la rara colección de 1843, muestran cierta sencillez y delicadeza femenina trastornadas por la infelicidad del último de los versos que citamos:

> Linda flor qu'en el pensil
> Descuidada estás y sola;
> Que abres tu cáliz divino
> A los besos de la aurora,
> Y que al mirar su sonrisa
> Despliegas tus blandas hojas;
> Recoge tu manto blanco,
> Recoge tu dulce aroma,
> Y no dejes te profane
> Del hombre la impura boca.[30]

La imprenta de J. H. Dávila y Compañía publicó *El Paraíso*, nos dice Chaves. La misma casa se había encargado antes de la impresión del *Boletín del teatro*. El periódico fue dirigido nada menos que por don Jacinto Salas y Quiroga, escritor célebre por haber sido director del *No me olvides* (1837), revista de copiosa producción romántica. Además, uno de los redactores de *El Paraíso* fue José Amador de los

---

[29] *Ibid.*, p. 80.
[30] Manuel Cañete, *Poesías* (Granada: Imprenta de Benavides, 1843), p. 92.

Ríos, el futuro erudito y crítico, quien ya en estos años incipientes de su carrera iba a tratar con Cañete en sobradas ocasiones. En *El Paraíso*, que fue publicado brevemente a fines de 1838, se descubre un ejemplo de la prosa romántica de don Manuel; es la historia "Doña Luz", relato insustancial de intrigas amorosas en el Toledo de 900.

Recompensa aun menos valiosa da la inspección de *El Sevillano;* otra vez lo más interesante es la lista de los colaboradores: son, entre otros y al lado de Cañete, el Duque de Rivas, Juan José Bravo, Gabriel García Tassara, Francisco Rodríguez-Zapata, Serafín Estébanez Calderón y ¡gran sorpresa! María del Carmen Cañete con su poema "Al niño menor del General" dedicado a un joven que corrió a prestar sus servicios militares.

La impresión que da tanta faena periodística en Sevilla es en realidad engañosa en lo que se refiere al año de 1838; Cañete no se hallaba en esa ciudad gozando de la comparativa estabilidad que pudieron ofrecerle seguros empleos con la prensa y el teatro municipales. Al contrario, por un período de poco menos de un año se vio obligado a viajar casi constantemente de pueblo en pueblo. Un diario revela el itinerario; escrito con lápiz, formulado con palabras de telegráfica concisión, seguramente es el más modesto de los tesoros que ha dejado entre sus papeles de la Biblioteca de Menéndez Pelayo.

Los viajes de Cañete fueron por la provincia de Extremadura; "afligido y lloroso, maldiciendo a la suerte por impía",[31] como recuerda más tarde en un poema, el joven salió de Sevilla por la primera vez en la vida el 14 de marzo de 1838. Pasando las ruinas de Itálica, siguiendo el camino que iba por Santa Olalla, Monasterio y Fuente de Cantos, arribó a Badajoz con cinco días de viaje. Quedose en Badajoz casi dos meses, saliendo para Cáceres el 15 de mayo. Curiosas son algunas impresiones apuntadas en el diario durante el recorrido; "Llegué a la Roca a las 7 del 15, de donde salí a las 6 1/2 del 16: a las 8 llegué a Zángano, donde volcó el carro de Ybáñez. Estos dos pueblos son en extremo pequeños y miserables; las casas parecen colmenas (muchas de ellas están cubiertas de corcho), sus puertas son sumamente bajas y el único respiradero en las más; los naturales tienen un aspecto salvático, si bien no es repugnante..."

---

[31] Según lamenta Cañete en el poema "La Partida" con fecha de Badajoz, mayo de 1838. Apareció en *La Alhambra*, III (1840), 48.

Por desgracia el diarista nunca da la clave que nos permitiera comprender bien tanta mudanza domiciliaria en 1838; pero otros documentos aclaran que, como escritor, se aprovechaba de las paradas más largas. En efecto, en Santander, compañeros del pequeño diario, se encuentran dos manuscritos suyos, fechados aquel año en Cáceres, adonde llegó el 17 de mayo para quedarse mes y medio. Son dramas. El primero de los dos es *La juglar*, en dos actos y en verso, con la fecha de Cáceres, el 25 de mayo de 1838; el segundo se titula *Miguel Ángel*, y es una comedia en un acto y en prosa llevando la fecha menos precisa de Cáceres, 1838. Estos dramas no tienen más historia pero indican que ya a la edad de menos de diez y seis años se ejercitaba en la composición de obras teatrales. Por ser comedias, sugieren que Cañete hubiera podido viajar en compañía de algún grupo de faranduleros, cosa que, a la verdad, nunca confirman los apuntes brevísimos del diario. Pero los dos manuscritos facilitan un dato firme: Cañete indicó conspicuamente en ambos y con evidente orgullo juvenil que ya era en 1838 socio de número de la Academia Literaria de Sevilla.

En la época de estos viajes España todavía estaba sufriendo los terribles estragos de una sangrienta guerra civil y los caminos eran peligrosos. Cañete pudo anotar en su diario que había visto en la carretera a Trujillo una venta "la cual está derruida por haberle pegado fuego los facciosos". Después de un año de continuo vagar, por fin pudo regresar a Sevilla el 18 de febrero de 1839.

En otro borrador de Cañete, archivado en la misma colección santanderina, el crítico vuelve a mentar esta dilatada ausencia en Extremadura; pero tampoco en él explica el propósito de su año de viajes. En este borrador, escrito después de la muerte de doña Gertrudis Gómez de Avellaneda en 1873, incompleto y probablemente nunca publicado por el crítico, se describen las felices circunstancias de su primer encuentro con la poetisa; tan placentero hizo esta ocasión el regreso de Cañete a Sevilla, que contrastaba con la angustia que le había causado su previo abandono de la villa.

Fue por abril de 1839 que Pepe Montadas, uno de los mejores amigos sevillanos de Cañete, le participó que la joven americana había llegado a la ciudad durante el tiempo de los referidos viajes. "Montadas", escribe Cañete:

> "Ufano de haber merecido la amistad de aquella hada misteriosa venida del trópico..., me pintó con colores vivísimos los atractivos de la ardiente hija de Cuba que llamaba tan pode-

rosamente la atención de mis paisanos, encareciéndola y ponderándola con singular elocuencia. Para un muchacho como yo que no había cumplido aun diez y siete años, refugiado desde muy niño en el amor de la poesía por olvidar prematuros infortunios, dado a la novelesca exaltación del romanticismo dominante, los elogios de mi amigo... eran más que suficiente despertador del ansia de conocerla".

Con la mediación de Montadas el poeta realizó en breve su deseo; tal fue la impresión que ella le causó que, treinta años más tarde en este borrador, el cincuentón todavía pudo recordar que "en aquellos días brillaba Tula con el esplendor propio de una cubana de veintitrés años. Alta, esbelta y elegante, de fisonomía vigorosa y expresiva, en la regularidad de sus facciones algo varoniles y en la majestad de su figura nuestra inolvidable criolla tenía mucho de la belleza estatuaria. Sólo una vez pude entonces verla, porque hube de partir a Cádiz inmediatamente; pero quedé prendadísimo del apasionado y pintoresco lenguaje en que expresaba sus poéticas ilusiones".

En Cádiz, don Manuel, redactor principal de *La Aureola,* no titubeó en invitar a su nueva amiga a que le mandase desde Sevilla composiciones que publicar. Doña Gertrudis le respondió así en una carta fechada el 24 de agosto de 1839: "agradecida a la lisonjera invitación que V. se sirve dirigirme, deseo corresponder a ella ofreciendo para su apreciable periódico algunas de las pocas composiciones a las que he dedicado momentos de ocio y de melancolía, y que, no obstante su poco mérito, serán a V. una prueba del deseo que me anima de complacerle". Don José Montadas continuaba ayudando esta comunicación y fue Cañete el que tuvo la honra de bautizar a doña Tula con su conocido seudónimo de "La Peregrina"; eso nos dejan sacar en conclusión las frases siguientes de la misma epístola: "ruego a V., al ofrecerle la adjunta traducción [32] (y algunas otras composiciones que

---

[32] "La Fuente. Traducción de Lamartine", pp. 78-80 en la entrega del 12 de septiembre. Firma "La Peregrina". En una nota, p. 80, "M." se dirige al lector en estos términos: "Hemos insertado con mucho placer esta lindísima composición, recomendando al público que la coteje bien con su original *la source dans les bois,* siendo en nuestro concepto una traducción de las pocas que pueden exactamente contarse en este número. Tributamos al mismo tiempo las más rendidas gracias a la joven autora de tan preciosos versos, sintiendo en extremo, que su modestia no nos permita dar al público su nombre". De ella también es "A mi jilguero", pp. 194-197.

más tarde podré remitirle por conducto del señor de Montadas) no dar mi nombre en ellas. Aquellas que V. juzgue dignas de ocupar una página en *La Aureola* pueden ser firmadas con un nombre cualquiera: por ejemplo: *La Incógnita,* la *Peregrina*: u otra cualquiera que a V. se le ocurra, y que yo adoptaré para lo sucesivo".[33] La complaciente respuesta llenó de gozo al novel editor y también le llenó de fantasías que más tarde, ingenuamente en el citado borrador, tuvo a bien declarar ser puramente afectuosas y de sentimientos inocentes: "A pesar de que he vivido ya medio siglo, ignoro aun si se debe tener por fortuna o considerar como desgracia la facultad de sentir y querer apasionadamente. Lo que sé bien, es que mientras residí en Cádiz la imaginación me representó muchas veces a Tula rodeada de seductores prestigios, y que me consideré dichoso cuando recibí la primera carta suya. Puedo hablar de esto sin reparo porque su carta no era de amor, ni yo sentí nunca por ella sino desinteresada amistad".

Don José Amador de los Ríos fue otro conocido de Montadas que consintió en colaborar en esta publicación; en una carta fechada en Sevilla, el 13 de agosto, declaró que había recibido la atenta invitación de Cañete y que en consecuencia le enviaba un romance para estrenarse. Han sobrevivido varias que don José dirigió a Cañete a fines de 1839 y a comienzos de 1840, cartas que han sido publicadas por Cossío; en ellas el nuevo colaborador de veintiún años se considera de suficiente madurez para prodigarle al más joven editor numerosos consejos y encargos periodísticos. Hombre franco, sin pelos en la lengua, un tanto autoritario en sus cartas respecto a la corrección de pruebas, es curioso ver cómo y por qué este futuro autor de voluminosos estudios eruditos abogaba por entonces por el género muy romántico de la novelita histórica: "...usando de la franqueza que me es propia —escribe a Cañete el 24 de agosto— le aconsejo que las materias que ocupen las columnas de *La Aureola* sean más variadas y de más interés, no escaseando las novelitas históricas, que lee el ignorante con gusto y diversión y el entendido mira como un producto de una imaginación brillante, admirando al mismo tiempo la facilidad que suelen presentar los asuntos y desenlaces de dichas obritas".[34]

---

[33] Cotarelo, "La Avellaneda", XVII (1930), 185. En el epistolario inédito, Carta I.
[34] Cossío, p. 7.

El nuevo colaborador necesitaba la dirección de don Alberto Lista en Cádiz y se la pidió a Cañete; quería consultar con el venerable literato sobre una compilación de poesías que preparaba en compañía de don Juan José Bueno. Una vez impreso el libro, Cañete lo favoreció con un artículo laudatorio. Hablando sobre el caso, José Fernández Bremón supuso que el editor insertaba en *La Aureola* "acaso su primera crítica de un libro, la *Colección de poesías escogidas,* de Juan José Bueno y de don José Amador de los Ríos, que se publicaba por entregas".[35] Es muy probable que Bremón acertase con esta suposición.

Cañete no contrarió a Amador de los Ríos en lo referente a las novelitas, puesto que publicó en *La Aureola* "La Madona de Pablo Rubens", una leyenda en prosa de don José Zorrilla, al lado de cosas de la misma índole que salieron de su propia pluma. Típico ejemplo fue su cuento romántico "Raimundo" que pasa en Toledo en 1469. Don Pedro García es un hombre malvado que ama a Elvira con vehemencia aunque la doncella ha sido prometida a Raimundo. Don Pedro y sus secuaces atacan al noble caballero y lo matan en lucha desigual. Después del entierro, la muchacha sale a visitar el sepulcro del amado y encuentra allí al odiado asesino. La había esperado para arrastrarla tras sí, pero ella, primero, con su puñal, logra dar muerte a don Pedro sobre la tumba de Raimundo.

En cuanto a las composiciones poéticas que escribió Cañete para *La Aureola,* mostraba en lo temático preferencia por recuerdos líricos de Sevilla y por descripciones de la angustia humana ante el pasar del tiempo:

> Ráfaga borëal la triste vida,
> Cual lluvia de verano, veloz pasa;
> Y devorante y sin piedad arrasa
> Hasta la rosa pura y encendida.
>   Cuando más nos halaga y nos convida,
> Más ligera se ahuyenta, es más escasa:
> Y entonces inclemente nos abrasa,
> Y de nosotros huye endurecida.[36]

Manuel Cañete fue el más fecundo de los poetas de *La Aureola,* si bien contribuían versos Amador de los Ríos, Luis Olona, José Zorrilla,

---

[35] Fernández Bremón, p. 282.
[36] *La Aureola,* 26 diciembre 1839, p. 261.

Joaquín Bouligny, José Montadas y otros. Además, como señala Bremón, "parecía ansioso de cultivar todos los géneros: artículos, cuentos, críticas literarias, polémicas con su firma hemos leído en aquella ya rara colección". [37] En su crítica literaria iba revelando criterios suyos poco francófilos. Bajo "Literatura" escribió el 3 de octubre de 1839: "De cualquier modo que sea, siempre preferiremos un trozo de Cervantes o de Solís, de Granada o de Calderón, que cuantos dramas o comedias buenas o malas ha producido la Francia"; [38] manifestó también su inalterable e intensa admiración por producciones del difunto Larra, afirmando que "*Macías* vino... a colmar la obra de la regeneración teatral, y el fuego de su pasión, y la verdad con que se hallan pintadas las costumbres caballerosas de la época a que pertenece, agradan a todos". En artículos de Cañete la palabra "regeneración" por lo común era sinónima con "el romanticismo español".

No había suspendido el joven crítico su previa participación en el teatro. Bremón afirma que en aquella época todavía "ejercía la profesión de apuntador, en la compañía de Cádiz", añadiendo que "algunos han pretendido, cuando tenía excelencia y era censor de la Academia de la Lengua y literato célebre, humillarle recordando su modesta y honrosa profesión". *La Aureola* refleja los intereses histriónicos de su editor porque en ella encontramos a nuestro crítico, según Bremón, "elogiando a la señora Joaquina Baus, a quien llamó gloria de España y defendiendo contra el fallo del públio un drama de D. I. L. Figueroa, titulado *Isabel de la Paz*. La colección termina con un elogio del joven Luis Olona, que acababa de estrenar en Málaga su primera comedia *¿Se acabaron los enredos?*" [39]

No es claro cuándo el poeta decidió marcharse a Granada. Todavía en enero de 1840 Amador de los Ríos le hacía preguntas por correo sobre asuntos de *La Aureola* y sobre suscripciones en Cádiz a la mencionada colección de poesías escogidas. Descubrimos en *La Alhambra*, el periódico de Ciencias, Literatura y Bellas Artes publicado por la Asociación Literaria y Patriótica de Granada, que en una sesión de competencia del 23 de marzo de 1840, a las ocho de la noche en los salones del Liceo, después de música sinfónica y coros, subió a la tribuna "el joven poeta sevillano don Manuel Cañete, redactor principal

---

[37] Fernández Bremón, p. 282.
[38] *La Aureola*, 3 octubre 1839, pp. 114-115.
[39] Fernández Bremón, p. 282.

del periódico *La Aureola,* y leyó una magnífica composición titulada "El Eco del arpa", que mereció los mayores aplausos, por la belleza de las imágenes, su fluida versificación, y el lindo pensamiento que envolvía".[40] Posiblemente Cañete no regresó a Cádiz después de la competencia ya que la misma revista publicó en abril un soneto suyo titulado "A Granada".

Debieron atraerle a las orillas del Genil oportunidades con el teatro granadino u ofertas de *La Alhambra*. Cañete había colaborado en esta revista desde Cádiz; además, había fechado en Jerez de la Frontera, el mes de septiembre de 1839, "El Otoño", composición poética publicada por *La Alhambra*. Clarísima en esta selección es la influencia de Espronceda, de su visión desalentadora de cómo el mundo engaña con placeres que no pueden satisfacer jamás:

> Ay! Todo cambia en la feraz natura;
> Todo recobra vida y lozanía,
> Mientras que gime el hombre en la amargura
> Sin gozar un momento de alegría!
> Mísera condición la del humano!
> Mirar el mundo de hermosuras lleno,
> Beber la copa del placer ufano,
> Y hallar tan solo matador veneno![41]

Por tres años, 1839-1841, Cañete colaboró con *La Alhambra;* veintidós son las poesías que publicó en ella y, por lo que toca a la prosa, produjo para el periódico un ensayo sobre la literatura dramática nacional, otro sobre poesía española, un artículo filosófico-moral sobre la duda y el cuento medieval "Una historia judaica del siglo catorce".

En la misma fuente hallamos considerable referencia a las actividades de Cañete quien ahora bulle mucho en los círculos culturales de Granada. Llega a ser elegido en 1841 Co-Secretario de la Sección de Declamación del Liceo Artístico, sirviendo en esta capacidad bajo don José Valero, director de la misma sección. Ganándose aceptación, una respetable fama local de buen poeta, crítico y dramaturgo, el joven aumenta notablemente el número de sus amistades entre los literatos.

---

[40] La redacción, "Sesión de competencia del día 23 de marzo", *La Alhambra,* II (1840), 504.
[41] *Ibid.* (1839), 238.

Cañete con frecuencia ponderaba en su madurez aquellos tiempos para él de "entusiasmo juvenil y cordiales expansiones".[42] Recordaba que Granada era, de 1840 a 1843, "una de las capitales de provincia donde más se cultivaban artes y letras, y mayor culto se rendía al espíritu innovador llamado providencialmente a regenerar la patria en literatura, en bellas artes, en todos los ramos del saber humano". Es notable que aquí no sólo alabase lo que consideraba una regeneración, sino que la tuviera por tan oportuna y elevada que, en su concepto, había de manifestarse a consecuencias de la voluntad divina.

Si aquí con "espíritu innovador" y "regenerar" Cañete se refiere al abandono de la imitación neoclásica a favor del romanticismo (la significación que normalmente prestaban a tales expresiones las peculiaridades de su fraseología crítica), no concuerda del todo esta descripción de la vida literaria granadina con otra más moderna. Edgar Allison Peers, en su monumental historia del movimiento romántico en España, teorizó que Granada fue una ciudad cuyos literatos se mostraron poco atentos a las corrientes románticas de la capital. El crítico inglés señaló a *La Alhambra* y, en ella, a Cañete en particular, en su deseo de demostrarlo. Dijo que hubo en *La Alhambra* indicios muy claros que los contribuidores o ignoraban las obras principales producidas en España durante la década anterior, o que no tenían muy alta opinión de su mérito.[43] Luego añadió que era imposible equivocarse sobre la posición del joven Manuel Cañete quien expresó en *La Alhambra* descontento sobre "Nuestra literatura dramática" escribiendo:

> "... al ver el estado de nuestro teatro en el siglo XIX, apellidado de *las luces* por excelencia, no podemos menos de lamentar el miserable estado en que se encuentra tan útil parte de la literatura cuando por razón de los adelantamientos de la época, debiera brillar con todo esplendor... La literatura dramática española, rica y fecunda cual ninguna en otro tiempo, no es hoy, generalmente hablando, más que un remedo de la francesa, que traductores de profesión, más ambiciosos de dinero que de gloria, han introducido a toda costa, degradando nuestra escena. He aquí la causa principal del mal estado de nuestro teatro..."[44]

---

[42] Cañete, *Poesías* (1859), p. 263.
[43] E. Allison Peers, *A History of the Romantic Movement in Spain*, II (Cambridge, England: Cambridge University Press, 1940), p. 26.
[44] Manuel Cañete, "De nuestra literatura dramática", *La Alhambra*, III (1840), 40-41.

A pesar de los sentimientos citados, Cañete no es el ejemplo más apto ni recomendable para demostrar la tesis de Peers. Ya hemos visto que hasta en materias de teatro, sólo poco antes en las páginas de *La Aureola*, nuestro crítico había declarado que *Macías* vino a colmar la obra de la *regeneración* teatral.[45] Una declaración así no indica ni falta de interés de parte de Cañete en las obras publicadas en Madrid en los dos lustros anteriores ni falta de opinión sobre su mérito.

La verdad es que estos años de su colaboración con *La Alhambra* eran de transición para su pensamiento estético como lo eran para el de la literatura española en general; el joven todavía imitaba eclécticamente a Lista y a Larra en su prosa, y, si ya no a Zorrilla, a Espronceda y a Byron en numerosas composiciones poéticas. Sin embargo, solamente algunas de estas imitaciones en verso aparecieron en *La Alhambra*. No se publicó en ella, por ejemplo, una canción báquica escrita en 1841; el poema presenta temas y ritmos semejantes a los asociados con producciones del autor de "El Pirata" y de "A Jarifa en una orgía":

> Cantemos alegres
> Que es grata la orgía;
> Cantemos, que el día
> Muy cerca estará;
> Y envueltos en humo,
> Con vino y licores,
> Cantemos amores...
> La vida es amar![46]

De diciembre de 1842 es su oda "A Espronceda" que tampoco apareció en *La Alhambra*. Estando, como el poeta cantado, ya difunta esta revista, la oda iba a ser impresa en *El Genil*, otra publicación granadina. En el poema vemos el alto concepto que Cañete tuvo de Espronceda, al asegurarle que los hombres sensibles le habían podido entender:

> Oh! no temas: las almas elevadas
> Que se alzan sobr'el fango te comprenden;
> Ellas los rasgos de tu genio entienden,
> Y al escuchar tus cantos, extasiadas,

---

[45] He subrayado "regeneración". Véase la nota 38.
[46] Cañete, *Poesías* (1843), p. 47.

> Ven abrirse a sus ojos
> Una nube purísima do miran
> No los tristes despojos
> Qu'entrega el hombre a la mezquina tierra,
> Sino el genio brillante
> Que las tinieblas con su luz destierra. [47]

Lo que sí ofrece el quinto y último tomo de *La Alhambra* (1841) son claras pruebas del interés de Cañete en versos románticos de Byron. En dicho tomo apareció su paráfrasis del poema "Sun of the Sleepless", una composición que antes había imitado Espronceda. Cañete bautizó "A la luna" a su versión de la poesía byroniana; si el título es más sencillo pero menos bello que el original inglés, salieron bien los versos en lengua castellana; comienzan así:

> Tú que brillas a lo lejos
> Con trémulos rayos, luna,
> Y eres sol de los que velan
> Devorados por la angustia... [48]

¿Es pura coincidencia que hallásemos en el mismo tomo quinto de *La Alhambra* "Al Sol. Paráfrasis de un fragmento de Manfredo" y otros ejemplos de traducción e imitación de Byron publicados por don Juan Valera? ¿Hubo algún esfuerzo hecho en común por popularizar composiciones del célebre vate inglés vertidas al español? No sería inconcebible. Ha escrito Valera sobre sus amigos literatos más antiguos: fueron —nos dice— Luis Olona, con quien estudié latín y filosofía; Cañete y Fernández-Guerra, a quienes desde 1841 trataba en Granada donde leíamos versos en el Liceo..." [49] Habiéndose hecho amigos, los dos colaboradores pudieran haberse asociado en semejante proyecto creativo.

La admiración que sentía Cañete por ciertos románticos no prueban una inclinación exclusivista de su parte; al contrario, su actitud doctrinal de entonces era más bien ecléctica. En efecto, en 1841 Cañete

---

[47] *Ibid.*, p. 118.
[48] *Ibid.*, p. 25.
[49] Cyrus C. De Coster, *Correspondencia de Don Juan Valera (1859-1905)* (Valencia: Editorial Castalia, 1956), p. 31. En esta carta a Damián Méndez Rayón, del 28 de julio de 1864, Valera dice también que había conocido a Espronceda y a Miguel de los Santos Álvarez en 1840 y que se hizo grande amigo de ellos. Es ocioso conjeturar si Valera pudiera haber animado a Cañete a que compusiera su oda a Espronceda.

descubrió con asombro y deleite las bellezas de la obra maestra de Andrés Bello: la "Silva a la Agricultura de la zona tórrida"; este poema de tan marcado tono neoclásico y virgiliano fue publicado en 1826 en *El repertorio americano londinense*. Un compatriota y amigo de Bello, Lino Talavera, otro miembro del Liceo granadino a quien admiraba mucho Cañete,[50] había insertado la composición en *La Alhambra*, suponiendo que todavía quedaba desconocida en España. Allí pudo leerla Cañete; esta lectura debió darle el primer impulso hacia un futuro e importante servicio que prestaría a las letras, el de ser en su país introductor de varios poetas americanos. Precisamente en su prólogo a las *Poesías* de un cubano, había de recordar el impacto que tuvo sobre él la lectura de la silva:

> Muy joven era yo todavía cuando leí en Granada por primera vez la Silva del insigne poeta venezolano Andrés Bello, titulada: *La Agricultura en la zona tórrida*. Tenía yo aprendido entonces que los ingenios hispanoamericanos... estaban en lamentable atraso respecto de los nacidos en la península. Pero cuando vi en la obra de Bello tanta grandeza y energía, tanta variedad y tersura, pensamientos filosóficos tan elevados, versificación tan esmerada y rotunda, y tanta expresión sabiamente pintoresca, nacieron en mi alma dos deseos que no he podido realizar todavía, a pesar de los años que han pasado; uno, visitar el país que engendra tales ingenios; otro, conocer profundamente las obras de todos los poetas nacidos al amor de aquella espléndida naturaleza.[51]

Poca debió ser, en realidad, la frustración que sentía al verse entonces imposibilitado de salir de su querido ambiente andaluz; Granada le proporcionaba constante estímulo y el conocimiento y amistad de varios escritores cuyas carreras, como la suya propia, sólo habían empezado a solidificarse. Algunos, también como él, iban entrando en la escena literaria con sus primeras obras dramáticas.

Tal fue el caso del joven don Manuel Fernández y González, más conocido después como fecundísimo novelista. En artículos críticos posteriores sobre el autor de *Martín Gil*, Cañete, al ensalzarle, solía fijarse

---

[50] Le describe así: "Lino Talavera, satírico y moralista que habría rivalizado con Larra en la vivacidad y trascendencia de sus escritos, sin el lamentable escepticismo de aquél, a no haberle atajado el paso la muerte lejos del sol de los trópicos que alumbró su cuna". En *Poesías* (1859), p. 264.

[51] En don Rafael Mendive, *Poesías*, precedidas de un prólogo de don Manuel Cañete de la Academia Española (Madrid: Rivadeneyra, 1860), p. v.

más en las dotes de dramaturgo que revelaba Fernández y González que en libros que había producido. Su punto de vista fue influido por experiencias personales que había compartido con él en el teatro granadino y por lo sutilmente que Cañete discriminaba entre los géneros novelesco y dramático, acercándolos en su concepto el uno al otro. Con todo, tal vez merezca más investigación el juicio de nuestro crítico de que "aunque al valor y crecido número de las novelas que compuso debió Fernández y González principalmente su fama, el sentimiento dramático era sin duda el principal distintivo de su carácter poético". [52]

Cañete ayudó a representar en Granada por lo menos una obra dramática de este joven quien le llevaba solamente un año de edad: "Anunciando ya lo que había de ser con el tiempo la vena fantástica del autor —recuerda Cañete en 1859— aparecía en la escena granadina (a la cual tuve el gozo de contribuir eficazmente) *Don Pedro el cruel*, drama en que salió por primera vez el fecundo y popular novelista don Manuel Fernández y González". [53] Cañete pudo relacionarse con el mismo señor en otra capacidad profesional: los dos colaboraban con *La Alhambra;* contiene el tercer tomo de la revista (1840) "El Doncel de don Pedro de Castilla. Tradición sevillana", título que muestra hasta qué punto esta figura medieval ocupaba por entonces la atención del novelista.

A pesar de palabras cordiales y entusiastas con que Cañete ha saludado la memoria de Fernández y González, a pesar de esta mencionada colaboración en el teatro, no hay indicaciones de que su amistad fuese muy íntima; al contrario, don José María de Cossío ha señalado en su libro de correspondencias del siglo XIX que la dirigida por Fernández y González a Cañete se reduce en la Biblioteca de Menéndez Pelayo a una carta solitaria, y ella —dice el académico— sugiere formalidad en el trato de los dos escritores. [54]

De otra parte, ciertos jóvenes que se sentían atraídos al género dramático en Granada alrededor de 1840 iban a contarse algún día entre los más queridos compañeros de Cañete; tal fue el caso de los

---

[52] En su necrología de Fernández y González donde Cañete le llama "Uno de los hombres más notables de nuestra patria por su castiza inspiración y maravillosa fantasía" en "Teatros", *La Ilustración española y americana*, XXXII (1888), 58.

[53] Cañete, *Poesías* (1859), p. 265.

[54] Cossío, p. 389.

hermanos Fernández-Guerra y del todavía jovencito don Manuel Tamayo y Baus.

Ya hemos hecho saber la floreciente compadrería de los hermanos y Cañete, las lecciones que recibían los tres de don José Fernández-Guerra. En algunas ocasiones, en alegres excursiones sin la presencia del papá, leyeron al aire libre comedias antiguas, un pasatiempo-"vicio" que consideraban encantador. Ausente en Madrid, en enero de 1842, don Luis escribió al sevillano afirmando los placeres de este culto recreo: "Cuánto no gozaría mi alma leyendo a tu lado algunas comedias del admirable Lope, o murmurando santamente de los demás, en las deliciosas alamedas de la Alhambra! Este vicio es seguramente el más agradable y menos perjudicial de todos, cuando se maneja con talento". [55]

La admiración de don Luis por Lope y por el teatro antiguo le venía de herencia, habiéndose distinguido su padre con sus refundiciones. Nacido en Granada en 1818, don Luis Fernández-Guerra había hecho sus primeros ensayos más bien como pintor que como dramaturgo; sobre estos comienzos relacionados con la Escuela de Bellas Artes, con la Sociedad Económica de Amigos del País y con el Liceo se encuentra bastante consideración en una necrología de esta figura escrita por don Miguel Mir y publicada en las *Memorias* de la Real Academia Española; se ve en la misma fuente información iconográfica sobre Cañete; se dice en ella, hablando de don Luis, que en el Liceo granadino "fueron también expuestos no pocos de sus trabajos pictóricos, entre otros el retrato a la aguada de *Salvador Andrés,* y otro del cantante *Manuel Ojea;* al lápiz los de *Dolores Gómez de Cádiz, Julián Romea, Manuel Cañete,* un *Pontífice griego,* etc." [56] (Según *La Alhambra,* la noche del 22 de marzo de 1841, durante la sesión semanal del Liceo, hubo lecturas de poesías de "La Peregrina", Andrés Salazar y Cañete y don Luis hizo el retrato de éste; puede que sea la misma composición.) Más en adelante la citada necrología deja ver el entrelazamiento de estas carreras nacientes cuando relaciona la de Fernández y González con la de don Luis, profesor de pintura; si el novelista no fue íntimo amigo de Cañete, aparentemente lo fue del difunto panegirizado: "Reconocida la habilidad de Luis Fernández-Guerra para

---

[55] *Ibid.,* p. 418.
[56] Miguel Mir, "Necrología del Ilmo. Sr. D. Luis Fernández-Guerra y Orbe", *Memorias de la Real Academia Española,* VIII (1902), 196.

las cosas del arte, la Junta directiva de la Academia de Bellas Artes... le señaló para sustituir a los profesores de pintura y escultura, lo cual hizo con frecuencia y gratuitamente. Recordaba él en tiempos posteriores que con esta ocasión tenía por discípulo en la escuela de dibujo el que fue más tarde famosísimo novelista, su amigo don Manuel Fernández y González".[57]

El estudioso y más maduro don Aureliano Fernández-Guerra, nacido en 1816, ejerció un ascendiente de tipo intelectual sobre el joven Cañete; su autoridad respecto al sevillano, a quien consideraba un hermano adoptivo, fue tal vez de más alcance de lo que se haya sospechado. No faltan indicios de su dirección y de su consejo a mediados del siglo cuando Cañete, periodista en Madrid, estaba metido en un sin fin de polémicas literarias.

Don Aureliano se había establecido como dramaturgo en Granada antes de llegar Cañete a esa ciudad; ya habían representado a fines de octubre de 1839 su primer poema dramático, *La Peña de los enamorados,* en el que figuraban los célebres actores doña Matilde Díez y don Julián Romea. El drama, con decoraciones árabes pintadas por don José Llop, (quien iba a ser otro buen amigo granadino de Cañete), fue bien recibido por el público y por el crítico don José de Castro y Orozco que escribía en *La Alhambra.*[58] Poco después, en el mismo órgano, don Luis Montes nos informa que "hubo prolongados aplausos" por *La Hija de Cervantes,* otro drama de Fernández-Guerra.[59]

Por relativo que consideremos el éxito de estas dos obras del futuro coautor de *La Ricahembra,* ahora tenía establecida con ellas una reputación de dramaturgo experimentado y eficiente; ahora podía aconsejar con más autoridad en cuestiones de composición a su amigo sevillano, ya que éste también deseaba estrenarse como dramaturgo. Además, en este momento de su carrera, no le faltaban a Cañete actores que simpatizaban con él, que le querían bien y que estaban dispuestos a ayudarle lo más posible en el teatro; podrían nombrarse, por ejemplo, José Valero, José Tamayo, Joaquina Baus y Joaquín Arjona.

La comedia *Lo que alcanza una pasión* fue la primera de Cañete dada al público. Se ejecutó la noche del 17 de febrero de 1841. Muy al gusto de su autor debió ser la observación del crítico de *La Al-*

---

[57] *Ibid.,* p. 197.
[58] En *La Alhambra,* II (1839), 249.
[59] *Ibid.,* 444-446.

hambra, Juan Pérez de Castillo, de que este ensayo dramático tenía "todo el sabor de nuestros escritores del siglo XVII". [60] El joven poeta, sólo el año anterior, había declarado que las bellezas producidas en el Siglo de Oro serían los mejores modelos para combatir lo que él consideraba, en la España de 1840, el estado lamentable de la literatura dramática. Deseoso de que el teatro español dejase de ser eco del francés, Cañete, en *La Alhambra*, había sugerido como el remedio más recomendable la siguiente fórmula: "si la juventud conociendo al fin la riqueza que encierra nuestro teatro antiguo, bebe en tan pura fuente sus inspiraciones, escribiendo del modo que requieren los adelantos, pronto cesaremos de deplorar el mal estado de nuestra escena, degradada (no nos cansaremos de repetirlo), por abortos transpirenaicos casi en francés". [61] La constante repetición de esta fórmula a través de largos años de su crítica literaria tampoco le iba a cansar. Cañete, cuyos sentimientos relativos al porvenir del teatro en España eran siempre en el fondo algo pesimistas e inquietos, confiaba más en la eficacia de esta forma de posible renovación que en otra alguna.

El crítico de *La Alhambra* se mostró benigno con Cañete; consciente tal vez de la edad del nuevo dramaturgo y de que se trataba de un primer ensayo, lo juzgó con generosa bondad y sin censura. Así es que en su reseña de *Lo que alcanza una pasión* tuvo a bien enumerar cualidades afirmativas demostradas en la obra: "Versificación fluidísima y correcta, pensamientos brillantes y dicción pura son las dotes que le caracterizan. El argumento si es bien sencillo, está felizmente concebido, y felizmente desempeñado: y aconsejamos al señor Cañete que al hacer otra composición dramática, pues reconocemos en él relevantes dotes, no deje de dar todo el vuelo que en sí tiene su florida y brillante imaginación detenida por una modestia que debe desechar, cuando tan bien ha desempeñado el pensamiento que se propuso al escribir *Lo que alcanza una pasión*". Luego añade: "La ejecución fue buena, y particularmente brilló la señora Baus que en el acto 2.º y final del 3.º estuvo inspirada y admirable. Al concluir la comedia fue aplaudida, y damos la más sincera enhorabuena a su joven autor por el feliz éxito de lo que con su modestia llama ensayo dramático". [62]

---

[60] *Ibid.*, IV (1841), 95.
[61] *Ibid.*, III (1840), 40.
[62] *Ibid.*, IV (1841), 95.

Recordemos que don José Fernández-Guerra amonestó a su discípulo que, como dramaturgo, no tuviese ilusiones injustificadas nacidas del aplauso de los que no saben distinguir; acatante en esto, Cañete nunca exageró el modesto valor intrínseco de su *Lo que alcanza una pasión*. Pero en la hora de este triunfo juvenil le habrá emocionado al muchacho de diez y ocho años el verse por fin nombrado autor en los carteles, aplaudido en un teatro y pregonado por la prensa.

Si esto no bastaba, él vería reforzado su placer por la aclamación dada a *Genoveva de Brabante*, la obra que siguió a la suya en las tablas. Fue ésta una excelente traducción, el primer fruto de los desvelos de Manuel, el hijo de once años de doña Joaquina Baus. Cañete pudo presenciar conmovido la ruidosa aprobación que se ganaron el hijo y la actriz, quienes, llamados a la escena, salieron abrazados. El que la buena dama hubiera participado tan recientemente en su propio estreno sólo hubiera servido para redoblarle el gozo.

Durante su carrera teatral Cañete compuso una docena de obras dramáticas (o libretos de zarzuelas), pero *Lo que alcanza una pasión* fue la única que vio la luz en Granada; los comienzos del dramaturgo en esa ciudad, por lo visto prometedores, no fructificaron más en ella. Quizá se lo impidió la intensidad con que sentía sus propios problemas, especialmente la cuestión de su nacimiento. A decir verdad, aún en 1841 Cañete estaba sumamente obsesionado y le desasosegaba robándole la felicidad y la paz del alma. En aquel año cuando dedicó su poema "Una gota de rocío y una lágrima" a los esposos doña Joaquina Baus y don José Tamayo, no era para cantar glorias ajenas, sino, románticamente, su propio constante dolor:

> Tan solo a padecer, perla brillante
> Que fresca aurora derramó del cielo!
> Tan solo a padecer! y ni un instante
> Tregua pude hallar a mi desvelo.
> Que un agudo pesar desde la infancia
> Sus alas agitó sobre mi frente,
> Como combate en los campos la elegancia
> De las risueñas flores la torrente.
> Por él vierto, en mis cuitas apenado,
> Lágrima ardiente que del alma sale;
> Y, del mundo y de los hombres olvidado,
> No encuentro pena que a mi pena iguale... [63]

---

[63] *Ibid.*, 66.

Todo indicaría que fue en 1842 cuando Cañete encontró una nueva entereza con que hacerles cara a sus desgracias. El sentimiento de indignación, cosa sagrada para él, le impulsó a ser más resoluto, a luchar, a contraatacar impertérrito, y con todas sus armas. De aquel año en adelante Cañete sería un polemista que nunca evitaba las peleas. Fue en 1842, decimos, porque en junio de aquel año, Cañete, con la vehemencia pugnaz que le iba a ser característica en estos casos, había querido confrontar a unos detractores en el Teatro de Granada. El origen de la escaramuza nos es bastante borroso porque la única indicación que tenemos de ella son estas palabras crípticas que apuntó en su primitivo diario:

> El 17 de junio de 1842. A consecuencias de un artículo de la *Tarántula* titulado '¡Qué lástima de duro!' fui saludado al entrar por el callejón de lunetas del Teatro de Granada con una salva de "mueras", silvidas [sic] y voces pidiendo que se me echase, por ser redactor de la *Tarántula* expresada. Yo me adelanté hacia el centro de las lunetas y quitándome el sombrero di gracias a los del tendido de la izquierda, donde estaban los chilladores, llamándoles bárbaros con mucha fuerza, y a pesar de que hasta que cayó el telón no salí, ninguno vino en particular a insultarme.

A esta breve crónica, fascinante por lo personal y tempestuosa, sigue otra noticia del diario que muestra que continuó algún tiempo su estado de agitación. A los dos días, la madrugada del 19 de junio y camino de Loja, Cañete, resuelto ahora, decidió que no le parecía más aceptable que la lucha esa paz que pudiera prometerle el suicidarse: "Hay momentos —escribió— en que la muerte me sería doblemente sensible. Estos son los de las amarguras que por mil circunstancias rodean al hombre y en los cuales tal vez se desliza por su mente la idea del suicidio. Yo quisiera recibir el rayo de la muerte en medio de los placenteros festines".

Como antes había hecho desde Sevilla y Cádiz, Cañete hacía también recorridos fuera de la ciudad de Granada, aprovechándose de ellos para su propio adelantamiento profesional; menos interesado ahora en la composición de dramas, sabedor de lo fácilmente que se publicaban en los periódicos artículos costumbristas y estudios de monumentos, el viajero estudiaba el colorido local de los pueblos que visitaba e iba a contemplar con considerable discernimiento lo que pudieran ofrecerle en grandiosidad arquitectónica; todo lo apuntaba en libretas pensando preparar a base de sus anotaciones futuros artículos en prosa. Tenía otra costumbre en estas andanzas; se ponía en contacto con la juventud más culta de las poblaciones visitadas. Es problemático cuánto tales conocimientos pudieran servirle más tarde cuando, ya académico de la Española, escribía a gran número de personas pidiendo datos locales sobre tal o cual figura literaria que investigaba.

Los viajes fuera de Granada, mayormente hacia el oeste o el norte, solían relacionarse con sus faenas teatrales. Una carta que le dirigió don Joaquín Arjona, desde Ronda, el 4 de septiembre de 1840, nos informa que Cañete estaba en Jaén y ocupándose de ellas; en adición el actor sugiere en su carta que el joven hallaba atractiva por aquella fecha a una niña coquetona: "he recibido la tuya, y por cierto que anduviste poco cuerdo al elegir excusa de no haberme escrito antes. ¿Conque el fastidio no te lo ha permitido? Pues aun cuando no hubiera sido sino por matar al tiempo, debieras haberlo hecho. Di que no has tenido ganas y que las miradas de la linda doncella te tienen loco, y te creeré. En cuanto a mí te confieso que no lo he hecho, pues esperaba la iniciativa de ti, tanto por haber llegado vosotros a Jaén antes que nosotros a Almería, cuanto por creerte menos ocupado que yo en los asuntos teatrales".[64]

Por casualidad es otro documento fechado en Ronda, pero esta vez del 7 de septiembre de 1842, lo que nos permite ver más claramente a Cañete entregado a las ya descritas actividades suyas de viajero observador. En esta carta, de sabor literario, él mismo describe sus impresiones de la ciudad de Ronda a su amigo Pepe Sotomayor [José Álvarez de Sotomayor y Domenech]; señala las bellezas del paisaje, la manera de ser de los naturales, los monumentos artísticos que ha inspeccionado, y las dificultades que ha tenido allí en llegar a conocer a personas cultas. De tono ameno, hemos encontrado incompleta esta carta entre sus papeles de la Biblioteca de Menéndez Pelayo. Inédita, publicamos la parte de ella de mayor interés por lo literario y por las costumbres delineadas, omitiendo la introducción que traza poéticamente la situación geográfica del centro andaluz. No modernizamos la ortografía del curioso documento que Cañete terminó así:

> ... si la naturaleza es tan rica y variada, si los paisajes que vemos aquí a cada paso nada tienen que envidiar a los más

---

[64] Cossío, p. 85.

célebres de la Suiza, y puede uno recrearse contemplando objetos tan hermosos, tiene en cambio la penuria de no encontrar apenas una persona con quien hablar de literatura. La juventud masculina de este pueblo, (porque la femenina no se da a luz y aun va al teatro con la cara tapada), se entretiene sólo en jugar al villar, al dominó y a otras cosas, y en emborracharse santamente. Verdad es que hay honradez y buen fondo en los naturales; pero en cambio son todos unos solemnes borricos que sólo tienen talento para enriquecerse: talento que yo buscaría con gusto si supiera dar con los medios de encontrarlo. En cuanto a monumentos artísticos, nada hay que sea digno de atención; sólo algunos restos de monumentos árabes y algunos arcos de la misma especie es lo que la escita, además de la sillería del coro de la colejiata, que hecho en el siglo pasado por un carpintero, según dicen aquí, es superior por el desempeño de sus bajos-relieves al de la catedral de Málaga, que se atribuye a Alfonso Cano.

En 1843 Cañete volvió a salir del ambiente granadino. Este viaje le apartó de sus sendas habituales; divorciado de toda preocupación con el teatro, contrastó por eso con los otros suyos hasta aquí apuntados. Con el tiempo escribiría recuerdos a base de su recorrido, de sus visitas a las ciudades navarras de Pamplona y Tudela, poblaciones para donde había salido de Zaragoza el día 19 de julio de 1843. En Tudela pasaría el resto del mes viendo excavaciones del Castillo y antigüedades de la catedral de esa villa.

De los cinco artículos que fueron el fruto periodístico de su experiencia, artículos publicados más tarde en *El Laberinto* de Madrid, el primero tal vez es el más interesante para su biografía; como cuadro costumbrista es más auto-biográfico en sus detalles que las descripciones histórico-religiosas de las ciudades o de las fiestas de San Fermín que completan lo demás de la serie. El primer artículo se intituló "Recuerdos de un viaje. Una noche en el Canal Imperial", pasando su acción en agosto y a bordo de un barco. En el trozo que pensamos citar, el joven Cañete, después de haberse burlado de la falta de comodidades en el barco y de ciertos riesgos para los pasajeros, se pone a pintarse a sí mismo en la escena, en el acto de charlar durante la excursión con una señorita italiana; el tenor del documento parece comprobar una afirmación que ha hecho doña Emilia

Pardo Bazán —ha observado la buena autora que don Manuel era un hombre "azucarado y madrigalista" [65] en su trato con las damas:

> ... Pocos fueron los que se arriesgaron a saborear los esquisitos manjares que ofrecía el mal aspecto de la cocina, y por esta vez quedó sin duda defraudado el cálculo del despensero; pero era necesario servir con prontitud a los que se habían decidido por el banquete y por lo mismo empezó a aderezar los platos de que podía disponer. Como la cocina estaba contigua a la puerta del salón en que nos hallábamos y como el gas que despedía el carbón inflamado en las hornillas entraba todo en la cámara, fastidiándonos con su sofocante mal olor, dijo la joven cantatriz sacando su pañuelo bañado en olorosa colonia:
> —Che cattivo odore, Madonna!
> —Sì, troppo, contesté yo, deseoso de entablar una plática con aquella señorita a fin de hacer la travesía menos pesada. Al oír esto la joven se volvió hacia mí y me preguntó con la dulzura propia de las italianas:
> —Cabaliero ¿sapete voi l'italiano?
> —Non lo se bene, repuse yo, però a dir vero, è l'idioma che me piace più, dopo il mio armonioso spagnuolo.
> —Io sento que voi parlate benissimo, me contestó.
> Dile las gracias por su cortesía. [66]

Continúa el narrador comentando de manera burlona y humorística otras escenas que presenció en el barco. Cañete se muestra un excelente observador y costumbrista, y, deseoso de seguir la vena satírica de su ídolo Larra, aunque con un tono menos pesimista y mordaz, imita ese aire desdeñoso y burlón que asumía "Fígaro" al descubrir la vulgaridad de ciertos compatriotas. Nota cómo, al querer dirigirse a la cámara, dio con un obstáculo repugnante: "Una rolliza y hombruna Maritornes de las montañas aragonesas, con dos *críos* colgados a entrambos pechos, apenas permitía la entrada orondamente

---

[65] Pardo Bazán, p. 34.
[66] Manuel Cañete, "Recuerdos de viaje. Una noche en el Canal Imperial, I", *El Laberinto*, II (1845), 168. Los demás recuerdos están en el mismo tomo, pp. 183-186, 211-214, 227-229, 251-253. La serie de artículos no ha quedado inapercibida por la crítica moderna. Véase J. M. Iribarren, "Viaje de un escritor romántico en 1843", *Revista "Príncipe de Viana"*, VII (1946), 583-591. No he podido ver este estudio que menciona Jaime del Burgo en la *Bibliografía de las guerras carlistas y de las luchas políticas del siglo XIX*, I (Diputación Foral de Navarra, Institución Príncipe de Viana, 1955), p. 403.

tendida sobre el blando lecho de las tablas, dejando ver, gracias a su arremangado zagalejo, una pierna atrozmente robusta que hubiera podido servir de base a las pirámides de Egipto". [67]

Cañete era un hombre de aire seriote, muy amigo de los sermoneos en casi todos sus escritos; pero el susodicho artículo, indicativo de su facilidad con la pluma y, cuando quiere, de su buen sentido del humor, nos sugiere que no debía haber desistido de producir en la vena costumbrista tan prontamente como lo hizo. Desafortunadamente, Cañete tardaría algún tiempo en darse cuenta de que su verdadera vocación literaria reposaba más firmemente en la prosa que en la poesía o en la dramaturgia.

No suprimió para siempre, después de la serie de cuadros publicados en *El Laberinto,* su actividad con el género costumbrista. Dentro de su limitada producción de esta clase de obras, se podría señalar la titulada "Costumbres españolas. Las doncellas cantaderas de León", [68] un artículo escrito en 1872; es excelente, de estilo maduro y pertenece a lo que podríamos designar "costumbrismo erudito"; es decir, se trata de costumbres no observadas en el presente sino las del pasado, pompas del pueblo desenterradas por la cuidadosa investigación de fuentes. Cañete, fortificándose con la lectura de cronistas e historiógrafos y citando el rarísimo libro *Grandezas de León* (1596), del fray Anastasio de Lobera, describe la antigua ceremonia de las doncellas cantaderas, niñas de corta edad que celebraron con bailes el triunfo de Clavijo; esta batalla fue ganada por Ramiro I y, según larga tradición, puso fin al anual tributo de cien doncellas entregadas a los moros.

Después del viaje a Navarra en julio y agosto, las huellas de Cañete se disipan y se pierden a fines de 1843 y a comienzos de 1844. Pero las indicaciones son que, al despedirse de Granada, había decidido no regresar; por esas fechas poco hubo allí que sirviera para retenerle. Sus más importantes compromisos se habían finalizado. Desde febrero de 1843 quedaba suspendida la publicación de *El Genil,* el periódico con que había trabajado después de interrumpirse, un par de años antes, su colaboración con *La Alhambra.* El poder ver impreso

---

[67] *El Laberinto,* II (1845), 169.
[68] Manuel Cañete, "Costumbres españolas. Las doncellas cantaderas de León", *Ilustración española y americana,* XVI (1872), 646-647.

ahora su tomo de *Poesías* por la casa de Benavides en Granada también le libró de obligaciones profesionales relacionadas con la obra.

Este libro debió de imprimirse con improvisación y presura. El poema que concluye los cuarenta de tan rara edición fue fechado en junio de 1843, o sea, solamente en el mes inmediatamente anterior a los del referido viaje estival al norte. Además, según explica el editor en una advertencia al tomo, algunas dificultades tuvo en conseguir el prólogo que originalmente le habían prometido; posiblemente Cañete, con el poco tiempo de aviso, no podía buscar a otro encomiasta que le sirviera de prologuista substituto; sea como fuere, nos advierte el editor que "cuando se ofrecieron al público las poesías de don Manuel Cañete, se dijo que las precedería un prólogo del marqués de Tabuérniga; pero así como entonces dejaron de publicarse en la complicación de acontecimientos que sobrevinieron, así también esos acontecimientos han sido la causa de que salgan a luz sin este requisito. Pero necesitando ahora de un prólogo este volumen, cree el editor, que como tal puede servir lo que sobre ellas tiene ya dicho el mismo don Juan Florán".

Las sucintas palabras de Florán impresas por debajo de la advertencia acrecientan un tantillo la escasísima documentación sobre este culto pero algo enigmático vate. Críticos de la categoría de Eugenio de Ochoa y Juan Valera apreciaron y ensalzaron al marqués; sobre Florán ha escrito Valera, en su *Florilegio de poesías castellanas*, que era "uno de los menos conocidos de los poetas y prosistas del siglo pasado. Yo me inclino a creer que no la falta o escasez de mérito, sino las circunstancias adversas, tienen la culpa de dicha corta nombradía". [69]

La descripción que hace Florán de Cañete es romántica y sería difícil determinar si al calificarle como un joven "que había vivido mucho en pocos años" el prologuista realmente conociese bien las circunstancias del pasado del poeta, si se tratase de una mera impresión, o, finalmente, si el noble hubiera querido satisfacer una petición por medio de lugares comunes de escuela. De todos modos, corrobora este melancólico retrato de Cañete otro poeta; en versos escritos también

---

[69] Juan Valera, *Florilegio de poesías castellanas del siglo XIX*, V (Madrid: Fernando Fe, 1903), p. 275.

en 1843, hubo de separarse de su compañía con la despedida "adiós, mi dulce cuanto triste amigo".[70]

La totalidad del prólogo de Florán se comprende en este párrafo:

> A pesar de lo poco poético de nuestro siglo, nunca ha tenido la poesía ni más sectarios ni más admiradores. Cuando el hombre de la inspiración atina con los misterios del corazón, las cuerdas de la lira derraman en el alma llagada una gota de bálsamo; sus acentos reaniman la desmayada llama de la vida, y renace la esperanza aun en el pecho del más empedernido. Los versos del señor Cañete, castas flores de un joven que, como todos los de nuestra época, ha vivido mucho en pocos años, reasumen los dolores y las ilusiones de la primera edad: son lágrimas y juegos, esperanzas y enojos, el sueño de la felicidad y el eco de los amores.

La amistad entre don Manuel y el marqués era bastante transitoria, pero hay algo que quisiéramos señalar a propósito de ella. Juzgándose de sangre noble, Cañete trataba de semi-legitimar sus pretensiones, cultivándose útiles e importantes amistades entre la nobleza, en particular entre la juventud aristocrática. Su éxito, debido a su inteligencia y cortesanía, le franqueaba las puertas de salones brillantes; en esta época ya se veía recibido, si no por Florán, lo cual es problemático, por vástagos de casas linajudas tales como don Juan Valera, don Leopoldo Augusto de Cueto y don Mariano Chaves y Loaisa, hijo del duque de Noblejas.

El trato que existía entre Cañete y Florán pudiera haber tenido sus orígenes en relaciones puramente profesionales. Como la Avellaneda y los hermanos Fernández-Guerra, ambos colaboraban en *El Genil*, el marqués con la publicación de poesía. Ya es hora de considerar este periódico semanal, artístico y literario, que se reduce a un solo tomo y que duró desde noviembre de 1842 hasta febrero de 1843. Las contribuciones de Cañete al *Genil* fueron numerosas e incluyen: las poesías "A Espronceda" (págs. 70-72) y "La Borrasca" (pág. 197) donde imita al Duque de Rivas; los cuentos originales "El Castigo de una falta" (págs. 11-15), de sabor romántico-calderoniano, "Fátima" (págs. 55-61), que es morisco en su tema, y "La Hija de Aben-Juseph" (págs. 199-205, 229-231), otro cuento de amores entre una

---

[70] Manuel González Aurioles, "A mi querido amigo el joven poeta Don Manuel Cañete", *El Genil*, núm. 15 (1843), 230.

judía y un cristiano; un estudio del "Teatro del siglo XVII. Calderón" (págs. 2-7, 17-24) donde, algo apologético por su atrevimiento juvenil, prueba su fortuna con la crítica erudita, [71] analizando con veneración *A secreto agravio, secreta venganza*; finalmente, algunas reseñas teatrales en nombre de la redacción.

Como se ve, el análisis de *A secreto agravio, secreta venganza* fue su contribución más larga; en él exalta la grandeza de dos literatos españoles, Calderón y Meléndez Valdés, diciendo del primero que era "la única persona que pudo no sólo dividir los aplausos con el *monstruo de la naturaleza*, Lope de Vega, sino oscurecerle muchas veces y arrancarlos todos para sí", [72] y del segundo que a fines del siglo XVIII "hizo renacer el buen gusto en la literatura". [73] Para Cañete el pundonor del siglo de Calderón fue en el fondo inmoral, pero en esta obra, dijo, la poesía del dramaturgo logra cubrir tal defecto con todo el decoro imaginable.

En cuanto a noticias del *Genil* sobre el teatro contemporáneo, en varios vemos a Cañete en sus relaciones profesionales con los Tamayo. Una vez, escribiendo "Teatros", el joven reprendió cariñosamente a doña Joaquina Baus, esposa de José Tamayo, por temores que mostraba una noche al verse obligada a cantar. "Cuando una artista es tan querida del público como lo es la señora Baus —escribió— y tiene una voz muy agradable y gusto, no debe temblar, antes bien debe confiar en sí propia y abandonarse a la inspiración del carácter que representa. Tal vez será por un exceso de modestia, cualidad que hace tan apreciable a la hermosa Joaquina". [74]

También en *El Genil* se anunció una proyectada función a beneficio de Manuel Cañete que se ejecutaría la noche del 16 de febrero. El muchacho Manuel Tamayo y Baus, quien acababa de ver presentada en las tablas su traducción del drama *Pablo y Virginia,* tenía otra

---

[71] Manuel Cañete, "Teatro del siglo XVII. Calderón", en *El Genil*, núm. 1 (1842), 3, donde dice de Calderón: "tan fácil le era seducir con los encantos de sus escenas cómicas, como aterrar y conmover con el imponente espectáculo de las terribles situaciones de sus dramas heroicos y trágicos. A este género pertenece el que vamos a examinar, no con la arrogancia de un crítico profundo, que cuenta con fuerzas suficientes para decidir sobre el mérito de los genios privilegiados; sino con la timidez propia del que al entrar en el sagrado recinto de los muertos teme profanarlo...".

[72] *Ibid.,* p. 2.

[73] *Ibid.,* núm. 2 (1842), 24.

[74] *Ibid.,* núm. 9 (1843), 142.

preparada para esta ocasión: la comedia en tres actos titulada *El Soltero y el casado*. En la segunda parte del festejo, la señorita Corinna Di-Franco cantaría nuevas selecciones de Donizetti. Cañete, que quería tan entrañablemente a la familia de Manuel y que sentía una predilección artística por las cantatrices italianas, estuvo encantado, sin duda. No dejó de expresar su agradecimiento a la señorita Di-Franco en la manera santificada por los poetas; le dedicó un soneto (*Poesías*, 1843, pág. 128).

Finalmente, en la entrega del domingo 23 de febrero se encuentra "A mi amigo el joven poeta Don Manuel Cañete", una composición de veinticuatro líneas publicada en *El Genil* por Manuel González Aurioles. La fraseología del poeta demuestra su familiaridad con la angustia íntima del sevillano cuyo proyecto de abandonar a Granada parece haberse ya cimentado en febrero de 1843; además la exclamación "¡Fuerza es partir!", la declaración que la envidia y la ignorancia "de su necio poder haciendo alarde" abrumaban a Cañete, sugiere que la decisión de éste de partir, un propósito llevado a cabo en junio, no fue totalmente voluntaria. Escrito con comprensión, autoricemos que este mensaje en verso nos cierre el primer capítulo de una carrera muy larga y accidentada:

¡Fuerza es partir! El hado en sus rigores
Quizá meciera tu inocente cuna
A los turbios, siniestros resplandores
De la velada, macilenta luna.
Por eso en vez de candorosas flores,
Do quier hallaste tétrica fortuna;
Por eso exhala tu doliente lira
Lánguidos ecos que el pesar la inspira.
 La negra envidia con furor cobarde,
La altanera y estúpida ignorancia
De su necio poder haciendo alarde,
Te abruman con fatídica arrogancia.
¡Triste locura! si en tu mente arde
Desde los años de la tierna infancia,
Noble ambición para ceñir tu frente
Con el laurel del ingenio omnipotente.
 A Dios mi dulce cuanto triste amigo,
Es preciso partir............................ [75]

---

[75] Véase la nota 70.

Capítulo II

LOS COMIENZOS DE CAÑETE EN MADRID
(1844-1848). *EL FARO*

Terminado que hubo su largo rodeo por Navarra, Cañete se dirigió a la ciudad de Madrid; esta metrópoli, que probablemente no había conocido antes, sería su hogar para casi el resto de su vida.

La presencia en Madrid de don Aureliano Fernández Guerra y también su ambición de mejorar le habían atraído a la Corte en 1844, donde ya se encontraban otros amigos como los Tamayo.

El nombre de Cañete le había precedido, habiendo aparecido ya en 1841 en las páginas de un periódico de la capital. Otra revista efímera y de acusadas características románticas, *El Panorama* pudo durar desde el mes de marzo de 1838 hasta septiembre de 1841; fue durante el último año de su existencia que se incluyeron en él dos composiciones de Cañete, ambas publicadas antes en *La Alhambra*. Fueron: la poesía "En el sepulcro de los Reyes Católicos", dedicada a Aureliano, y un "Ensayo histórico sobre la poesía española".

El poema, incluido en la entrega del 13 de marzo de 1841, es seguramente la producción más antigua publicada por Cañete en Madrid: se había compuesto para la octava sesión de competencia celebrada por el Liceo Artístico y Literario de Granada, la noche del 9 de diciembre de 1840. Luis de Montes nos informa en *La Alhambra* que durante la sesión "el joven sevillano don Manuel Cañete leyó una composición *Al sepulcro de los reyes católicos* en la que campeaban las dotes características de este distinguido poeta: la mayor facilidad y las más poéticas imágenes aparecían en sus preciosos versos, los que agradaron extraordinariamente".[1]

---

[1] L. M., "Octava sesión de competencia que ha celebrado el Liceo Artístico y Literario", *La Alhambra*, III (1840), 443.

El "Ensayo histórico sobre la poesía española" hubo de publicarse en *El Panorama* el primero de julio de 1841. En este tratado Cañete estudió los orígenes de la poesía, tanto los de la mundial como los de la peninsular, antes de la dominación romana; remontándose a tiempos remotos cree ver en Asia la cuna del arte, siendo Moisés, por el ritmo de sus leyes, y David y Salomón, los poetas primitivos más relevantes. Apoyándose en autoridades como Estrabón, busca las posibles contribuciones a la poesía de los celtas, galaicos y vascones y de otros pueblos de Iberia. Andaluz, da naturalmente su máxima atención, a este respecto, al comercio intelectual entre los fenicios y los turdetanos. Tema, nos parece, que inspiraría a pocos muchachos de diez y nueve años; pero el joven realizó su estudio con una claridad de exposición que lo hizo resultar digno antecedente a sus popularísimas lecciones de literatura, los cursos que, a mediados del siglo, él explicaría ante el Ateneo de la Corte.

Teniendo en cuenta estos escritos de *El Panorama*, ya antes de su llegada a Madrid, Cañete gozaba allí de un modesto reconocimiento, no sólo por ser poeta sino por ser un estudioso de la poesía.

Habiéndose cerrado en Granada una época de la carrera de Cañete, la siguiente abrazó cinco años de su vida, desde su entrada en Madrid hasta fines de 1848 cuando se asoció con *El Heraldo*.

El primer año del lustro 1844 a 1848 concede poca gratificación a la curiosidad del biógrafo, divulgándole mezquinos datos sobre Cañete y sobre sus actividades de entonces en Madrid; no es imposible que durante una parte de 1844 se viera precisado a volver a Sevilla. Una noticia se ha podido salvar del olvido en los *Apuntes para un catálogo de periódicos madrileños desde el año 1661 al 1870*, obra reunida por don Eugenio Hartzenbusch. Allí nos dice que en 1844 apareció en Madrid *El Manzanares,* periódico que identifica como gaceta de teatros y modas, literaria y mercantil; luego continúa don Eugenio, no muy seguro: "Semanario literario que creo principió el primero de mayo de dicho año y que redactaban los sres.: Cañete (M.), Cervino (D. Joaquín [y] Fernández-Guerra (Aureliano)".[2] Sólo

---

[2] Eugenio Hartzenbusch, *Apuntes para un catálogo de periódicos madrileños desde el año 1661 al 1870* (Madrid: Sucesores de Rivadeneyra, 1894), p. 88. Don Pedro Gómez Aparicio, en su *Historia del periodismo español desde la "Gaceta de Madrid" hasta el destronamiento de Isabel II* (Madrid: Editora Nacional, 1967), 638 pp., no menciona *El Manzanares*.

podemos añadir a lo expuesto que el título del semanario imitó obviamente el título de *El Genil*.

Aparte de esta colaboración con *El Manzanares*, nada más sabemos sobre Cañete en 1844, excepto que inició aquel año otra más duradera con la revista levantina *El Fénix* (Valencia, 1844-1849); pero en breve hablaremos más de esta asociación.

Esta falta de noticias termina aquí, ya que a partir de 1845 son tan numerosas que nos vemos obligados a agrupar sus actividades en dos categorías principales: primero en el teatro donde apuntaremos sus esfuerzos por establecerse como dramaturgo, y segundo, como periodista y crítico, cuya labor fue muy fecunda.

Tal dicotomía puede bosquejarse así: sus obras dramáticas representadas entre 1845 y 1848 fueron: *Un rebato en Granada, El Duque de Alba, ¡Un jesuita!, Los dos Fóscaris* y *Un juramento;* durante el mismo cuatrienio artículos de Cañete salieron en estos órganos de la prensa: en *El Fénix* de Valencia, y (de Madrid), en *El Laberinto*, la *Revista literaria de El Español*, la *Revista de Europa, El Faro*, la *Gaceta de teatros* y la *Revista científica y literaria*.

Los poemas dramáticos de Cañete solían tener un éxito puramente corriente y nominal. Desde el punto de vista de su profesión de crítico, su activa participación en empresas teatrales era un cuchillo de doble filo; todo lo relacionado con la representación de sus obras sólo podían hacer de él un crítico de teatro cada vez más perito, pero, al mismo tiempo, con lamentable frecuencia, se encontraba metido en intrigas de bastidores, lo cual comprometía a veces su sentido de imparcialidad. Con todo, es muy dudoso que en el siglo XIX hubiera otro crítico teatral español, ni el mismo Larra, más informado, más familiarizado de primera mano con las mil y una ramificaciones de esta ciencia. ¡No por nada había trabajado Cañete en teatros desde su adolescencia!

Nos servirá de introducción al tema de los cinco dramas indicados un recuerdo muy curioso de Cañete; escribiendo en 1888 se acuerda del estado de los teatros de Madrid, del número de ellos en existencia y de su sencillez en los tiempos de su llegada a la capital en 1844. Después de indicar que en la época aludida tres teatros no más hubo en la villa, el del Príncipe, el de la Cruz y el del Circo de la plazuela del Rey, recuerda que éste último se situaba en lo que era entonces un barrio bajo, en un arrabal apartado y casi fuera de la ciudad:

En ese tiempo, no obstante, el teatro del Circo era el más favorecido de espectadores. A él acudían diariamente lo mismo las gentes de viso que las de otras clases del pueblo, y estas últimas se apresuraban a llenar ambas *ignominias* (según llamaban a las galerías alta y baja de tan peligroso palomar), sin que fuese obstáculo para ello el estar aquél en uno de los que eran entonces confines de la población. Porque allí por los años de 1844 y siguientes, a que me refiero, no se pensaba siquiera en ensanchar el área habitable de Madrid por la parte de Levante. No existían ni el barrio de Salamanca, ni el de Pozas, ni el de Argüelles, ni la multitud de edificios que ahora pueblan los paseos de Recoletos y de la Fuente Castellana... [3]

Pero Cañete no siempre se acordaba de su lejano pasado con perfecta precisión; sólo tres años antes había llamado *Un rebato en Granada* su "primera producción dramática"; doblemente increíble fue este caso de desmemoria por haber sido Joaquina Baus la dama principal en 1841 de *Lo que alcanza una pasión*. Escribió Cañete en 1885 en *La Ilustración española y americana*: "Teodora [Lamadrid] escogió para su beneficio en el Teatro de la Cruz mi primera producción dramática. Gracias a ella, a Bárbara [su hermana] y a Latorre, que dieron a *Un rebato en Granada* importancia y relieve que no tenía, el público recibió la obra con grande aplauso (acaso estimulado a ello también al ver la mocedad del imberbe autor) y conseguí una de las mayores satisfacciones que puede haber para un alma joven sedienta de gloria y enamorada del arte". [4]

Una reseña hecha de la producción de don Antonio Flores tiene menos detalles color de rosa. No sin un ligero tono de mofa nos informa que en la cuestión indumentaria "las comparsas salieron vestidas de Puritanos y a lo Montesco y Capuletti" aunque la comedia era "de esas que vulgarmente se llaman de moros y cristianos". Después de afirmar que los verdaderos moros eran los actores y los cristianos el pacientísimo auditorio, confiesa que el público "tuvo la galantería de llamar al poeta a la escena después de terminada la representación, tomando en cuenta la circunstancia de ser primerizo, y nosotros no queremos ser menos amigos que aquellos del ingenio en flor...

---

[3] Manuel Cañete, "Teatros", *Ilustración española y americana*, XXXII (1888), 55.
[4] Manuel Cañete, *Ibid.*, XXIX (1885), 155.

Recomendámosle que ponga más cuidado en la versificación, para lo cual convendrá que se provea de una lima pues oímos algunos versos, que aun les sobraba para ser prosa algunas sílabas. Nos complacemos sin embargo en confesar que el drama tiene algunas situaciones bien preparadas y bien escritas". [5] Parece que no hubo animosidad posterior entre el dramaturgo y el crítico, uno de los directores de *El Laberinto*. Si esta reseña apareció en la entrega de la revista del 16 de febrero de 1845, dentro de tres meses iban a empezar a publicarse en ella la ya mencionada serie de "Recuerdos de Viaje" de Cañete.

Un rebato en Granada[6] es un drama en tres actos y un prólogo. La acción del prólogo pasa en las cercanías de Tablate, en la Alpujarra; la de los tres actos ocurre en Granada veinte años después en 1568. Un caballero español, don Gonzalo, es descubierto en el palacio de Huscen; éste lo halla en el cuarto de su hermana Zafira. Nada puede hacerse a causa de los ataques de los españoles. Los musulmanes tienen que huir a África y Huscen se lleva a Zafira sin saber todavía que está embarazada con el fruto de sus amores con el cristiano. Pasan los veinte años y encontramos a don Gonzalo en su palacio en Granada, ahora en su vejez y casado con la joven y bella doña Aurora. El matrimonio fue de conveniencia y Aurora sueña con la dulce memoria del misterioso don Juan. Este joven caballero viene a verla subrepticiamente una noche; descubierto por Gonzalo, el marido le condena a muerte en nombre de su honor; pero de un pasillo secreto sale para salvarle Zafira, revelando a Gonzalo que Juan es su propio hijo. Al fin Juan tiene que sacrificar su felicidad y se va con su madre prometiendo no conturbar más la paz conyugal.

Un rebato en Granada ya ha sido estudiado por María Soledad Carrasco Urgoiti en su libro *El Moro de Granada en la literatura*, donde nos dice: "La base histórica de esta obra es un amago de rebelión que se produjo en el Albaicín el 26 de diciembre de 1568, resultando fallidos los esfuerzos de los moriscos que se hallaban fuera de Granada para que se alzaran los de aquel barrio. Cañete no se documentó en Mármol ni en Mendoza [Mármol Carvajal, *Rebelión y castigo de los moriscos del reyno de Granada;* Diego Hurtado de Mendoza, *Guerra de Granada*] sino en Pérez de Hita que había

---

[5] Antonio Flores, "Revista de la Quincena", *El Laberinto*, II (1845), 127.
[6] *Un rebato en Granada*. Drama en tres actos y un prólogo, original de Manuel Cañete (Madrid: Imprenta de Antonio Yenes, 1845), 72 pp.

narrado este episodio con ciertas variantes".[7] La autora añade que una canción del drama fue inspirada por lo que cantó un moro viejo en las *Guerras civiles* de Ginés Pérez de Hita:

> Muy tarde vinistes, Zayde:
> truxistes pocos y venís tarde   (2.ª parte, pág. 20)

Mientras que en *Un rebato en Granada* oímos cantar una voz:

> El rebato
> ya se oye,
> compañeros de Aben Zayde.
> ....
> ¡El rebato
> ya se oye!
> ¡Pocos sois y venís tarde!

Los dos personajes más simpáticos de la obra son don Juan y Zafira, mientras que la menos agradable de las *dramatis personae* es don Gonzalo. Una vez que el noble cristiano está enterado de que don Juan es su hijo, le ruega que no le abandone y le promete que "mil placeres/ gozarás, hijo, a mi lado:/ serás noble, respetado/ como grande..." (III, 5). El alto sentido moral que guía el corazón de Juan le hace rechazar toda oportunidad seductora. Aunque nacido de amores ilegítimos, Juan se muestra superior espiritualmente al noble que le dio el ser. En el desenlace final Juan elige en vez de una vida regalada el irse sencillamente con su madre; a ella le jura:

> .... y, madre mía,
> nunca os dejará mi amor.
> Juntos siempre del dolor
> suframos la saña impía (III, 5.)

¡Bien se puede imaginar el efecto que tales palabras tendrían sobre los sentimientos de la pobre Francisca Cañete! Salta a la vista aquí el paralelo autobiográfico.

Esta comedia fue dedicada a Aureliano Fernández-Guerra y a Rafael González Carvajal; sabemos por medio de una carta que Cañete tenía escrito o casi escrito el prólogo de la obra por otoño de 1844 y

---

[7] María Soledad Carrasco Urgoiti, *El Moro de Granada en la literatura (del siglo XV al XX)* (Madrid: Revista de Occidente, 1956), pp. 334-335.

que en octubre de 1845, el mismo mes que se estrenó en Madrid su drama *El Duque de Alba*, que la pieza de tema morisco fue bien recibida en Zaragoza. [8]

Su tercera composición puesta en la escena fue un drama en cuatro actos cuya acción pasa en los tiempos de Felipe II. *El Duque de Alba* [9] es una glorificación de este grande; Cañete lo pinta en su vejez, de vuelta de sus campañas en Flandes, confrontando en la Corte la pérdida de la gracia de su señor y las mentiras maliciosas de cortesanos que lo envidian. Nunca aparece Felipe, quien, satisfaciendo razones de estado, ha declarado su interés en el casamiento de Violante de Moura, dama de la reina, con Fadrique de Toledo, hijo del Duque de Alba. Fadrique es obediente pero sufre a causa de esta real preferencia; aunque en un momento indiscreto había prometido casarse con doña Violante, se muere por los ojos de la angélica María de Toledo, marquesa de Villafranca. El Duque de Alba quiere evitar la eterna infelicidad a que le condenaría a su hijo el matrimonio concertado; además, orgulloso de su sangre, considera inferior la de la dama prometida. Un gentilhombre del rey, don Garcerán de Moncada, guiado por su ambición de destruir la enorme influencia del Duque de Alba con el monarca, ve su oportunidad en esta resistencia al enlace. Arregla una serie de trampas para perder al duque, pero éste, siempre más astuto, sabe salvarse del peligro. En el último acto, sin embargo, los enemigos del grande parecen vencer cuando padre e hijo son encarcelados; pero el encierro se ha verificado sin la licencia del rey. Las órdenes de Felipe rompen el cautiverio y dan al duque el mando de los ejércitos reales en Portugal, anuncio que genera el mayor entusiasmo entre los guerreros españoles.

Cañete se muestra perspicaz en haber seleccionado una intriga en Aranjuez en vez de historiar las medidas represivas tomadas por el

---

[8] Le escribe don Manuel Castaño en una carta fechada Zaragoza, 31 de octubre de 1845: "Amigo el día 9 del que fina tuve el gusto de asistir en este teatro a la representación de su drama de V. *Un rebato en Granada*, de cuyo prólogo me leyó V. parte el año pasado. Me agradó sobremanera, y la escogida y numerosa concurrencia que poblaba las localidades dio también ostensibles muestras de aprobación con sus repetidos aplausos". En José María de Cossío, *Correspondencias literarias del siglo XIX* (Santander: Boletín de la Biblioteca de Menéndez Pelayo, 1930), p. 268.

[9] *El Duque de Alba*. Drama en cuatro actos, original, de don Manuel Cañete (Madrid: Imprenta de Repullés, 1845), 91 pp.

duque en Flandes; lo cual no quiere decir que no haya una defensa de ellas en la obra; es el mismo Duque de Alba quien exclama:

> Sin mí la herética saña
> más volara en sus principios,
> y mares de sangre fueran
> los que yo reduje a ríos. (I, 3.)

Esencialmente el autor quita de delante lo controversial de la carrera político-militar del noble; su deseo más bien es el de rehabilitarle y a Felipe también, visto aquí en el fondo como un monarca justiciero. Defiende a ambos ante la general desaprobación romántica y los concibe en términos de un ambiente y de un dilema que favorecen su buena fama.

La obra fue estrenada en el Príncipe el día 13 de octubre de 1845. Mucho más pulida que *Un rebato en Granada* en lo referente a la delineación de los personajes y en la elegancia de expresión, debió haber sido de perlas para la pareja Díez-Romea. En la representación don Julián fue el Duque de Alba y doña Matilde, doña María de Toledo.

Cañete había ideado su *Duque de Alba* anhelando ver a Romea en el papel principal. Había tenido, confesó a don Julián, al dedicarle la obra, "la esperanza lisonjera de ver con vida y lozanía realzadas las inspiraciones de mi pobre ingenio por el felice y peregrino del esclarecido Actor a quien debe tanto de esplendor e importancia la Talía española, y a quien estaban reservados los más eternos envidiables laureles de nuestro Parnaso". Cosa rara; en un futuro no muy lejano estas alabanzas se van a convertir en un arma empleada contra su propio autor.

Los dos Fóscaris, ¡Un jesuita! y *Un juramento* tienen interés por razones biográficas y literarias.

Los dos Fóscaris [10] es el más importante. Representado el mes de noviembre de 1846 en el teatro de la Cruz, fue dado al público a beneficio del actor don Juan Lombía. En la dedicatoria a don José María Bremón, Cañete aclara que había trabajado sobre la obra deseoso de patentizarle así su íntimo afecto y "penetrado además de lo útil que es a los pueblos el conocimiento de las grandes obras literarias hijas

---

[10] *Los dos Fóscaris*. Drama histórico en cinco actos y en verso, por don Manuel Cañete (Madrid: Imprenta de don Vicente de Lalama, Editor, 1846), 24 pp.

de muchas naciones..., decidí desde luego, con el arrojo que tal vez no haya el éxito justificado, escudarme a la sombra de un nombre ilustre y acomodar a la índole de nuestro teatro, sin alterarla esencialmente, una de las más brillantes creaciones del cantor de don Juan y de Childe-Harold, "The two Foscary" de Lord Byron, cuyo argumento había ya interesado mucho en Madrid reducido a los estrechos límites de un drama lírico". La afición que Cañete había mostrado en *La Alhambra* por el poeta inglés, traduciendo su "Sun of the Sleepless", florece ahora en la tarea mucho más amplia de arreglar en lengua española una de sus obras extensas.

Cañete respetaba las dotes de actor de don Juan Lombía, el cómico a cuyo beneficio se representó *Los dos Fóscaris,* aunque confesó que "la naturaleza no le había prodigado sus favores". Tuvo poca suerte, dice el crítico, cuando trató de representar papeles como el de Otelo que requieren majestad trágica o gallardía. Juzgó que era "de no vulgar entendimiento; estaba dotado de sensibilidad; poseía una ilustración superior a la de otros de sus compañeros más famosos; y no sólo conocía bien los recursos del arte, por el que tenía gran entusiasmo, sino la manera de emplearlos discretamente para conseguir el efecto apetecido". [11] Al hablar de papeles de mayor relieve cómico, la clase en que Lombía sobresalía y triunfaba indisputablemente, Cañete revela también que Bretón de los Herreros había creado el carácter de don Frutos Calamocha, protagonista de *El pelo de la dehesa,* para que lo representase Lombía; al mismo tiempo añade, irritado, un juicio que nos permite intuir ahora la grave ruptura que iba a haber entre Cañete y otro actor más conocido que Lombía: "Muchos años hacía que no se representaba en Madrid esta excelente producción —escribe en 1883— estrenada en 19 de febrero de 1840, que el príncipe de nuestros poetas cómicos contemporáneos escribió teniendo en cuenta la índole del insigne actor aragonés don Juan Lombía, a quien destinaba el papel del protagonista. Lombía, pues, no Romea, a quien algunos quieren colgar todos los milagros, como si hubiera sido el único gran actor de estos tiempos, le dio ser y vida en la escena con admirable perfección". [12]

---

[11] Manuel Cañete, "Teatros", *Ilustración española y americana,* XXVIII (1884), 22.
[12] *Ibid.,* XXVII (1883), 200.

¡Un jesuita!¹³ fue la pieza de escándalo de la carrera de Cañete. Se incluye entre las obras de teatro conservadas en el Departamento de Manuscritos de la Biblioteca Nacional de Madrid, llevando la fecha de censura del 5 de febrero de 1846. Impresa, según el catálogo de la colección de dramas españoles de Oberlin College, era de 70 páginas y fue publicada en Madrid por José Repullés ese mismo año. Otra comedia escrita para un beneficio, esta vez la celebridad honrada fue la actriz doña Gerónima Llorente.

En reportajes nada imparciales publicados en 1852, *El Clamor público*, periódico progresista en su política y por eso en oposición encarnizada a todo el que se relacionase con *El Heraldo* (el órgano moderado del Conde de San Luis), dijo que la comedia *¡Un jesuita!*, estrenada seis años antes, fue silbada tan estrepitosamente que no terminaron con la representación de ella. En el mismo artículo anónimo, se habla mal también de otras obras dramáticas de Cañete aparecidas en Madrid: "Todos tienen noticia de la frialdad con que se oyó su *Duque de Alva* [sic] y su *Rebato de Granada*, y sobre todo la granizada de silbas [sic] con que fueron acogidos sus dramas *Los dos Fóscaris* (profanación de la obra de Byron del mismo título), y *Un jesuita*, que no llegó a terminarse en la representación por las inequívocas muestras del entusiasmo del público benévolo".¹⁴ *El Clamor público* tiene su reputación de periódico bastante demagógico; sin embargo, todos los indicios son que *¡Un jesuita!* fracasó bonitamente.

Al gran regocijo de ciertos enemigos periodísticos de Cañete, este drama fue incluido en 1867 en un índice de escritos calificados de lectura nociva. El caso es complicado pero trataremos de resumirlo. Una revista religiosa sevillana, *La Cruz*, publicó en aquel año el artículo siguiente: "Catálogo de los libros cuya lectura es nociva según la calificación que de ellos hizo *La Censura* y acaba de reproducir *El Semanario Vasco-Navarro*". Dentro del artículo hallamos esta notación: "*¡Un jesuita!* Drama de Manuel Cañete. Peligroso por tratar de amoríos en algunas escenas." ¹⁵ Los contricantes de Cañete, almas caritativas que de alguna manera lograron encontrar tan oscuro dato, no

---

¹³ *¡Un jesuita!* comedia en tres actos y en verso. Original (Madrid: José Repullés, 1846), 70 pp.
¹⁴ Anónimo, "La Ley de Raza, del señor Hartzenbusch. Cuatro palabras al crítico de *El Heraldo*", *El Clamor público*, 1 junio 1852.
¹⁵ Redacción, "Catálogo de los libros, etc.", *La Cruz*, I (1867), 418.

satisfechos con la bastante inocua descripción "peligroso por tratar de amoríos", alegremente propagaron el runrún de haberse registrado una obra del beato Cañete en el sagrado Índice. Tenemos sobre el asunto el reporte que nos da *La Constancia*, un diario monárquico-católico fundado por don Cándido Nocedal: "Varios periódicos publican un soneto de don Manuel Cañete, dedicado al general Espartero; y con la buena fe y sana intención que caracteriza y distingue a los diarios liberales, ni dicen cuándo lo hizo, ni cómo, ni por qué. Al mismo tiempo dio un periódico liberal, y copiaron los demás, la noticia de que había obras del señor Cañete registradas en el sagrado *Índice*". [16] Un comunicado del dueño de *La Cruz*, don León Carbonero y Sol, fue recibido y publicado por *La Constancia* en enero de 1868; explica la significación del catálogo y su aplicación a Cañete: "Las calificaciones hechas en dicho catálogo son el juicio crítico de un publicista, no la censura de la Iglesia, no el juicio autoritativo y exclusivamente competente, supuesto que ni el nombre del señor Cañete, ni ninguna obra suya consta prohibida en el *Índice de los libros prohibidos por el Santo Oficio de la Inquisición Española, desde su primer decreto hasta el último que expedió en 29 de mayo de 1819, y por los Reverendos Obispos españoles desde esta fecha hasta fin de diciembre de 1867;* obra que he terminado hace pocos días...". [17]

La campaña malévola para poner en ridículo a Cañete llegó al colmo de la mentecatez; como se indicó en la cita de *La Constancia* los perpetradores de los necios ataques habían publicado un soneto del poeta en loor de Espartero; ahora, en 1867 el nombre del general despertaba algunos negros recuerdos... pero en 1839 cuando cantó al poderoso militar, Espartero fue un héroe nacional, el gran vencedor de los ejércitos carlistas. Cañete publicó estos versos el día 31 de octubre de 1839 en *La Aureola*:

> Tú, a quien la España agradecida aclama,
> Tú, que venciendo, sin igual te hiciste,
> Mil lauros venturosos adquiriste,
> Que con su trompa celebró la fama.
> El magnánimo pueblo que te llama
> Héroe sublime, y que a tu voz existe,

---

[16] *La Constancia*, 31 diciembre 1867. Uno de los diarios liberales fue *El Universal*.
[17] *Ibid.*, 11 enero 1868.

A tan grata emoción ya no resiste,
Y cual un hijo a un padre, así te ama.[18]

Los detractores de Cañete, perseverantes aquí en su búsqueda de materias, deseosos de dar la impresión de que él, conservador en su política, admiraba a un opresor, tal vez hubieran dado con el soneto en la colección de sus *Poesías* de 1843 (pág. 114). La mayor parte de los adversarios de Cañete, afortunadamente, no era de tan lamentable condición.

La última comedia de esta serie de obras teatrales, *Un juramento*,[19] estrenada el miércoles 24 de mayo de 1848 en el coliseo del Instituto, fue el fruto de la colaboración de Cañete con Luis Fernández-Guerra y Manuel Tamayo y Baus. Drama en cuatro actos y un prólogo, se basaba en *Los caballeros del firmamento*, una novela de Paul Feval que había salido poco antes en las entregas de *El Heraldo*. El renombrado don Ramón de Navarrete lo reseñó; fue éste el periodista que dejaría libre para Cañete el puesto de crítico teatral con *El Heraldo* y quien en 1849 sería el primer director del longevo diario *La Época*. Notando que los tres colaboradores conservaron los principales personajes e incidentes de la novela, él manifestó: "nadie que no lo supiera diría que la versificación es debida a tres distintos poetas; tanto es igualmente natural, armoniosa y castiza. Felicitamos, pues, a los señores Cañete, Tamayo y Guerra por el éxito de su trabajo, muy fácil sin duda para quienes pueden acometer empresas más arduas y atrevidas; y unimos nuestra humilde aprobación a la que con sus aplausos repetidos les significó el público, llamándoles dos veces a la escena".[20]

La labor de Cañete con la revista valenciana *El Fénix* coincidía temporalmente con estos primeros años de residencia en Madrid y con la producción dramática que acaba de describirse. A partir de 1844 mandaba versos y artículos en prosa a esta publicación, portavoz del romanticismo levantino.

De interés por su tema es la selección "En el álbum de la señorita doña Gertrudis Gómez de Avellaneda", silva publicada en *El Fénix* el

---

[18] Manuel Cañete, "A Espartero", *La Aureola* (1839), 163.

[19] *Un juramento*, drama en cuatro actos y un prólogo, escrito sobre una novela de P. Feval, por los señores don L. Fernández-Guerra, don M. Tamayo y don M. Cañete (Madrid: Establecimiento Tipográfico de don A. Vicente, 1848), 77 pp.

[20] Ramón de Navarrete, "La semana dramática", *El Heraldo*, 5 junio 1848.

primero de diciembre de 1844; en ella el poeta elogia el ingenio y la hermosura de la cubana, "perla en el mar occidental nacida":

>Astro de luz fulgente,
>Claro raudal de vida
>Que en el inculto páramo, de abrojos
>Mezquino nutridor, saltas riendo
>Flores y aljófar por doquier vertiendo;
>Sol que la niebla oscura
>De la escena española
>Disipas, fecundando
>Su arena estéril... [21]

Otro poema de Cañete en el *Fénix* es una canción sobre los mares tropicales; vemos en su segunda estrofa ese amor por pares agudos típico de Espronceda y de sus imitadores:

>Mecido lánguidamente
>de los remos al compás,
>otro tiempo en nuestra barca,
>sin temor del huracán,
>las rojas constelaciones
>vimos el cielo cruzar
>dejando un rastro de fuego
>en el fondo de la mar.
>   Brisas del trópico:
>   Soplad, soplad!! [22]

Cada año Cañete enviaba uno o dos artículos a *El Fénix*. Entre 1844 y 1847 hallamos en la revista con sus fechas respectivas: "Una historia judaica del siglo catorce" (1844); "Las fiestas de San Fermín" (1845); "Crítica literaria. Estado actual de la poesía lírica en España" (1846); "Literatura portuguesa. A Harpa do Crente" (1846); "Estudios cerca de Lope de Vega y de la observación de las unidades en la literatura dramática" (1847). Fueron la secuencia y procedencia de los mismos artículos cuando se dieron a luz por primera vez: la historia judaica, apareció en *La Alhambra* ya en 1840; la descripción de las fiestas de San Fermín, fue el último de la serie de cinco artículos sobre

---

[21] Cit. por Francisco Almela y Vives, en *El Fénix (Valencia 1844-1849)* (Madrid: Consejo Superior de Investigaciones Científicas [*Colección de Indices de Publicaciones Periódicas*, XVII], 1957). Véase allí el núm. 281.

[22] *Ibid.*, núm. 279.

Navarra publicada en *El Laberinto* (1845); el estudio de la poesía lírica estuvo antes en la *Revista de Europa* (1846); el de la literatura portuguesa salió en la *Revista literaria de El Español* (1845) y en la *Revista de Europa* (1846); sólo del estudio de Lope de Vega no conozco ningún antecedente aunque es posible que fuese una de sus conferencias pronunciadas ante el Ateneo, los cursos de literatura que empezó a explicar en Madrid en 1847.

La multiplicidad de sus artículos demuestra la creciente aceptación del novel crítico. Tal vez, en términos de su desarrollo profesional, las contribuciones que hizo Cañete a *El Fénix* y a *El Laberinto* en 1845 valiesen menos que su producción destinada aquel año a la *Revista literaria de El Español*. Comenzó sus actividades con este apéndice semanal en agosto, dos meses después de iniciarse la segunda etapa de la existencia de *El Español,* probablemente el periódico matritense más popular de entonces. La revista del diario luce dos primicias de nuestro crítico: su primera polémica importante de orden elevado y su primera reseña de una nueva obra teatral de verdadera categoría.

La polémica tuvo que ver con una crítica de bellas artes hecha por Cañete; las muchas pruebas y contrapruebas avanzadas en esta polémica se basaron en teorías antagónicas de reputadas autoridades. La reseña del crítico, que llena dos artículos densos, analiza la *Sevilla pintoresca, o descripción de sus más célebres monumentos artísticos* por don José Amador de los Ríos. El joven Cañete, quien se había instruido en la arquitectura con la inspección de monumentos en Andalucía y con sus lecturas, ahora se sentía preparado para ponerse a la altura de expertos. Al principio, en el estudio, Cañete se muestra satisfecho. "El autor —dice complacido— describe perfectamente la época del apogeo de las bellas artes (llevadas al más alto grado de perfección y brillantez entre griegos y romanos), e investiga cumplidamente, con el espíritu analizador y filosófico que le distingue, las causas de su engrandecimiento y propagación..."[23] Sigue en esta vena afirmativa al hablar de los juicios de don José sobre la pintura de los tiempos medios; luego se detiene en un "pero": "Pero en el modo de ver la historia de las arquitecturas gótica y árabe, disentimos y creemos, sin

---

[23] Manuel Cañete, "Crítica artística. *Sevilla pintoresca, o descripción de sus más célebres monumentos artísticos,* por don José Amador de los Ríos, individuo de varias corporaciones literarias del reino. Artículo I", *Revista literaria de El Español*, núm. 11 (1845), 12.

pretender que pase plaza de infalible nuestra opinión, que el señor Amador de los Ríos no ha apreciado en su verdadero punto de vista las causas del nacimiento de la primera, y mucho menos el innegable origen de la segunda". Entre otras, Cañete se propone refutar las siguientes teorías propuestas por el historiador Rollin y sostenidas por Amador de los Ríos: 1) la arquitectura gótica, hija del entusiasmo religioso de los septentrionales, tomó por tipo las altas y espesas enramadas de sus primitivos bosques, y por lo tanto no fue una arquitectura de imitación, sino de inspiración espontánea; 2) la arquitectura gótica se divide en antigua y moderna, y la antigua fue importada en el siglo v por los bárbaros del norte; 3) la arquitectura árabe de tipo original nació después de la predicación de Mahoma. Para Cañete la arquitectura gótica es inseparable del arco ojival, su principal distintivo; considera solamente una degeneración de la romana la arquitectura gótica de los primeros siglos que sucedieron a la invasión y el arco ojival una prenda debida a la arquitectura árabe; arguye que en realidad esta arquitectura, la árabe, puede llamarse con exactitud siro-fenicia y es hija de la de estos dos pueblos y de la pérsica. Cañete apoya sus argumentos en varios textos, en los *Estudios históricos* de Chateaubriand, en *De L'origine des lois, des arts et des sciences, et de leur progrès chez les anciens peuples* de Antoine-Ives Goguet, en la *Memoria sobre la historia de la arquitectura* de Francisco Enríquez y, en uno muy nuevo publicado en Roma en 1844, *L'architettura antica descrita e dimostrata coi monumenti* de L. Canina.

La revista abrió sus páginas a don José para que pudiera tener la oportunidad de defender su posición. En primer lugar Amador de los Ríos negaba que el principal distintivo de la arquitectura gótica fuese la ojiva, dando su voto, en este respecto, a la desaparición de las cúpulas bizantinas; sostuvo otra vez que Alemania fue la cuna del arco apuntado. En su réplica Amador de los Ríos trató al novel crítico de bellas artes con cierto aire de condescendencia, aunque dijo primero: "... necesario es considerar como un acontecimiento notable la aparición de un crítico que anteponiendo a las afecciones particulares la responsabilidad del ministerio cuya investidura adopta, se desprende de cuanto le rodea y sólo trata de buscar la verdad para ilustrarse e ilustrar a los demás con sus lecciones". Luego recomendando a Cañete que leyera cierta historia de la arquitectura "ya que tan aficionado se muestra a estos estudios"[24] se despidió de él así, como el sabio maestro del discípulo aplicado: "Doy a V. las gracias por esta ocasión que ha ofrecido de explanar algunas ideas apuntadas brevemente en la Introducción a la *Sevilla pintoresca*, y le aconsejo que no abandone esta clase de estudios, cuya importancia ha comprendido".[25] Siendo tan especializadas, no quisiéramos añadir más que un comentario sobre estas cuestiones; todavía a fines del siglo XIX hubo quien, como Cañete, contendía que los árabes eran los inventores del arco gótico ojival.[26]

En la *Revista literaria de El Español* Cañete reseñó por primera vez en su carrera el estreno de una obra maestra del teatro español (aserción que modificamos confesando que no hemos podido conocer sus escritos en *El Manzanares* de 1844). La obra reseñada fue *El hombre de mundo*, la famosa comedia de Ventura de la Vega. Para Cañete la noche del estreno fue gloriosa y si antes estaba temeroso de que la literatura dramática española se estuviera convirtiendo en un bastardo remedo de la francesa, en esta ocasión pudo escribir con el orgullo de ser español: "Desde ahora los franceses que nos creen poco a propósito para cultivar la comedia de buena ley, aunque nos juzgan superiores en el drama histórico, tendrán que convenir en que el ingenio español, dramático por excelencia, si es que puede así calificarse, no ha olvidado los tiempos en que Moreto sobresalía entre todos los autores cómicos de la Europa, y puede presentar hoy al lado de *La Calumnia* y el *Vaso de agua* de Scribe, como no inferior a ninguna de ellas, la comedia que ha tenido en el teatro del Príncipe un éxito tan victorioso".[27] Cañete no vacila en llamar *El hombre de mundo* una perfecta comedia: "Muchas son las dotes que contribuyen a hacer notable esta producción del Sr. Vega. La sencillez y la regularidad del plan, que tiene sin embargo en una expectación constante

---

[24] José Amador de los Ríos, "Contestación del señor Amador de los Ríos al artículo de crítica artística", *Ibid.*, núm. 20 (1845), 11.

[25] *Ibid.*, 12.

[26] Escribe Brooks Adams en *The Law of Civilization and Decay* (New York: Vintage Books, 1955), p. 8 (Un ensayo histórico escrito en 1895): "All the evidence tends to prove that the ogive came from the Levant, and without the ogive Gothic architecture never could have developed. Prior to the Council of Clermont the pointed arch was practically unknown west of the Adriatic; but the Arabs had long used it..." Adams se basa en el diccionario de arquitectura de Viollet-le-Duc, VI, 466.

[27] Manuel Cañete, "Revista teatral, etc.", *Revista literaria de El Español*, núm. 19 (1845), 11-12.

al auditorio; la maestría con que los caracteres están, no ya dibujados solamente sino puestos en relieve con una inteligencia superior; la naturalidad de los incidentes; la manera de desenlazarla sin violencia; las mil y mil bellezas del estilo; y sobre todo el *pensamiento moral* que envuelve, son prendas que bastan a constituir una perfecta comedia".[28] Según Cañete la recepción dada a la primera representación fue cosa tremenda; el auditorio llamó al autor a la escena al concluir el tercer acto en vez de esperar al último —una muestra de entusiasmo que el crítico nunca había presenciado antes; además, nos dice, durante la segunda representación, cuando el dramaturgo salió a recibir aplausos, le presentaron una corona que llevaba el nombre de la señorita Avellaneda.

Las contribuciones de Cañete a la *Revista literaria de El Español* muestran claramente, por su gran variedad, que el articulista en 1845 creaba en conformidad con su propia definición de la crítica: "la aplicación del juicio a los hechos de conciencia: la facultad de discernir y quilatar las cualidades, así subjetivas como objetivas, que se encuentran en todos los productos del humano espíritu".[29] Universales y católicas eran las áreas de su investigación; el teatro, la literatura, la música, la pintura y las bellas artes en general, iban a constituir sus temas. La capacidad de poder comentar con preparación y suficiencia los múltiples aspectos de la cultura era un talento que Cañete tenía y respetaba, mientras que, al contrario, se impacientaba con críticos de horizontes más limitados. Como es natural, la habilidad de Cañete de saber analizar varios de los recursos culturales del ambiente madrileño servía para conquistarle el favor de los editores, haciendo de él si no el perfecto periodista, por lo menos uno tenido por muy valioso. Su flexibilidad ya se ve en operación en la *Revista literaria*; al lado de su reseña de *El hombre de mundo* y de su estudio de la arquitectura gótica, avalúa cuadros de una exposición de la Academia de San Fernando, investiga aspectos de la poesía portuguesa, escribe "Teatros" sobre funciones de ópera en Madrid y sobre los operistas,

---

[28] *Ibid.* Para más citas de la misma reseña, véase John A. Cook, *Neo-Classic Drama in Spain* (Dallas: Southern Methodist Press, 1959), pp. 508-509.

[29] Manuel Cañete, "Parte literaria. Curso de literatura dramática, o examen crítico del teatro español desde 1833 a 1847: lecciones leídas en el Ateneo científico de esta corte por don Manuel Cañete. Lección tercera", *El Faro*, 1 enero 1848.

y lamenta que los trabajos científicos del hidrógrafo e historiador don Martín Fernández de Navarrete, recién fallecido, estuvieran más diseminados en Francia que en España.

Los nombres de algunos de los más conocidos pintores de la época aparecen en su artículo sobre la Exposición de la Academia de San Fernando en 1845: Federico de Madrazo, Genaro Pérez de Villamil, Antonio María Esquivel y Valentín Carderera. Con protocolo y diplomacia, Cañete empieza su artículo rindiendo rápido tributo de cortesía a la reina Madre, María Cristina, quien se había dignado exponer: "Copia de la *Virgen de la Rosa* de Rafael, el cuadro de S. M. la reina Cristina ofrece la misma corrección en el dibujo, el mismo colorido característico del pintor de Urbino".[30] Del cuadro del paisajista romántico Villamil afirma: "El país del Sr. Villamil, que representa unas ruinas en la Arabia, es una composición bellísima; sin embargo el colorido se nos figura demasiado poético aunque la perspectiva aérea está entendida perfectamente y los lejos tienen un encanto indefinible. Este cuadro no podía ser malo siendo creación de un artista tan apreciado en su género".[31] Como Cañete, Esquivel era sevillano y también colaboraba con *El Panorama*. Tenemos las observaciones de Cañete sobre dos cuadros de Esquivel de asunto religioso; primero habla de su *Concepción*: "Esta es una composición bellísima. La cabeza de la Virgen retrata exactamente la pureza de la divinidad; la figura toda es de mucho efecto, y se halla tan bien dibujada como colorida: semejante cuadro fuera por sí solo bastante a sostener dignamente la justa reputación que el señor Esquivel disfruta".[32] Pero en *La Magdalena* del mismo artista, Cañete descubre un defecto: "tiene gran mérito, aunque no es simpática su fisonomía. Los buenos pintores que han reproducido en el lienzo este mismo asunto han pintado en la Magdalena una mujer que, si bien muestra en sí las huellas de la penitencia y de los padecimientos, deja entrever en su rostro la hermosura de sus primeros días". Así iba madurándose el discernimiento de Cañete, un joven ahora de veintitrés años.

No estaba menos ocupado con la crítica artística en 1846; artículos suyos sobre la exposición pública del Liceo forman parte de la

---

[30] Manuel Cañete, "Exposición pública de la Academia Nacional de San Fernando", *Revista literaria de El Español,* núm. 20 (1845), 14.
[31] *Ibid.*, 15.
[32] *Ibid.*

variedad de sus quehaceres menores y mayores, es decir, de su crítica literaria, de sus revistas de la quincena, de sus boletines bibliográficos y otras labores de periodista cuyo fruto encontramos en la *Revista de Europa*. Pero es el estudio, "Crítica literaria. Estado actual de la poesía lírica en España", que es su contribución más memorable a este periódico; de dos partes, hace en la primera algunas deducciones sobre el estado de las letras en general y, en la segunda, glorifica la poesía de Julián Romea.

En sus apreciaciones generales sobre la literatura en España en 1846, el crítico distingue entre la suerte de la poesía lírica y la de la dramática. En el caso de la primera ve una seria falta de carácter propio. De otra parte, el drama, según Cañete, ha podido salvarse y elevarse mucho en años recientes: "en el breve espacio que ha corrido desde que empezó a brillar entre nosotros la aurora de la libertad, el teatro ha llegado a colocarse a una altura tal que con muy pocos esfuerzos podremos hacer que nos envidie la Europa entera; puesto que los elevados talentos de Gil y Zárate, Hartzenbusch, Vega, García Gutiérrez, el duque de Rivas y algunos otros han depurado de tal manera este interesante ramo del saber, que han conseguido hacerlo popular y han contribuido a que el gusto del público, ya depravado, no acabe en este punto de corromperse".[33] ¿Por qué no ha podido seguir el mismo rumbo feliz la poesía lírica, a pesar de los hombres eminentes que la han ilustrado?: "porque para darse a luz no tenía que vencer la dificultad de una censura ilustrada, ni las otras muchas por que tienen que pasar las obras representables".[34] En realidad, Cañete tenía ciertos rasgos de los hombres del siglo XVIII: primero, su firme creencia en el valor de la "censura ilustrada", una creencia nacida de su deseo de ver más elevadas las letras patrias, bien que los cínicos pudieran señalar cuán diestro era en hacerse nombrar representante de las aceptadas autoridades censurantes (ya en 1846 Cañete era censor político, en 1852 sería vocal de la Junta consultiva de Teatros y con el tiempo Censor de la Academia Española); segundo, algo había en sus facciones que recordaba la época neoclásica: "Su fisonomía era muy expresiva —dice José Gutiérrez Abascal, al escribir su necrología— cuidadosamente afeitado como un cura, con

---

[33] Manuel Cañete, "Crítica literaria. Estado actual de la poesía lírica en España", *Revista de Europa*, I (1846), 49.
[34] *Ibid.*

las gafas de oro montadas muy cómodamente sobre una desarrollada nariz volteriana, con la boca grande y los labios gruesos, tenía el aspecto de aquellos sabios de la Enciclopedia, con los que tenía muchos puntos de contacto". [35]

El formal academismo, uno de estos puntos de contacto, guiaba su pluma cuando en su artículo escribía sobre el caos que creía apercibir en la poesía española de 1846: "¿Cuál es el pensamiento que envuelve el inmenso fárrago de malos versos que se publican diariamente, en las cuales no ya se echan de menos ideas sino hasta las prendas más vulgares del buen decir? Ninguno; porque los estudios clásicos están abandonados de todo punto, y por un error harto punible se ha creído generalmente que la base fundamental del romanticismo era errar a la ventura sin más rumbo que el capricho por los espacios de la fantasía". [36]

Hallándose en su concepto generalmente deplorable la situación de la poesía española en 1846, Cañete, sin embargo, pudo señalar a algunos poetas de profundidad y pulidez; al mismo tiempo en su artículo explica por qué desaprueba la obra de otros a quienes denomina corruptores del buen gusto.

Cañete siempre pintaba a Zorrilla como un coco de la literatura española, como un mal poeta de cuyo triste ejemplo debieron huir y defenderse los literatos más jóvenes y prudentes. En este artículo amonestó que Zorrilla era un vate que abandonaba la casticidad de la lengua poética: "Amante de su patria como muy pocos y haciendo frecuentemente alarde de un españolismo hasta exagerado, Zorrilla ha sido, sin embargo, tan poco escrupuloso en conservar en su genuina pureza el idioma de los Granadas y los Cervantes, que pudiera decirse que su ejemplo ha servido para autorizar en parte los extravíos de los jóvenes que hoy escriben, dando origen a un nuevo culteranismo no menos perjudicial que el de Góngora y sus secuaces". [37] Luego Cañete rectifica parcialmente su aserción confesando que ha defraudado a los culteranos, quienes, si cometían defectos imperdonables a

---

[35] Kasabal [José Gutiérrez Abascal], "Revista de Madrid", *La Ilustración ibérica*, Barcelona (1891), 722.

[36] Cit. por Edgar Allison Peers, *A History of the Romantic Movement in Spain*, II (Cambridge, England: Cambridge University Press, 1940), p. 14. Peers en varios de sus propios estudios citaba a Cañete y le consideraba un agudo crítico. Esta cita se basa en *El Fénix*, no en la *Revista de Europa*.

[37] Cañete, "Estado actual", 42.

fuerza de querer describir las cosas en una nueva forma, no les faltaba buena instrucción en las reglas gramaticales. Pero Zorrilla no se detiene en corregir nunca, dice Cañete, "echa a perder una bellísima octava concluyéndola con este verso: 'que a vos mi aliento y corazón os falte' en el cual se pone en singular, sin ningún reparo, un verbo que debiera estar en el plural". [38] En son de reconvención, el crítico denuncia también ciertas ínfulas pseudo-filosóficas que cree descubrir en la poesía de Zorrilla: "A fuerza de querer remontarse en las regiones de la filosofía —se queja— llega a decir:

> 'Hay unas horas sin horas
> en que nuestras horas cesan'

rasgo muy celebrado de todos los principiantes y que nosotros no hemos podido comprender todavía". [39]

Este artículo, repetimos, apareció en la *Revista de Europa*, y en la entrega del 15 de mayo de 1846. Sólo cuatro días después fue fechada una carta (inédita) en Abalos, una que le mandó a Cañete don Eustaquio Fernández de Navarrete; da las gracias al articulista por haberle incluido en la lista de redactores y le felicita por lo que había publicado sobre Zorrilla:

> ... he visto el primer número y si por él se ha de juzgar, creo que corresponderá el periódico a la bien merecida reputación de los que lo escriben: su artículo de V. sobre todo me ha gustado infinito y tanto más cuanto que yo abundo en las mismas ideas que V., y ya hace mucho tiempo que estoy diciendo que Zorrilla con todas sus buenas dotes de imaginación y facilidad está haciendo por la ligereza y desaliño un gran perjuicio a la literatura, pues seducido el público con las brillantes dotes de su poeta favorito se acostumbra a su estilo, y de este modo se pervierte el gusto en términos que los que escriben con conciencia y pulso pueden estar seguros de ser poco leídos. [40]

Pero Cañete no negó el genio creador de Zorrilla, en particular en el campo de la leyenda: "Por otra parte, Zorrilla que ha rejuvenecido y depurado la leyenda, género en el que tanto sobresalieron

---

[38] *Ibid.*, 43.
[39] *Ibid.*
[40] Carta inédita. Véase Apéndice, Carta I de este estudio donde insertamos la misma entera.

en la edad media los provenzales y en el cual puede ser considerado
como rey absoluto y omnipotente, debe ceder el lugar en la poesía
lírica, según comprendemos hoy esta palabra, a otros ingenios menos
populares que él, pero no por eso son menos dignos de celebridad.
Sin hablar de Quintana, de Lista ni de Gallego, porque sus obras
pertenecen a otra época, el Duque de Rivas, Espronceda, Tassara y
algunos más, bien pueden ser considerados como soles brillantes de la
inspiración".[41] Reduciendo a dos el número de poetas que selecciona,
Cañete considera los de mayores dotes líricas a Espronceda y Tassara:
"en la actualidad no nos parece extraño que las poesías de Espronceda
sólo ocupen la memoria y conmuevan el corazón de los hombres de
buen gusto [curiosa noticia si así fue], y que las pocas pero brillantes
composiciones de Tassara sean apenas conocidas de aquellos que se
llaman a sí mismos aficionados a las bellas letras. Y sin embargo, Espronceda y Tassara son quizás, de entre los jóvenes poetas de nuestros
días, los que más dotes líricas han alcanzado".[42] Tampoco, cree Cañete, había sido comprendido y apreciado correctamente el duque de
Rivas, el que con su *Moro expósito* abrió el campo de la nueva literatura: "no ha logrado que anden en boca de todos sus bellísimos
Romances históricos, a pesar de que la predilección de nuestro público
parece encaminarse hacia ese género de poesía. Esto no nos sorprende
aunque nos lastima; porque las prendas líricas que en ellos se encuentran, su corrección, la elevación de los pensamientos que envuelven y
el buen gusto con que están escritos, salvo el defecto de prosaísmo
que alguna vez se nota en la versificación, hacen que la multitud, ávida
de peripecias y de hojarasca deslumbradora, no goce tanto como en
otras cosas menos cuidadas".[43] Por su extensión, es imposible seguir
aquí a Cañete en los análisis que hace de distintas obras de estos
poetas; pero se queja siempre de lo mismo: el público ha abandonado
a los verdaderos ingenios y prefiere las vacías producciones de gran
número de poetastros. "Reconociendo, pues, el mal gusto que domina
en la mayor parte del público, es como puede explicarse que las poesías de estos ingenios no sean todo lo apreciadas que merecen serlo, y
que apenas circulen las bellísimas de la señorita Avellaneda, de Arolas,
de Capitán, Pastor Díaz, Fernández-Guerra y algunos otros, al paso

---

[41] Cañete, "Estado actual", 44.
[42] *Ibid.,* 45.
[43] *Ibid.,* 44.

que se celebran como cosa de gran valía, las poco correctas composiciones de Larrañaga (que pecan por afectación de sentimentalismo), y las *doloras* de Campoamor. Estos dos ingenios, sin embargo, no han delirado constantemente". [44]

"Capitán", por supuesto, fue el célebre humanista don Juan María Capitán, amigo de Lista y compositor de versos en lengua latina. El antiguo profesor por correspondencia de Cañete, ahora nombrado colaborador en la *Revista de Europa* por su discípulo, sentía gran orgullo por el progreso del joven crítico; en una carta con fecha de Jerez, julio de 1846, lamentó cómo su salud había quedado notablemente alterada por la reciente defunción de don José Fernández-Guerra y luego escribió sobre los adelantos de Cañete en la literatura: "La poesía de V. es rica y sonora, y la prosa va teniendo todas las cualidades y casi el mismo sabor de la de Lista en sus artículos literarios. Bien sabe V. que yo no tributo alabanzas sin una convicción íntima, pues de lo contrario me callaría. Podré engañarme; pero desdichado de mí si no se me alcanza algo en tales materias". El antiguo mentor de Cañete, quien iba a seguir en tan breve plazo, en 1848, la senda hacia el cielo por la cual le había adelantado don José, añade luego modestamente en su carta: "Por lo demás, aunque estoy bien persuadido de la sinceridad de V. al estampar mi nombre en su bellísimo artículo sobre la poesía lírica actual, no lo estoy tanto para creerme digno de semejante honra". [45]

Finalmente conviene que nos fijemos en los comentarios de Cañete sobre las doloras de Campoamor. Hoy en día algún trabajo cuesta asociar a este poeta con la producción literaria española de la primera mitad del siglo XIX; sus *Pequeños poemas* datan de 1872 a 1874 y sus *Humoradas* de 1886 a 1888, situándose fácilmente el espíritu prosaico y filosófico de casi el conjunto de su poesía dentro de la corriente realista vigente en los tiempos de la Restauración. Pero no, la carrera de Campoamor fue larga con raíces en el romanticismo; cuando Cañete describe las doloras de Campoamor en 1846, precisamente en el año que éste las había publicado, afirma que el poeta había fracasado si aspiraba a ganarse con el género el título de innovador: "lejos de cantar el dolor, se reduce a decir una sentencia vulgar en un tono

---

[44] *Ibid.*, 47.
[45] Cossío, *Correspondencias*, p. 249.

epigramático, conservando generalmente la forma que tienen la mayor parte de nuestras letrillas, y dando un colorido sentencioso a cosas que suelen en ocasiones no ser más que una mera reunión de palabras, lo cual no merece la pena, si bien se mira, de que se aplique el nombre de innovación". [46] Cañete no se equivocó al negar la validez de esta supuesta innovación aunque se le escaparon por el momento los justos méritos de las doloras. [47] A los dos años, en abril de 1848, en *El Faro* de Madrid, prestaría más fructífera atención a éste y a otros géneros cultivados por Campoamor; allí interpretaría a través de dos largos artículos la obra poética de don Ramón producida hasta aquella fecha. Si en *El Faro* hablaba de ella en términos sumamente favorables, no faltaban antes en la *Revista de Europa* algunos juicios suyos sobre el poeta libres de censura; en efecto, Campoamor, según Cañete en 1846, en días cuando no aspiraba al título de innovador, en sus primeras poesías, "anunciaba un ingenio capaz de brillar al lado de Gil Polo por la gracia y frescura de sus bellas inspiraciones". [48]

Toda la segunda parte de este estudio sobre la poesía lírica española se dedica a la de don Julián Romea. Sin duda Cañete se acordaba con gratitud de la actuación de aquél en su drama histórico. Además, el fondo apacible y melancólico, la delicada ternura del numen poético de Romea debían representarle calidades de un gusto que le atraía. En particular le llamaba la atención su poema "La noche en la Alhambra": "Como hemos dicho ya en este artículo —siguió Cañete en la *Revista de Europa*— el señor Romea se distingue más en las composiciones eróticas y de tintas vagas que en las filosóficas o en aquellas que requieren un gran vuelo de fantasía o una chispa eléctrica de entusiasmo; no obstante, aun en estos géneros llega también a sobresalir; y "La noche en la Alhambra", "El primer cántico de Moisés" y "A Zaragoza" son composiciones que honrarían a cualquier poeta. ¡Cuán bellas no son las siguientes estrofas con que da principio a la primera de las tres citadas!" [Citaremos menos de ellas que Cañete]:

---

[46] Cañete, "Estado actual", 48.
[47] Escribe un crítico moderno sobre las doloras: "el nombre es nuevo, la cosa es vieja. El mérito de Campoamor consiste en haber producido estos poemitas en gran número, y con tal excelencia, que ha fijado su tipo definitivo". Manuel Romera-Navarro, *Historia de la literatura española*, 2.ª ed. (Boston: D. C. Heath., 1949), p. 533.
[48] Cañete, "Estado actual", 48.

>   Silencio y soledad! Todo en el suelo
>   Calla y reposa; el llanto y los placeres.
>   Bajo el azul del granadino cielo,
>   Noche de bendición, ¡qué hermosa eres!
>   A tu sombra dulcísima, tranquila,
>   Ese murmullo de la clara fuente
>   Que bulle y salta de la blanca pila
>   ¡Como refresca el corazón doliente!
>   Tu dulce brisa que el jardín orea,
>   Vuela, el aroma de la flor llevando;
>   Blandamente los árboles menea
>   Entre sus blancas hojas suspirando. [49]

Granada y la Alhambra tenían gran significación personal para Cañete; es de suponer que no podía leer estos versos sin sentirse fuertemente conmovido.

La experiencia que ganó el joven crítico con la *Revista literaria de El Español* y con la *Revista de Europa* aumentó considerablemente su confianza en su capacidad de influir. Subiendo los escalones del poder de un crítico —primero, la habilidad de comentar o cuestionar, luego la de alzar o rebajar a una figura en la estimación del público y, finalmente, la de entronizar a aquellos que personifican artísticamente sus ideales o de destronar a aquellos que los rechazan— en 1847 Cañete iba llegando al último peldaño; pronto quitaría a la escena española algo que le desagradaba. Poco antes de su muerte recordó esta victoria en las páginas de la *Ilustración española y americana;* allí dice: "Siendo yo muy joven todavía, cuando éramos pocos los que en la prensa madrileña nos dedicábamos al ejercicio de la crítica teatral, la compañía dirigida por Dardalla transportó a esta corte y logró poner en moda las piezas de costumbres populares de Andalucía, que en aquella hermosa región le habían conquistado honra y provecho". Estas piezas se presentaron en los años 1847 y 1848 en un teatro entonces existente en la calle de las Urosas y algunas de ellas tuvieron gran sabor de sainetes. "Pero así y con todo —continúa Cañete—, las personas ilustradas creyeron entonces que la predilección concedida a las piezas andaluzas podía ser no menos perjudicial [que los teatros de función por hora de 1891] a las buenas costumbres y al verdadero progreso artístico". Y termina con una frase no exenta

---

[49] *Ibid.,* 167.

de egoísmo: "En tal concepto emprendí, con el fervor de los años juveniles, una vigorosa campaña contra el género andaluz; y al cabo de luchar algún tiempo, solo al principio, acompañado después de los que más me habían combatido tachándome de intransigente, vi caer en descrédito y padecer total eclipse las mismas producciones cómicas acogidas antes con extraordinario aplauso". [50]

Un nuevo tribuno ayudó a instalar a Cañete como esta voz potente de la crítica de la capital; fue un órgano de la prensa que le proporcionaba los medios de dirigirse regularmente al gran público y de poder meter cuchara en la muchísima polémica del día. Se llamaba *El Faro*. Duró poco más de doce meses justos, existiendo del 10 de abril de 1847 al 30 de abril del siguiente año. *El Faro* fue fundado por don Diego Coello y Quesada, el futuro Conde de Portugal, quien hizo del mismo un diario que sustentaba ideales del Partido Moderado; en 1849 Coello, impávido ante el experimento anterior tan pasajero, volvería con mayor suerte al campo periodístico, siendo esta vez el propietario de *La Época*, de larga y muy célebre existencia. Es de notar que antes de fundar *El Faro*, don Diego fue director de *El Heraldo*; su abandono de este puesto, su ambición de colocarse en la primera fila de los que abogaron en pro del Partido Moderado, sirvieron para perderle el favor de su antiguo jefe, Luis Sartorius. Parece que la cesación de *El Faro*, más que a defectos internos, se debió a presiones provenientes directamente del poderoso propietario de *El Heraldo*. Nada de eso perjudicaba aparentemente a Cañete, cuyos artículos se encuentran en los tres periódicos; sin embargo, el joven periodista fue siempre leal a Luis Sartorius. Es probable que ya por 1847 el Conde de San Luis se interesase en la carrera de su futuro secretario; tenemos indicios de que una de las direcciones de Cañete en Madrid entonces era la de la Calle de la Libertad 21, lugar donde recibía correspondencia como Oficial de la Jefatura Política. Bien sabido es que el conde ayudaba a determinados escritores jóvenes en la adquisición de tales puestos, algo que hizo en particular después de ocupar él mismo el puesto de Ministro de Gobernación en 1847.

El 8 de julio de ese mismo año apareció el primer artículo de crítica literaria que Cañete publicó en *El Faro*. Se trató de una novela,

---

[50] Manuel Cañete, "Teatros", *Ilustración española y americana*, XXXV (1891), 364 y 366.

aunque durante su carrera las novelas apenas le atraían y muy contadas eran las ocasiones que tomaba la pluma para juzgarlas; excepciones fueron el falso *Buscapié,* la novela picaresca *Gil Blas de Santillana,* libro cuya lujosísima edición barcelonesa él prologó en 1884 y la novela histórica estudiada en esta primera reseña.

Titulado "Crítica literaria. *Doña Blanca de Navarra, crónica del siglo XV,* por don Francisco Navarro Villoslada", el artículo de *El Faro* fue una especie de suplemento; apoyó y continuó comentarios hechos antes sobre el libro por el conocido literato don Eugenio de Ochoa. Después de identificar a éste como "uno de los críticos que más honran nuestro suelo", y después de defender lo que consideraba la antigua y admirable historia de los varios tipos de novelas producidos en España, Cañete se puso de acuerdo en esta forma con su colega: "Con harta razón ha dicho el Sr. Ochoa que nuestra afición a este ramo de literatura iguala, si no excede, a la que le profesan los extranjeros; y ha conseguido, para consagrarles un recuerdo afectuoso, los nombres de los pocos y ya malogrados jóvenes que [en el siglo XIX] en España han cultivado con éxito la novela". Los puntos de acuerdo entre los dos críticos son fundamentales; Cañete después de insistir en su artículo en que el elemento dramático prevalecía en la novela contemporánea, vino a preguntar: "¿El drama no es por ventura, un conjunto donde de la lucha de pasiones, de la contraposición de caracteres, de la diversidad de costumbres nace el interés que cautiva la atención del público?... ¿No se diferencian sólo en que la novela se escribe para ser leída, y el drama para ser representado?" [51] Sus palabras pueden compararse con lo que expresó Ochoa en su *Tesoro de novelistas españoles antiguos y modernos* publicado en París por Baudry el mismo año de 1847: "Porque, en efecto, el drama, si bien se mira, no es más que una especie de pequeña novela dialogada; o lo que es lo mismo, la novela en cierto modo, no es más que un drama narrado, desleído en uno o más volúmenes, y enriquecido por consiguiente con todos los pormenores y todo el desarrollo, digámoslo así, de que por su poca extensión y por su misma naturaleza no es éste susceptible". Las indicaciones son que en esto ambos autores

---

[51] Manuel Cañete, "Crítica literaria. *Doña Blanca de Navarra, crónica del siglo XV,* por don Francisco Navarro Villoslada", *El Faro,* 8 julio 1847.

habían bebido en la misma fuente francesa.[52] Al criticar el libro de Villoslada Cañete insinuó también que el drama y la novela pudieran ser dos denominaciones pero esencialmente la misma cosa: "Persuadido de que la historia es una novela natural, es un drama verdadero, el Sr. Navarro ha buscado en los anales de la edad media una de tantas lastimosas tragedias representadas en el suelo patrio, para proporcionar a sus lectores, en un agradable recreamiento, una lección provechosa".[53] En fin, Cañete congratuló a don Francisco por su estilo fluido, correcto y elegante y por haber retratado el colorido de los antiguos tiempos sin caer en afectación pedantesca.

La mayor parte de la crítica que Cañete produjo para *El Faro,* en 1847, trató de asuntos teatrales, de revistas semanales de espectáculos. Entre las excepciones se incluyeron dos artículos de tintes internacionales que demuestran de nuevo la amplitud de sus intereses: primero, habló de un álbum bilingüe de poesía italiana y española, parcialmente publicado antes en *El Heraldo* y, segundo, al escribir miscelánea literaria, preparó un erudito Boletín Bibliográfico Extranjero.

En agosto y septiembre de 1847 Cañete publicó en *El Faro* una serie de tres artículos sobre "Los Opúsculos políticos y literarios de don Salvador Costanzo, precedido de un discurso preliminar, escrito por don Manuel Moxó, y acompañados de un álbum de poesías italianas y castellanas de algunos poetas antiguos, y de los más esclarecidos entre los modernos".[54] Se incluyó en el álbum bilingüe alguna selección de Aureliano Fernández-Guerra, "La Oda a España", de Rafael M.ª Baralt, la "Silva americana a la agricultura de la zona tórrida" de Andrés Bello, últimos versos de Plácido (Gabriel de la Concepción Valdés, ejecutado en Cuba sólo tres años antes) y hubo también otros de Manzoni y Rosetti traducidos por Baralt y Joaquín Cervino. Ahora bien, estos dos traductores en 1847 ya eran muy

---

[52] Ochoa fue cit. por la erudita escritora doña María Rosa Lida de Malkiel, en su libro *La Originalidad artística de la Celestina* (Buenos Aires: Eudeba, 1962), p. 66, n. 3. En la misma página comentó: "Por absurdo que parezca hoy, la longitud debió de ser para muchos el criterio práctico para distinguir teatro y novela, aunque pocos lo proclamaron con la ingenuidad de Eugenio de Ochoa". Cañete en este artículo sobre la novela de Villoslada toma a A. Villemain, *Cours de littérature française,* la idea de que la novela "es un inmenso drama". Ochoa, de educación literaria francesa, habrá conocido el mismo escrito.

[53] Véase la nota 51.

[54] *El Faro,* 27 agosto y 1 septiembre 1847.

buenos amigos de Cañete e iban a ser sus confidentes y aliados en más de una refriega literaria.

Muy estimable fue la carrera periodística de don Rafael M.ª Baralt, quien, en estos albores de su amistad con Cañete colaboraba con *El Espectador* y quien sería en 1849 el director de *El Siglo*; corrida una década, don Manuel sucedería a Baralt en el puesto de director de la *Gaceta de Madrid*. Venezolano, caraqueño, español naturalizado, Baralt un día tomaría su sillón en la Academia de la Lengua, ganándose no poco renombre de filólogo con su *Diccionario de galicismos* (1855). No ha dejado de honrarle su país nativo donde en los últimos años se ha publicado una *Revista Baraltiana*. [55]

En correspondencia entre don Aureliano y don Manuel, fechada un mes antes de aparecer el artículo sobre el álbum, encontramos noticia de la proyectada colección y de la previa cooperación entre los colaboradores. Aquel julio Cañete había reenviado a Fernández-Guerra, quien estuvo por entonces fuera de Madrid en San Ildefonso, una oda compuesta por Baralt, pidiéndole que se la corrigiera. "Pocas veces me he hallado en mayor apuro" protestó el amigo granadino ante la perspectiva de tener que hacer las pedidas enmiendas. "Por fin me resuelvo a emborronar de disparates este papel, pues aun cuando podía declinar la jurisdicción por no ser tribunal competente, sentiría que el caballero Baralt no llegase a ponerlo en su punto, y dudase acerca de los sentimientos de entrañable apasionada benevolencia que le profeso". [56] Don Aureliano supo vencer sus reticencias lo suficiente para llenar no menos de cinco páginas con observaciones críticas sobre la oda. Al terminar su carta, fechada el 14 de julio, el corrector a su vez pidió a Cañete que anotase y atildase lo menos disparatado de sus apuntes de que se lo entregara a Baralt. Finalmente, don Aureliano aceptó una invitación con las palabras "me honraré con verme en el precioso álbum". [57]

Del dos de diciembre es la compilación que hizo Cañete de un Boletín Bibliográfico Extranjero. En ella quiso comentar toda una serie de títulos que no pueden menos de interesarnos por haberle interesado tanto a él. Vemos en su lista: *Curso de literatura dramática o del uso de las pasiones en el drama,* por Saint-Marc Girardin; *De las ventajas*

---

[55] En Caracas. He consultado el tomo V de 1965.
[56] Cossío, p. 393.
[57] *Ibid.*, p. 398.

e *inconvenientes de la soledad*, por Zimmerman; *Obras poéticas completas de Adán Mickiewicz*, traducidas de la edición original de 1844 por Christian Ostrowski; *Historia de la poesía de los hebreos*, de Herder, traducida por la baronesa de Carlowitz; *Obras completas de Augustín Thierry*; *Retratos contemporáneos*, por C. A. Sainte-Beuve; *Estudios sobre los primeros tiempos del cristianismo y sobre la edad media*, por Philarète Chasles, etc. Las implicaciones de tales títulos son infinitas. ¿Qué consuelos buscaba Cañete en el segundo libro que se trataba de las ventajas e inconvenientes de la soledad? ¿Cómo se explica su interés en las poesías polaca y hebraica? ¿Cuánto de esto formaba parte de su biblioteca privada? Seguras contestaciones a estas preguntas no las podemos dar; pero, por regla general, lo que lee un crítico para edificarse, incluso lo exótico, llega a insinuarse a menudo en su propia producción. Por eso no sorprende encontrar, en el periódico *El País*, con fecha del 29 de julio de 1849, un artículo de Cañete titulado "Literatura extranjera. Poesía religiosa. Dos himnos de Adán Mickiewicz".

Las siguientes piezas teatrales, en orden cronológico, fueron estudiadas por Cañete en *El Faro* en 1847: *El Caudillo de Zamora*, de Luis de Olona; *Con quien vengo, vengo*, refundición de una obra de Calderón por Bretón de los Herreros; *Borrascas del corazón*, de Tomás Rodríguez Rubí; *Juana de Arco*, de Manuel Tamayo y Baus; *El Puñal* y *Cristóbal Colón* de Antonio Ribot y Fontseré; *La Calentura*, de José Zorrilla; *Españoles sobre todo* y *Por amar perder un trono*, obras de los hermanos Asquerino, don Eusebio y don Eduardo. Con mucho la más larga e intensa de esta colección de reseñas fue la dedicada a *Borrascas del corazón*.

Olona fue uno de los antiguos colaboradores de *La Aureola* de *Cádiz*; en aquella revista Cañete había anunciado el estreno en Málaga de *¿Se acabaron los enredos?*, la primera pieza dramática de don Luis. *El Caudillo de Zamora*, un drama en tres actos en prosa, representado en el Teatro de la Cruz, también fue una novedad según Cañete: "Hermano de *Lázaro, pastor de Florencia*, de *Josepo el Veronés* y de otros de la misma especie de Bouchardy o de Bourgeois, *El Caudillo de Zamora* es (no quisiéramos equivocarnos) el primer drama original español que sale a pública luz aderezado con atavío del melodrama o drama novelesco francés". Cañete confiesa que Zorrilla se había aproximado al género en *Caín pirata* y en *El Molino* *de Guadalajara;* pero, dice, "estas obras no llenan completamente la condición esencial de ellas, que es conservar en actividad constante el ánimo del espectador, valiéndose para lograrlo de cuantos medios existen".[58]

Cañete repetía sólo con reverencia los nombres de Pedro Calderón de la Barca, Dionisio Solís y Manuel Bretón de los Herreros. Su revista semanal del 19 de septiembre le dio la oportunidad de tributarles una vez más su alabanza. De particular interés, en esta ocasión, es lo que expresó sobre el segundo de los tres, sobre el difunto refundidor quien en tiempos prerrománticos era el conocidísimo traspunte del Teatro de la Cruz: "baste decir que el Sr. Bretón de los Herreros, con un tacto digno de don Dionisio Solís (que es quizá quien con mayor acierto ha refundido algunos dramas de nuestro antiguo teatro), ha dado al plan [de *Con quien vengo, vengo*] la regularidad que carecía, no desvirtuando, sin embargo, el interés del conjunto ni la belleza de los detalles. De este modo se ha conseguido agradar a los espectadores".

El 14 de octubre de 1847 Cañete hizo un frío examen de *Borrascas del corazón*. Ya por esta fecha existía una tirantez entre él y el dramaturgo don Tomás Rodríguez Rubí, una tensión que no iba a disminuirse con esta reseña; con el pasar del tiempo su muy pública malquerencia había de acentuarse mucho, estimulada por acusaciones recíprocas a cual más amargas y petulantes, hasta dar en 1849 en un violento episodio de honor. Retrocederemos un poco para buscar comienzos de la enemistad en el año 1846.

Para guiarnos por tan oscuras aguas nuestra brújula tendrá que ser un remitido firmado por el mismo don Tomás y publicado en *El País* con fecha del 18 de mayo de 1849. Dice allí el dramaturgo, escribiendo autobiográficamente, que, antes de estrenarse Cañete como crítico en Madrid, él había sometido al público más de una docena de obras casi siempre bien recibidas; en aquellos casos que los críticos se mostraron severos, aceptaba sus dictámenes con sobriedad y sin rebelarse. Pero de repente, continuó Rodríguez Rubí, "el Sr. Cañete apareció sobre la trípode de la crítica, con los títulos y antecedentes literarios que todos conocíamos, y emvistió [sic] con *acrimoniosa virulencia*, según confesión propia... a una de nuestras más humildes

---

[58] Manuel Cañete, "Variedades", *El Faro*, 5 septiembre 1847.

producciones, escrita a la ligera y bajo la influencia de circunstancias muy especiales, y nos trató públicamente de ignorantes por no sabemos qué diminuta diferencia gramatical, empleando un tono de impertinente suficiencia, al que ningún hombre que aprecie su dignidad puede ni debe nunca someterse".[59] A pesar de todo, dice el dramaturgo, prefirió tragar saliva a contestarle al crítico en otro modo que con una nueva producción esmerada. Rodríguez Rubí consideró a Cañete como el que había pecado primero originando la agresión: "La obra a que nos hemos referido vio la luz titulada *Fortuna contra fortuna*, y el artículo a que aludimos vio la luz pública, si no nos engaña la memoria, en un periódico de modas titulado *El Museo*, a fines del año 1846. Quede sentado que la agresión vino de parte del señor Cañete, dirigido a un escritor que siempre le había recibido franca y cariñosamente".

En el mismo remitido Rodríguez Rubí confiesa "nuestra tal vez exagerada susceptibilidad" y es verdad que en la figura de este autor Cañete había encontrado a su igual, a un contrario no menos quisquilloso que él. Pero quizá esta vez el autor dramático se mostrase demasiado susceptible. ¿Refirióse don Antonio Alcalá Galiano a exageraciones de parte de Rodríguez Rubí o de sus admiradores en 1847 cuando quiso venir aquel año a la defensa de Cañete? No es completamente claro puesto que el gran prologuista de *El Moro expósito* no identificó a los censuradores a quienes aludía al escribir estas palabras, productos de su pique: "sin contar al autor de estos renglones, que más de una vez ha oído calificar de amarga censura juicios suyos donde no escaseaba el elogio, si bien no sin mezcla de desaprobación, podría citar a algún otro contemporáneo a quien acarrea odios acerbos su loable empeño de no loar a bulto". Luego don Antonio reveló el nombre del crítico a quien se refirió: "Sin aprobar ni desaprobar varios juicios literarios de don Manuel Cañete, bien puede afirmarse que es escandaloso oírle tachar de enemigo de autores a quienes ha colmado de alabanzas, aunque encontrando en sus obras algunos lunares".[60]

---

[59] Tomás Rodríguez Rubí, "Dos palabras de contestación a las cuatro que el señor Cañete nos dirige en El Heraldo de hoy", *El País*, 18 mayo 1849.

[60] Antonio Alcalá Galiano, "Del estado de las doctrinas críticas en España en lo relativo a la composición poética", *Revista científica y literaria*, I (1847), 242 y n. 1.

El hecho es que en su crítica de *Borrascas del corazón,* Cañete hizo precisamente eso: mezcló con su alabanza algunas serias reservaciones sobre determinados aspectos de la obra. Empezó diciendo: "nosotros, que no sólo apreciamos sino envidiamos el claro talento del Sr. Rubí y su conocimiento del público y de los actores a quienes escribe, vamos a hacer de *Borrascas del corazón* un juicio crítico tan imparcial como nos sea dado, así para determinar sus bellezas como para señalar sus lunares; que el ocultarlos fuera ofenderle confundiéndole con los autorcillos a quienes la crítica tributa elogios de fórmula, cuando no por espíritu de *camaraderie* por un sentimiento compasivo". [61]

Cañete elogió la sencillez del plan, el laudable desenlace y lo dramático que era la lucha que entre la pasión y el sentido del deber sostenía la aristocrática protagonista. La trama puede resumirse así: Casada con un caballero anciano que la quería y trataba bien, doña Blanca se ha enamorado de un bizarro capitán de las tropas de Felipe III. Se encierra en su oratorio, deseosa de escapar toda tentación; pero la soledad del recinto convierte el esperado lugar de alivio en un infierno psicológico. Aunque su amor es correspondido por el joven oficial, la vergüenza y la debilidad van destruyendo fatalmente el raciocinio y la vida misma de la infeliz esposa.

Hablando de la lucha de pasiones, Cañete escribió: "También el Sr. Rubí ha interesado con ella al público y ha sabido, con mucho acierto, presentarla desnuda de episodios inútiles y de complicaciones que sólo hubieran sido parte a desvirtuar la belleza que se deriva de la sobriedad de la acción. El principal mérito de ésta consiste en su sencillez, y en que el interés nace, no de la aglomeración de incidentes ni de lujo de peripecias, sino del desarrollo natural de las pasiones y de la pintura de los caracteres, prendas ambas de gran valía cuando hay exactitud y consecuencia en los unos, y verdad y fuego en las otras". [62] Al mismo tiempo Cañete discernió una falta de equilibrio que debilitó la verisimilitud de *Borrascas del corazón*: "Sin embargo, este drama es mucho mejor en el fondo, es decir, en la concepción del pensamiento, de las pasiones y de los caracteres, que en la forma, o lo que es lo mismo, el modo de hacer perceptible semejante pensamiento, de retratar dichas pasiones y de dibujar tales caracteres. El

---

[61] Manuel Cañete, "Crítica literaria", *El Faro,* 14 octubre 1847.
[62] *Ibid.*

de Blanca sobre todo es un tanto exagerado, adolece en ocasiones de inconsecuencia, y no deja en el ánimo la impresión que, con su buen instinto, se propuso el autor producir y que hubiera podido causar si estuviese mejor preparada la muerte de la heroína".[63] Tal vez la mencionada mezcla de alabanza y censura que caracteriza esta reseña se vea mejor en este trozo: "Es verdad que en él [en el cuarto acto] las entradas y salidas de los personajes están poco motivadas, y que la locura de Blanca es, como hemos dicho, violenta; pero admitida una vez, la situación es bella y nos trae insensiblemente a la memoria dos figuras de singular poesía, dos vírgenes privadas de la luz de la razón, dos castas flores del valle de la existencia marchitas por el soplo envenenado de la existencia: la Ofela de Shakespeare y la Leonora de Burger". Aunque no faltaron otros descuidos que el crítico creyó descubrir en la obra, sus últimas palabras fueron de enhorabuena: "Felicitamos, pues, al Sr. Rubí por su obra, y le auguramos nuevos laureles si con igual felicidad sigue cultivando un género que es susceptible de tantas verdaderas bellezas".[64]

Acaso el lector viera en estos juicios de Cañete notas de moderación y de hermosura en el decir; moderadas o no, bastaban para convencer a don Tomás Rodríguez Rubí de que don Manuel siempre criticaría sus obras con inmerecida dureza. Esta reseña determinó que el camino de las relaciones entre los dos fuese en el futuro bastante pedregoso; el ya citado remitido lo verifica cuando dice el autor dramático: "Escribimos a fines del siguiente año *Borrascas del corazón*, y en seguida el Sr. Cañete, que privadamente nos había felicitado por esta composición, publicó en El Faro un extenso artículo con formas muy esmeradas, en el que a vueltas de unas cuantas palabras, como suele decirse de *buena sociedad*, se traslucía evidentemente el afán de buscar defectos, y la humildad de sus fuerzas intelectuales para encontrarlos, porque calumnió la obra y dejó intactas sus muchas y capitales imperfecciones". Quedó el remitente con esta impresión final: "Entonces nuestra tal vez exagerada susceptibilidad creyó descubrir en los escritos del Sr. Cañete, más intención de buscar un choque personal que deseo de criticarnos concienzudamente, y tomamos la pluma sin indignación, pero con ánimo deliberado de allanar el

---

[63] *Ibid.*
[64] *Ibid.*

camino de sus propósitos, y publicamos en *El Clamor* una fraterna, en la que, entre algunas bromas, dijimos también muchas verdades". [65]

Los intercambios fueron rápidos; sólo ocho días después de su crítica de *Borrascas del corazón*, Cañete publicaría en *El Faro* otro artículo, "A propósito de una *Fraterna* del Sr. Rubí, inserta en el número 1.054 de *El Clamor público*, y dirigido al autor del presente artículo". La contestación del crítico fue dada en un tono de superioridad moral siendo éste su argumento fundamental: "en materia de crítica la primera autoridad es *la razón*; y venga de quien viniere ésta será indestructible, por más que un raudal de chistes de buena o mala ley pretenda desvirtuarla". ¿Qué había insertado en su fraterna Rodríguez Rubí? Amargamente Cañete la resume en estos términos:

> ... el Sr. Rubí ha creído nuestras razones indignas de ser refutadas con razones, y tratándonos (como es justo, según tenemos un placer en reconocerlo) de superior a inferior, ha dado de entender que no podíamos hacer un buen juicio crítico de su drama porque somos feos; se ha burlado de la modestia con que, sin atrevernos a aventurar proposiciones decisivas, llamamos en apoyo de nuestros juicios la opinión de escritores acatados como autoridades por los que se toman la molestia de estudiar y saber; nos ha echado en cara nuestros pocos años, como si fuera un crimen ser demasiado joven y no haber perdido el tiempo en juegos pueriles o en disoluciones vergonzosas; ha dicho con la autoridad de Quintana que *el verdadero culto de las musas consiste en versos, no en críticas*, olvidándose de que son muy pocas las ocasiones en que la facultad de producir puede resplandecer sin que la ayude el talento de juzgar". [66]

Cañete concluyó su contragolpe a la fraterna, los innumerables argumentos del cual apenas se han empezado a delinear aquí, cavilando que aunque pudiera ser un crítico oscuro, pedante y descontadizo en la opinión de algunos, sus razones valdrían algo cuando dieron lugar a una "crítica biliosa".

Si don Tomás Rodríguez Rubí no se había arrepentido de su ira, un arrepentimiento que pronosticó Cañete en su respuesta a la fraterna, a lo menos resolvió mostrarse por el momento más prudente: "Visto

---

[65] Véase la nota 59.
[66] Manuel Cañete, "A propósito de una *Fraterna*, etc.", *El Faro*, 22 octubre 1847.

por nosotros que el Sr. Cañete se contentaba con responder a nuestra fraterna *por escrito*, resolvimos guardar silencio y esperar", explicó en *El País*.[67] Esperemos nosotros también la reagravación de estas pasiones que no tardarán en desbordarse de nuevo.

El 31 de octubre Cañete dedicó un artículo entero a la obra *Juana de Arco*, un drama en verso por Manuel Tamayo y Baus. El joven de diez y ocho años había producido otra comedia en cuyo papel principal obtendría su madre un éxito lisonjero. La pieza era una imitación de *La Doncella de Orleáns* de Federico Schiller; aprovechándose de la oportunidad, Cañete historió brevemente otras obras dramáticas del poeta alemán traducidas o imitadas en lengua española: "No es ésta la primera imitación de Schiller que se ha representado en nuestros teatros. Sin mencionar la tragedia titulada *María Estuardo*, que no es hija sino nieta de la de aquel glorioso progenitor de Miguel Beer; sin curarnos de la profanación cometida de *La Conjuración de Fiesco*, desfigurada inhumanamente en su detestable traducción española, debemos recordar el *Guillermo Tell* de don Antonio Gil y Zárate que se halla engalanado con muchos pasajes de la tragedia alemana".[68] Aunque el crítico vio que en el primer acto de *Juana de Arco* el joven autor había perjudicado algo el interés aglomerando un exceso de detalles históricos poco importantes para la trama, no por eso dejó de afirmar que con su obra Tamayo dio pruebas de un gran talento poético y le predijo futuras glorias al decir: "El trabajo del Sr. Tamayo tiene rasgos de mano maestra que hacen presentir en él una de las mayores glorias del teatro en nuestros días, si con igual aplicación y con idéntico gusto sigue cultivando los buenos estudios dramáticos y buscando inspiraciones en las grandes obras de todos los países. Su *Juana de Arco*, mucho más regular y de una acción más complexa que la de Schiller, es la encarnación más sublime del amor patrio activo, así como el Jacobo Fóscari de Lord Byron lo es del amor patrio pasivo".[69] Se ve, pues, que Cañete no vaciló en aventurarse, en poner a prueba sus poderes de profeta, si tenía fe en el talento y la promesa de muy jóvenes escritores.

---

[67] Rodríguez Rubí, "Dos palabras".
[68] Manuel Cañete, "*Juana de Arco*, drama en verso dividido en cuatro actos y un prólogo por don Manuel Tamayo y Baus", *El Faro*, 31 octubre 1847.
[69] *Ibid*.

Una de las figuras más curiosas que pisaba la escena española en el siglo XIX fue el político-médico-escritor don Antonio Ribot y Fontseré; era un hombre fogoso. Se ganó fama con su manifiesto romántico *Emancipación literaria didáctica* (1837) y, más tarde, fue coautor del libelo anti-isabelino *El Látigo*; Ribot fundó el periódico en 1854, siendo su socio, como es notorio, don Pedro Antonio de Alarcón. Al juzgar el 4 de noviembre de 1847 en *El Faro* dos obras dramáticas de don Antonio, *El Puñal* y *Cristóbal Colón*, Cañete no quiso entrar en pormenores porque habría tenido que mostrarse severo; la verdad es que al darse cuenta de que Ribot era el autor, don Manuel se puso sentimental acordándose de una época lejana y romántica de su vida cuando todavía admiraba mucho a este poeta; por eso, dijo, su nombre era "de dulce recuerdo para nosotros, por hallarse al frente de un libro de poesías patibularias titulado *Mis flores,* que había formado las delicias de nuestra niñez en años en que la manía del romanticismo (tan mal comprendido generalmente en España) engendraba tantos delirios y ejercía en la juventud tan decidida influencia. Esta memoria no menos agradable que la de un amigo nos estimuló a leer inmediatamente ambos dramas y ¡cuál fue nuestro dolor al encontrar en ellos mil y mil vulgaridades; al conocer que su estilo era escabroso y muchas veces risible!" [70]

En su revista de espectáculos del 12 de noviembre se ocupó de *La Calentura,* un drama fantástico en un acto por don José Zorrilla. Con estas palabras sucintas el crítico resumió así su opinión general de la obra: "Sólo un poeta verdaderamente digno de semejante nombre podía haber imaginado *La Calentura*; y sin embargo, esta obra bien mirada, dista mucho de corresponder a la que debía esperarse de un ingenio de primer orden". [71] Otra vez Cañete alabó la fantasía del poeta sólo para condenarle al mismo tiempo por una lastimosa falta de corrección. Aun la imaginación de Zorrilla, como estaba expuesta en esta obra, le daba motivos de descontento: "El Sr. Zorrilla ha querido justificar la memoria de la Cava, dicen algunos; ha querido que Florinda resplandezca por su virtud; que se aparte de su nombre el borrón que la hace causa de la pérdida de España, y esta acción es sin duda meritoria. —¿Por qué, pues, manchar inútilmente la memoria de su madre, convirtiéndola en un monstruo de perversión?

---

[70] Manuel Cañete, "Revista de espectáculos", *El Faro,* 4 noviembre 1847.
[71] *El Faro,* 12 noviembre 1847.

Además, la mayor parte de las historias callan acerca de este personaje".

Cañete fue uno de los críticos de la época que permitían la rehabilitación de figuras históricas o semi-históricas con tal que semejante operación no degradase a otras a quienes las tradiciones, leyendas o crónicas siempre habían descrito como inocentes. Con su habitual amor por la erudición, anunció noticias sobre la madre de la Cava que había descubierto en las fuentes siguientes: en la *Historia verdadera del rey D. Rodrigo... compuesta por el sabio Alcayde Albucacim Tarif*, por el "embustero" Miguel Luna (Granada, 1589), en la anterior *Crónica del rey D. Rodrigo con la destruición de España, y como los moros la ganaron,* donde esta mujer se llamó Frondina, y, finalmente, en Mariana donde toda mención de la condesa omite referencia a su participación en el suceso de la hija.

Tales rehabilitaciones se pusieron de moda en España a mediados del siglo XIX; en efecto, el mes después del estreno de *La Calentura*, en su revista del 24 de diciembre, Cañete pudo hablar de otra; esta rehabilitación fue la base del drama original *Por amor perder un trono*, de don Eusebio Asquerino, y, tratándose de quien se trató, bien concebida había de ser cuando logró entusiasmar a un auditorio español. Escribió don Manuel sobre el caso: "El Sr. Asquerino ha huido en esta ocasión del terreno de las circunstancias para entrar en el de la historia, y nosotros le felicitamos y nos felicitamos al par, porque nos ha proporcionado el placer de aplaudirle sinceramente por un triunfo legítimo que le honra. Inspirado de generosos sentimientos ha tratado de rehabilitar la memoria de la Beltraneja, y lo ha conseguido". [72] (Claro, Cañete había tratado de hacer lo mismo por el Duque de Alba en su drama de ese título.) De los hermanos Asquerino fue *Españoles sobre todo,* comedia que el crítico calificó, en este mismo artículo, de "una alegoría política exagerada". [73]

Recapitulando estudios críticos de la temporada, Cañete publicó en otro órgano, *La Antología española,* su "Rápida ojeada acerca del rumbo que ha seguido la literatura dramática española en 1847". Creación de don Rafael María Baralt y de don Simón Santos Lerín, la antología salió con tres números, de enero a marzo de 1848; la imprenta de la revista fue la de *El Siglo,* periódico en que colaboraban

---

[72] *El Faro,* 24 diciembre 1847.
[73] *El Faro,* 11 diciembre 1847.

también estos dos socios de la prensa. Aunque breve era la existencia de la antología, sus editores sabían atraer a articulistas tan renombrados como lo eran Pascual Gayangos, Agustín Durán y Bartolomé José Gallardo. [74]

En su ojeada Cañete repasó varias obras teatrales estrenadas en 1847, trabajo que le llevó a concluir lo siguiente en tono de marcado desaliento: "... desde que en 1842 apareció *Guzmán el bueno* como una de las postreras llamaradas del arte verdaderamente tal, el público ha mirado con indiferencia casi todas las creaciones elevadas que le han brindado corriendo a embriagarse en la contemplación de cuadros cuyo único mérito consiste en estar dispuestos con ingenioso artificio"; ahora bien, aunque Cañete habría incluido sin duda *Don Juan Tenorio* (1844) entre el número de cuadros de "ingenioso artificio", siendo otra de las creaciones de Zorrilla que no le impresionaba muy bien, sorprende un poco que no hiciese en este punto de su ojeada una clara excepción de *El hombre de mundo*, obra recibida con aplausos. Pensaba el crítico que, por el año de 1847, autores de "creaciones elevadas" estaban retirándose de la escena a consecuencias de la indiferencia de su público; creía, además, que era un acto culpable de parte de artistas como Gil y Zárate, Hartzenbusch, García Gutiérrez y el Duque de Rivas el de abandonar el campo a escritores de mérito inferior: "los autores que no acertaban a explicarse esta mudanza de la generalidad, atribuyendo a defecto propio lo que ciertamente era hijo de causas muy diferentes, empezaron a enmudecer y cometieron la falta, por mil títulos punible, de abandonar un terreno que de derecho les pertenecía". [75] Cañete quedaba convencido de que si hubo en España un género en que estaban cifrados posibles títulos de gloria para su generación literaria, tendría que ser el drama. Pero últimamente los productos del teatro se habían probado poco brillantes y sólo servían para desorientarle: "si no, dígase a dónde debemos recurrir en dicho año para desentrañar el sentimiento de la época, para buscar si se quiere, el indeterminado carácter del siglo, para encontrar, en fin, la luz precursora de nuestra futura civilización. ¿Será acaso a

---

[74] "Es decir lo más grande y erudito de las letras españolas", afirma don Miguel Artigas, hablando del grupo en su *Don Luis de Góngora y Argote* (Madrid: Tipografía de la Revista de Archivos, 1925), p. 248.

[75] Manuel Cañete, "Estudios críticos. Rápida ojeada acerca del rumbo que ha seguido la literatura dramática española en 1847. Segunda parte", *La Antología española*, núm. 3 (1848), 5.

las refundaciones del Príncipe, a las traducciones de la Cruz, a los originales dramas de Variedades o a las piezas andaluzas del Instituto? ¿Será a *Borrascas del corazón,* que ha conseguido anegar a cierta parte del público en un éxtasis delicioso, o a los desahogos de un patriotismo que, creyendo ser la expresión de la sociedad es únicamente el eco transitorio de una facción?" [76]

Basándose parcialmente en argumentos de Larra, Cañete pidió al gobierno remedios eficaces para el estado malsano del teatro nacional:

"... el gobierno abandona el teatro ... a los azares del particular interés, y por consiguiente a las contrariedades del monopolio. Convertido en núcleo de una personalidad o de una empresa cuyas miradas privadas no están siempre en armonía con los intereses civilizadores del arte, el teatro apenas es más que un lugar de recreación donde el capricho es la ley, donde la ganancia es todo. Entregado a la discreción absoluta de un actor que tenga al par el carácter de empresario, llega casi siempre al último punto a que pudiera arrastrarlo su mal suceso." [77]

Tales instancias no se originaron sólo con Cañete. Ya a principios de enero de 1848, en uno de los salones del Liceo, se habían reunido casi todos los autores dramáticos que había en Madrid, invitados por don Juan Eugenio Hartzenbusch. La asamblea votó a favor de llevar a la reina una reverente petición a fin de que no se dilatase por más tiempo el establecimiento de un teatro real en Madrid.

El Faro, recordamos, cesó de publicarse el 30 de abril de 1848; mientras tanto, hubo una diminución notable en el diario del número de los artículos teatrales de Cañete; de otra parte, sus estudios literarios seguían apareciendo hasta casi la última entrega. A tres se redujeron en *El Faro* las piezas dramáticas de alguna importancia revisadas por Cañete durante el cuadrimestre final: *D. Francisco de Quevedo,* drama original de Eulogio Florentino Sanz; la tragedia bíblica *Sara* de Joaquín José Cervino; y la producción *La trenza de sus cabellos,* de Tomás Rodríguez Rubí.

Además de ser un conocido poeta lírico, don Eulogio Florentino Sanz se ganó algunos laureles en el teatro; a la edad de veintitrés

---

[76] *Ibid.,* Primera parte, núm. 1 (1848), 103.
[77] *Ibid.,* Segunda parte, 6.

años triunfó en la capital con D. *Francisco de Quevedo*, "su gran drama histórico". [78] El 12 de febrero Cañete llamó el triunfo no menos envidiable que merecido. En *El Faro* alabó la manera cómo el dramaturgo había concebido al celibérrimo autor de los *Sueños*; en el drama éste no tenía el mismo carácter psicológico que le daba casi siempre la imaginación del vulgo; no era un mero inventor de chistes y de cínicos decires. "El Sr. Sanz —escribió Cañete— ha querido describir en el inmortal autor de tantos escritos inmortales al hombre generoso y de elevados pensamientos que, víctima de las injusticias de la sociedad, se pone como desgraciado del lado de la desgracia, y arriesga su reposo, su felicidad, su existencia misma para sacarla a salvo de las persecuciones y asechanzas de los perversos, al hombre de agudo ingenio que por ese instinto profético de las organizaciones privilegiadas se antepone a los sucesos..." [79]

En la misma crítica literaria del 12 de febrero, Cañete comentó *Sara*, obra original de su íntimo amigo don Joaquín José Cervino. Magistrado y poeta, Cervino es uno de los literatos de aquella época que la nuestra esencialmente ha olvidado. Pero la medianía general de su producción no causaba que Cañete no le respetase como hombre de letras. Además su amistad tenía raíces viejas y firmes; Cervino estaba ya con Cañete y Aureliano Fernández-Guerra en 1844, redactando *El Manzanares*. Llano era el compañerismo de aquéllos dos y no sin íntimos toques de humor —en una ocasión, por ejemplo, don Joaquín firmó la carta que escribía a su "querido Manolo" asegurándole ser su "*calvitestáceo y presupuestívoro* Cervino". [80]

La reseña de *Sara* nos proporciona información sobre el tipo de obras dramáticas que Cañete quería ver imponerse en las tablas de su patria. Obvio es que el crítico consideraba el teatro un medio poderoso para la moral pública. Hablando del drama, dice: "... acaso ningún otro determina de una manera tan poética el sentimiento del cristianismo, que es el alma de la moderna civilización. En *Sara* se ve en efecto al hombre, no preso en las redes de una fatalidad implacable y estúpida; no luchando con caprichosas deidades; sino batallando consigo

---

[78] Así lo denomina J. García Mercadal en su *Historia del Romanticismo en España* (Barcelona: Editorial Labor, 1943), p. 343.
[79] Manuel Cañete, "Crítica literaria", *El Faro*, 12 febrero 1848.
[80] Cossío, p. 302.

mismo y venciendo los ímpetus del corazón...".[81] Haciendo crítica simultánea en la *Revista científica y literaria*, volvió a hablar de *Sara* con palabras que completan sus ideas sobre cómo debía ser un drama en su tiempo: "El drama moderno, lejos de fundarse en el cinismo o en el contraste de pasiones criminales, siempre desconsoladoras para el hombre, ha tomado un nuevo giro en nuestra época, a saber, el de populizar las más augustas verdades que pueden estampar en los humanos corazones los afectos de la religión y de la sociedad".[82] Para Cañete el teatro occidental, que dijo haber nacido en el santuario, debía nutrirse siempre de los valores éticos.

De otra parte, se oponía a obras que juzgaba demasiado científicas. Tal fue el caso de *La trenza de sus cabellos*, una composición de Tomás Rodríguez Rubí; Cañete la reseñó en *El Faro* el día 25 de marzo. Declarando que la obra era una producción insignificante y nacida muerta para el futuro, se quejó que hubiera sido escrita "con el único objeto de crear un par de situaciones de grandes sentimientos para doña Matilde Díez y don Julián Romea", denunció la presentación "excepcionalmente científica" de la locura, figurando que tal procedimiento significaba poco para el mundo del arte: "¿El teatro —preguntó— es una cátedra adonde va el público a estudiar cursos de *patología* en acción?"[83] Todo el artículo, donde se expresó Cañete con cajas destempladas, indica por su tono desabrido que no había perdonado la fraterna del octubre anterior. Podemos presentir en él al mismo tiempo los comienzos de su futuro disgusto con los actores Romea y Díez.

Entre los artículos ajenos al tema teatral que Cañete escribió para *El Faro*, de enero a abril de 1848, tres fueron de particular consecuencia: una polémica que mantuvo con don Pedro de Madrazo; un comentario jubiloso del "descubrimiento" y publicación por don Adolfo de Castro del *Buscapié* de Cervantes; y su estudio de obras poéticas de Campoamor.

Habían sido expuestos en la Academia de San Fernando los proyectos dedicados al diseño del monumento a la memoria de don Agustín Argüelles, monumento donde deberían reposar sus restos. La polémica tuvo lugar al desentir Cañete de este proyecto. Sin entrar en los com-

---

[81] Véase la nota 79.
[82] Manuel Cañete, "Crítica literaria", *Revista científica y literaria*, II (1848), 150.
[83] Manuel Cañete, "Crítica literaria", *El Faro*, 25 marzo 1848.

plicadísimos argumentos, argumentos que llenaron dos de sus artículos, basta decir que Cañete sostuvo que no debió admitirse al concurso el proyecto laureado y que rechazó las observaciones contrarias de Madrazo publicadas en El Heraldo. En efecto, ésta no sería la última vez que don Manuel disputaría el juicio de un jurado que no premió al candidato que él apoyaba. Aunque negó ser parcial, escribió con mucha intensidad sobre el concurso: "El proyecto del señor Enríquez, defendido por nosotros, es el único aceptable de los presentados, porque es el solo también que revela genio, que supone gusto, que atestigua un conocimiento filosófico de las condiciones artísticas de la época, que indica verdadero sentimiento del arte, que es, finalmente, resultado de una inspiración feliz y sale de la rutinaria esfera de anárquico y borroso *manerismo* de nuestros días". [84] No menos negativa será la reacción de Cañete, un poco después, ante otro jurado, aquél en que servía José Zorrilla y que tuvo a bien conferir su más alta aprobación en una oda de Julián Romea, a preferencia de otras formalmente presentadas, entre ellas la que había compuesto J. J. Cervino.

La suprema confianza que sentía el joven Cañete en la superioridad de sus interpretaciones, algo reflejado en respuestas como la anterior dirigida a Madrazo, muy pronto iba a ser conturbada y sacudida por lo que representaba tal vez el cálculo más erróneo de su carrera de crítico. Se debió a una de las bromas más pesadas de la historia de las letras, la publicación por don Adolfo de Castro de su falso librejo *El Buscapié*. Difícil es entender por qué el joven gaditano, nacido en 1823, un año después de Cañete, siendo hombre de talento y de considerable erudición, hubiera querido simular el hallazgo del librillo de breves páginas, del apéndice que, según se propalaba a través de los siglos, Cervantes había escrito para explicar su *Don Quijote*. Don Pascual Gayangos y don Enrique de Vedia, al traducir la *Historia de la literatura española* de Jorge Ticknor, el hispanista que puso fin a la farsa con pruebas incontrovertibles de la falsedad del libro, quisieron explicar las intenciones de Castro; para estos literatos el *Buscapié* era "un juguete literario de don Adolfo, escrito para divertirse a costa de

---

[84] Manuel Cañete, "Parte literaria. Bellas Artes. Réplica a las observaciones con que don Pedro de Madrazo contesta, en el número 1728 del *Heraldo*, a lo que dijimos acerca de los proyectos de monumentos para perpetuar la memoria de Argüelles, expuestos en la Academia de San Fernando. II", *El Faro,* 6 febrero 1848.

amigos y cofrades y embaucar a los que se aprecian de críticos y maestros en estas materias". [85] En efecto, las verdaderas víctimas del fraude fueron precisamente los amigos y cofrades de Castro, los que habían prestado fe a su palabra de escritor; éstos fueron los que quedaban más en ridículo al hacerse patente el engaño; sufrieron mucho más que Castro, quien, después de todo, había sabido demostrar la pureza de su pluma. Se había burlado de los doctos que confundieron su estilo en *El Buscapié* con el del poeta a quien imitaba inventando.

La polémica sobre *El Buscapié* duró varios años y causó la división en dos campos de gran número de literatos españoles y extranjeros. Entre los que sostenían en España la paternidad cervantina del *Buscapié* se contaron: Serafín Estébanez Calderón, Antonio Cánovas del Castillo, Francisco Flores Arenas y Vicente Barrantes; la negaron entre otros: Pascual Gayangos, Domingo del Monte, Ildefonso Martínez y Fernández y, en particular, Bartolomé José Gallardo. Durante la contienda surgió entre Gallardo y Castro una polémica de folletos, notables por su insolencia y despropósitos. La compleja historia del falso *Buscapié* (no sin sus éxitos: por julio de 1851 ya hubo unas doce ediciones nacionales y extranjeras) puede leerse consultando estos estudios: la *Historia de la literatura española* de Ticknor, la conocida publicación *El Cachetero del Buscapié* de don Cayetano Alberto de la Barrera y el *Catálogo bibliográfico de la sección de Cervantes de la Biblioteca Nacional* (págs. 482-484) de don Gabriel Martín del Río y Rico.

Sobre Cañete dice don Cayetano: "El señor don Manuel Cañete, el perspicaz e inexorable crítico, dio crédito y aplauso a la chapucera ficción del *Buscapié*". [86] Además, Cañete fue uno de los primeros que cayeron en la trampa; fue él, sin duda, que ya por el 6 de octubre hizo publicar en *El Faro* un artículo de don Francisco Flores Arenas donde se dio noticias del "descubrimiento" del *Buscapié* y de la naturaleza de esta supuesta obra de Cervantes. El artículo había aparecido antes en un periódico de Cádiz. Más tarde, el 2 de abril de 1848, en la parte literaria del periódico matritense, Cañete publicó una larga revista del libro mostrándose firmemente convencido de la autenticidad del escrito controversial. En su opinión dos cosas probaron palmariamente semejante legitimidad: la presencia en el documento de aproba-

---

[85] Cit. por Cayetano Alberto de la Barrera en *El Cachetero del Buscapié* (Santander: Viuda de Albira y Díez, 1916), p. 14.
[86] *Ibid.*, p. 5.

ciones contemporáneas (al parecer) por Tomás Gracián Dantisco y el doctor Gutierre de Cetina, expresándose allí que la obra había sido compuesta por Miguel de Cervantes; el estilo, puesto que el crítico tenía por punto menos de imposible el contrahacer en 1848 libros de esta índole y, en su opinión, el *Buscapié* lucía rasgos y cualidades que dieron eterna fama al autor de *Don Quijote*: "Efectivamente —afirmó en su reseña— en el *Buscapié* se encuentran las mismas perfecciones y lunares que en todos los demás escritos del inmortal cautivo de Argel...". [87] Siguió explicando las contrucciones gramaticales a las cuales se refirió: el abuso de la conjunción y relativo, el uso frecuente de frases elípticas, etc.

Nueve días después, el 11 de abril, don Adolfo escribió a nuestro articulista dándole las gracias por su apoyo; dadas las circunstancias, pocas cartas podrían competir con ésta en pura ironía y melifluo cinismo; el gaditano le dijo: "he leído en *El Faro* el eruditísimo artículo por V. con el propósito de examinar el famoso *Buscapié de Cervantes*, publicado recientemente con mis notas aclaratorias. Doy a V. un millón de gracias por las benévolas palabras que me ha favorecido, ya al reconocer lo auténtico de la obra, ya al loar el trabajo que emprendí para ilustrarla". [88]

Cañete tardaría unos años en desengañarse y en comprender como con su *Buscapié* el bueno de don Adolfo le había tomado el pelo; esperando hasta 1867 el momento propicio, don Manuel hallaría un modo de vengarse por esta humillación y nada menos que ante el foro de la Academia Española. Hay un sutil nexo entre el discurso de Cañete y la carta que acabamos de traer a cuento; parece que después de dar las citadas gracias, el erudito gaditano habló de otro trabajo suyo en preparación: "También le agradezco sobremanera los deseos, que ha mostrado de que parezca pronto en público mi obra del origen, progresos i destrucción del Protestantismo en España, durante los reinados de Carlos V i Felipe II". [89] Ahora bien, en 1867 Cañete, individuo de número de la Real Academia Española, leyó ante esa corporación *¿Por qué no llegó a su apogeo el idioma castellano hasta la segunda mitad*

---

[87] Manuel Cañete, "*Buscapié* de Cervantes, con notas históricas y críticas de don Adolfo de Castro", *El Faro*, 2 abril 1848.
[88] Cossío, p. 259.
[89] *Ibid.*, p. 260. El título iba a ser: *Historia de los protestantes españoles en tiempos de Carlos V y Felipe II*.

del siglo XVI? Este discurso, en vez de ser un estudio filológico, fue esencialmente una apología a favor de los monarcas españoles de la edad imperialista; lo cual dio al académico la oportunidad de llamar a don Adolfo de Castro "el más encarnizado tal vez de los censores" de Felipe II en el siglo XIX, y su historia de los protestantes "hinchada y superficial" mostrando que su autor era quien sostenía "con formalidad los mayores dislates, levantando grandes caramillos sobre la absurda interpretación de testimonios baladíes". [90] Cañete, por razones obvias, evitaba toda mención del nombre del *Buscapié*, pero él y su público recordarían en este momento el burlón episodio sostenido también por Castro con la mayor formalidad.

A los cuatro días de aparecer el estudio de Cañete sobre el *Buscapié* salieron sus últimos artículos de crítica literaria producidos para *El Faro;* formando en realidad dos artículos, del 6 y del 15 de abril de 1848, esta investigación fue de las obras poéticas de don Ramón de Campoamor. A diferencia de la mayoría de los análisis que se han hecho de esta producción en verso, el de Cañete se fijo más en los primeros poemas y en las fábulas de Campoamor que en sus doloras. *Ternezas y flores* fue el título de primitivas inspiraciones del poeta. El crítico encontró en ellas la candidez infantil de impresiones virginales, el placer del niño al contemplar los encantos de la naturaleza; tranquilo e inocente es este gozo, sin sospechas todavía de peligros y de tragedias inherentes, algo que se nota, por ejemplo, cuando el vate canta:

> A flor del agua pura
> los peces se levantan
> desde el profundo asiento,
> y rápidos quebrantan
> su límpida clausura
> con presto movimiento.
> La tersa superficie
> se muestra delicada
> partida en cien espejos.

Luego, según el crítico, en la progresión del libro, el niño crédulo llega a ser hombre, nacen sus dudas y mueren sus ilusiones. Su sentimiento

---

[90] Manuel Cañete, *¿Por qué no llegó a su apogeo el idioma castellano hasta la segunda mitad del siglo XVI?* (Madrid: Imprenta y Estereotipia de M. Rivadeneyra, 1867,) p. 22, n. 1.

religioso en vez de su inocencia le defiende ahora. Esta preocupación espiritual se ve, por ejemplo, en la fábula "Dios es la causa de las causas"; en ella una urraca, un árbol y el sol disputan sobre el poder de Dios, discutiendo si todo lo dispone o no. Cañete, siempre atento al problema de la moral, se inquietó con la última sección del libro, con algunas doloras; creyó distinguir en estos versos, en vez de la ortodoxia que encontró antes, indicios de lo que designó "indiferentismo fatal". Citó como ejemplo de este indiferentismo:

> Me es todo igual. Como insaciable hiena
> me hiere el desengaño carnicero;
> pero en mi herida, sin placer ni pena,
> sepulcro hoy al universo entero.

Cañete se dejaba guiar por una regla a veces inhibitoria: de una raíz moral, creía, debiera brotar la obra sometida a su juicio. Semejante doctrina de vez en cuando le cegó, dejándole menos capaz de apreciar completamente el conjunto de valores artísticos que contuviera una determinada composición. Clarín, quien respetaba a Cañete, pero no le reverenciaba, no se equivocó al señalar que precisamente esto fue el flaco de don Manuel: "Cañete —escribió en 1891— fue siempre algo más cauto, y guiándose por su canon, ya que gusto no lo tenía, si aplaudió indebidamente algunas frialdades seudoclásicas y ciertas vulgaridades de moral casera, pudo resistir mejor la tentación de elogiar extravíos y nimiedades de otro género. Su flaco era *la buena intención;* en cuanto un autor se proponía moralizar, ya tenía Cañete de su lado. Con esto y un poco de tendencia reaccionaria, se le seducía fácilmente". [91]

Este impedimento fue contrapesado por su excelente conocimiento de los eventos y personalidades del día, por la amplitud de su cultura, por la belleza de su castiza expresión y por lo interesante y leíble que era como prosador.

Sus cualidades afirmativas habían ido granjeándole su propio círculo de cultos admiradores. Alcalá Galiano había sido desde la primera conferencia asiduo asistente a sus lecciones de literatura dramática leídas en el Ateneo; la *Revista científica y literaria,* con que colaboraba

---

[91] Clarín (Leopoldo Alas), *Ensayos y revistas (1888-1892)* (Madrid: Manuel Fernández y Lasanta, 1892), p. 133.

don Antonio, ofreció publicar sin retraso todas las lecciones de este curso sobre el teatro español —una promesa cumplida sólo a medias. En 1848 don Ramón de Valladares y Saavedra, poco antes uno de los editores del *Semanario pintoresco español*, dedicó a Cañete su libro *Nociones acerca de la historia del teatro, desde su nacimiento hasta nuestros días;* como explicó a don Manuel en la dedicatoria, el reconocimiento era por "la noble fe, la invariable constancia con que un día y otro, a despecho de obstáculos y enemigos, aboga V. por nuestra buena literatura, tratando de separarla del sendero pernicioso por donde camina sin producir mejores frutos que los perecederos de la ignorancia y de las pasiones". [92] Por esta fecha Valladares aceptó como maestro al periodista de veintiséis años y no vaciló en incluir su nombre entre los de otras autoridades: "... no deben dejar de leer —aconsejó a sus lectores— las juiciosas y eruditas críticas de los señores Durán, Hartzenbusch y Cañete, pues empapándose en aquellas máximas conocerán por sí solos la senda que deben seguir, y distinguirán a primera vista lo bueno de lo malo". [93]

Habiendo pasado menos de cinco años, entonces, desde su casi inapercibida llegada a la Corte en 1844, Cañete se vio ahora reconocido por enemigos, defensores y discípulos de nota, signos seguros del crítico establecido. Pronto su nombramiento como el de *El Heraldo* le proporcionaría algo que no había gozado antes: el poderoso escudo y protección de un gran magnate político. No desapreciemos, sin embargo, el valor de su aprendizaje con *El Faro;* como crítico en Madrid, Cañete no fue una figura insignificante en 1848 dramáticamente sacada de la oscuridad por el Conde de San Luis.

---

[92] Ramón de Valladares y Saavedra, *Nociones acerca de la historia del teatro, desde su nacimiento hasta nuestros días* (Madrid: Imprenta de la Publicidad, 1848), p. vii.
[93] *Ibid.*, p. 137.

Capítulo III

CAÑETE CON *EL HERALDO*. PRIMERA PARTE

¿Qué beneficios disfrutaba Manuel Cañete del patrocinio de su nuevo protector? Luis José Sartorius promovió su carrera instalándole como el crítico literario de *El Heraldo,* un tribuno de los más prestigiosos que ha producido Madrid. También le nombró su secretario, puesto de verdadero influjo, ya que el ministro, por entonces el más conocido Mecenas de la juventud artística, mandaba a Cañete que aquilatase por él los manuscritos de jóvenes que pretendían recibir su protección y favor. Finalmente, el formidable hombre de estado podía franquearle puertas para que entrase en la burocracia gubernamental.

Sartorius, como Cañete, había sido precoz. Sevillano, brillante, político sagaz, sólo tenía veinticinco años cuando fundó *El Heraldo* en 1842; con rapidez llegó a ser el Ministro de Gobernación a los treinta años y el Presidente del Consejo no mucho después. Su célebre periódico hubo de durar hasta junio de 1854, honrándose con colaboradores de la categoría de José Ignacio Escobar, Antonio Ríos Rosas, Nicomedes Pastor Díaz, Gabriel García Tassara y Juan Donoso Cortés.

Don Ramón de Navarrete, quien había revistado *Un juramento* el 24 de mayo de 1848, continuaba sus reseñas teatrales durante el otoño; aunque no llegamos a la primera de Cañete en *El Heraldo* hasta fines de octubre, no faltaron en el diario aquel verano artículos suyos y noticias de sus actividades en la Corte.

Tuvo, parece, un estío activo. Navarrete nos informa que Cañete participó en una sesión regia del Liceo Artístico y literario la noche del 19 de junio. La función comenzó con el himno "Al renacimiento del Liceo" por José Zorrilla, hubo música del maestro Arrieta y Tomás Rodríguez Rubí leyó una oda religiosa; a Rubí sucedió Cañete "leyendo una excelente traducción de la celebrada oda de Manzoni 'El cinco de mayo'"[1] (Se debió mantener muy despierto el auditorio cuando don Manuel reemplazó a su predecesor en el proscenio; conocida la animosidad que existía entre los dos, habría buscado en aquel momento signos exteriores de ella en sus gestos). Cañete dio a su versión de "Il cinque maggio" el título de "En la muerte de Napoleón", citaremos una estrofa de esta traducción basada en la famosa oda que compuso Alejandro Manzoni en 1821, después de haber leído la noticia de la muerte del emperador francés en la *Gazzetta di Milano*:

> ¡Ay! Acaso al mirar por donde quiera
> Tanto estrago, su espíritu anheloso
> Desesperó. Pero del almo cielo
> Bajó a elevarle un brazo vigoroso,
> Y a otra región más pura
> Le arrebató benévolo en la altura.
> A la florida senda le condujo
> Donde brota la luz de la esperanza;
> A los eternos campos
> Donde el inmenso premio
> Que excede a su ambición el hombre alcanza;
> Donde apagados la traición y dolo,
> La gloria que pasó tiniebla es sólo.[2]

Logra seguir de cerca el sentido de los versos originales, escritos por Manzoni con esa atractiva tersidad de tantos poetas italianos:

> Ahi! forse a tanto strazio,
>   cadde lo spirto anelo,
>   e disperò; ma valida
>   venne una man dal cielo,
>   e in più spirabil aere
>   pietosa il trasportò;
> e l'avviò, pei floridi
>   sentier della speranza,
>   ai campi eterni, al premio
>   che i desideri avanza,
>   dov'è silenzio e tenebre
>   la gloria che passò.

---

[1] *El Heraldo,* 21 junio 1848.
[2] *Ibid.*

Cañete, quien antes traducía a Byron en *La Alhambra,* renovó entonces en el verano de 1848 su antiguo interés en esa forma de actividad literaria. Esta reasunción pudiera deberse en parte al ejemplo de don Emilio García Olloqui; Cañete estaba preparando un estudio de las odas de don Emilio, odas traducidas del inglés.

Sabemos que don Aurelio Fernández-Guerra y don Emilio se habían conocido en 1846 sirviendo juntos como oficiales auxiliares en la secretaría del Ministerio de Gracia y Justicia. Es razonable suponer que don Aureliano, enterado de las aficiones poéticas de su colega, comunicó esta información a Cañete. Con tiempo, el crítico dedicaría unos cuantos artículos al novel poeta, quien, si su recuerdo casi se ha desvanecido hoy en día, iba a ser premiado por su oda original "La Victoria de Belén" por la Real Academia Española en 1850.

El 7 y el 21 de agosto de 1848 Cañete publicó en *El Heraldo* sus comentarios sobre *Las odas a la música* de Olloqui. Se fijó en particular en su paráfrasis de "Al Día de Santa Cecilia ("A Song for Saint Cecilia's Day") de Pope (a quien llamó Cañete "el más elegante, el más correcto, el Horacio, en fin, de los poetas de Gran Bretaña")[3] y en "El Festín de Alejandro", la traducción que hizo don Emilio de una composición de Dryden. En el segundo caso examinó determinados versos de la poesía original y sus versiones en español hechas respectivamente por don Eugenio de Tapia y por Olloqui; la consecuente comparación resulta edificante para los que se interesan, como se interesaba Cañete, en las posibilidades de este arte, puesto que Tapia y Olloqui se acercaron aquí muy distintamente al problema de la traducción. Empecemos con algunos de los versos originales en inglés:

> The lovely Thais by his side
> Sate like a blooming eastern bride,
> In flower of youth and beauty's pride.
> Happy, happy, happy pair!
>   None but the brave,
>   None but the brave,
> None but the brave deserves the fair.

La versión de Eugenio de Tapia es fidelísima tanto en la estructura como en la expresión:

---

[3] Manuel Cañete, "Folletín. *Odas a la música* por don Emilio Olloqui", *El Heraldo,* 7 agosto 1848.

> Tais, al lado dél, lozana rosa,
> Como a sus nupcias oriental esposa,
> La flor de juventud esplende hermosa:
> Copia feliz, feliz, feliz mil veces!
>   Sólo el valor,
>   Sólo el valor,
> Sólo ¡oh valor! a la beldad mereces!

Mientras que Olloqui altera bastante la forma y el fondo, dejando destacar en su versión rasgos refinados en lugar de la más robusta alegría que producen los fuertes ritmos y repeticiones de Dryden:

> La ateniense gentil, la enamorada
> Tais, vagarosa estrella,
> Junto al audaz conquistador descuella
> Con la guirnalda de abril que Flora
> Tierna para sus ninfas atesora.
> ¡Feliz, feliz unión! A la bravura,
> Tan solo a la bravura; a la fiereza,
> Al pecho do el ardor marcial se anide
> La arrogante belleza
> Con los placeres de su amor convide. [4]

Olloqui emplea la silva, una métrica relativamente menos restrictiva; los que son muy competentes en tales materias sabrán si el uso de la silva para traducir poesía extranjera era cosa muy generalizada en la España de la época. De todos modos, Cañete la utilizó también en la mencionada traducción de Manzoni que leyó ante el Liceo Artístico y literario de Madrid.

Ahora, salía al escenario del Liceo no sólo para leer sus propias composiciones sino que recitaba también las ajenas. Su voz y su elocución fueron muy bellas gracias a su educación entre actores. Además, los dramaturgos le buscaban para que leyese ante las compañías teatrales sus nuevas obras todavía no estrenadas. El biógrafo José Fernández Bremón le juzgaba un admirable lector: "comedia leída por él parecía excelente y era admitida: no siempre correspondía el éxito de la representación al de la lectura... *Los lances de honor* [1863], de don Manuel Tamayo, leídos por Cañete, se veían suceder, destacándose todas las bellezas de aquella obra profunda y todos aquellos caracteres tan

---

[4] *Ibid.*, artículo II, *El Heraldo*, 21 agosto 1848.

enérgicos y magistralmente trazados". [5] Don Manuel declamaba a menudo en aquellas sesiones del Liceo tan brillantes por la participación de grandes figuras como Mesonero Romanos, Zorrilla, la Avellaneda y Rodríguez Rubí. La noche del 21 de septiembre de 1848, por ejemplo, se le pidió que leyese "A la señorita doña Carolina Coronado", poema dedicado a la poetisa por don Bretón de los Herreros. La del 25 de noviembre el Liceo honró la memoria de Lope de Vega y a Cañete le tocó recitar "A mis soledades voy".

Si no había sido ya actor, Cañete dio este paso ahora. Leemos en *El Heraldo* del 25 de octubre que era socio facultativo de la sección dramática del Liceo y que, apareciendo en el drama titulado *Un liberal*, él y don Pedro Delgado "estuvieron felicísimos". Muy poco después, la primera semana de noviembre, la sesión del Liceo fue dedicada a don José Zorrilla; dieron del autor dramático la comedia en tres actos *Cada cual con su razón;* en ella volvieron a las tablas Cañete y Delgado, esta vez acompañados de la distinguida actriz doña Teodora Lamadrid. Refiriéndose al evento, *El Heraldo* del 9 de noviembre alabó la afabilidad de su nuevo crítico-actor porque "el señor Cañete se encargó por mera y laudable condescencia del papel de Felipe IV, el más desairado del drama". Reseñando los teatros el 18 de diciembre, él mismo mencionó que en una obra representada en el Liceo hizo el papel de don Teófilo, una graciosa caricatura. La comedia, *Un matrimonio a la moda*, era de Navarrete y buenos actores como Teodora Lamadrid, Gerónima Llorente y el joven Manuel Catalina figuraron entre los copartícipes. Al hablar de su propia contribución con aparente modestia, Cañete no logró disimular el obvio orgullo y placer que sentía: "La ejecución ha sido —escribió en *El Heraldo*— de lo más perfecto que hemos visto, no sólo en el conjunto (muy superior al de la mayor parte de las representaciones cómicas de nuestros teatros) sino considerada en cada actor en particular, y exceptuando el autor de estas líneas". El que Cañete hubiera podido lucir también como actor no extraña si recordamos el testimonio de Bremón. Siendo el teatro el gran amor de su vida y hallándose tan unido a éste en todos sus aspectos, debió sentirse un hombre muy afortunado.

---

[5] José Fernández Bremón, "Crónica general", *La Ilustración española y americana*, XLI (1891), 282.

La verdad era que el destino le había favorecido tanto: tenía su puesto envidiable de crítico con El Heraldo; en el Liceo recibía aplausos; al Ateneo Científico y literario acudían muchos asistentes deseosos de oír sus lecciones —y este cuerpo le honró más eligiéndole vice-presidente de la sección de literatura y bellas artes en junta celebrada el 11 de diciembre de 1848.

Menos suerte tenía, sin embargo, en otra área de sus empeños; había querido hacer crítica, simultáneamente con la que hacía en El Heraldo, en un semanario de su propia dirección. Este periódico, la Gaceta de teatros, era de vida precaria y aparentemente no prosperó. Lo único que sabemos de ella son los pocos datos que nos han proporcionado los utilísimos Apuntes de Eugenio Hartzenbusch y cuatro palabras sobre la gaceta que se encuentran en la correspondencia de Cañete. Nos informa don Eugenio que la Gaceta de teatros fue un periódico de literatura y artes, que principió el 9 de marzo de 1848 y que "debió estar suspensa algún tiempo esta publicación que apareció nuevamente en la primera semana de octubre, según dice La España el 8 de octubre de 1848. El número XXIII, año 1, es del domingo 19 de noviembre del expresado año y está impreso por L. García en 4 páginas". [6]

Antes del número XXIII, se sabe de una carta de Adolfo de Castro, con fecha de Cádiz el 13 de noviembre de 1848, apareció en la gaceta una reseña hecha por Cañete de El hombre feliz, una obra dramática de Rodríguez Rubí. "Mi estimadísimo amigo y favorecedor —empezó don Adolfo—. Antes de decir a V. cosa alguna me apresuro a darle mi más cumplido parabién por el excelente análisis que de El hombre feliz ha hecho en la Gaceta de teatros. Restaurar en España el buen gusto literario es una empresa honrosísima sólo con intentarla. Cuánto deben apreciar a V. los amantes de la literatura patria por lo diestramente que la sabe defender contra sus mal llamados cultivadores". [7] En El Heraldo encontramos un estudio sincrónico hecho por Cañete de la misma pieza, la cual fue estrenada en el Teatro del Príncipe el 6 de octubre de 1848 y a beneficio de Julián Romea. En su columna

---

[6] Eugenio Hartzenbusch, Apuntes para un catálogo de periódicos madrileños (desde el año 1661 al 1870) (Madrid: Sucesores de Rivadeneyra, 1894), p. 112.
[7] En José María de Cossío, Correspondencias literarias del siglo XIX (Santander: Boletín de la Biblioteca de Menéndez Pelayo, 1930), p. 260.

Cañete la denunció a la vez que reprobó varias de las obras de Rodríguez Rubí:

> "El que pudo ennoblecer el arte depurándole, ha sido el primero en envilecerlo, reduciéndolo a la esfera del mecanismo. El que pudo darle moralidad haciéndolo beneficioso y fecundo para las masas, ha dorado el vicio en *El arte de hacer fortuna*, y ha puesto en duda la santidad del matrimonio en *Borrascas del corazón*. El que debió sacarlo de todas las pasiones bastardas, lo ha encenagado en el fango de las personalidades de su ruidoso *Alberoni*. Por último, el que ha estado en el caso de ser el faro de la juventud, la ha conducido inocentemente a los mares del mal gusto, ofreciéndole con frecuencia ejemplos de una incorrección lastimosa..." [8]

En lugar de los deseos ardientes de proteger la moral juvenil lo que inflamó la ira de don Manuel fue la idea de creerse caricaturizado en uno de los personajes en *El hombre feliz*. Pero a pesar de lo que consideraba una alusión personal y degradante, se abstuvo de mencionarla en su reseña, supresión que explicó así en mayo de 1849:

> "... después de haber suscitado algunos amigos del señor Rubí una *reconciliación* entre ambos, yo, por un sentimiento de delicadeza, y por no hacer traición a mi conciencia literaria, dejé de escribir el juicio crítico de *República conyugal;* conducta que el señor Rubí pagó tratando (noble y generosa venganza, aun dado el caso de que hubiesen existido ofensas) de ponerme en caricatura en *El hombre feliz*. ¿Y qué hice cuando me vi en la precisión de analizar esta obra? Me desentendí del resentimiento que podía tener justamente, y sin mencionar siquiera semejante circunstancia (que los amigos del señor Rubí habían caritativamente propalado) dejé de citar quizá los más capitales defectos de la antedicha producción..." [9]

Contestando a estas acusaciones, Rodríguez Rubí desestimó la importancia de la caricatura. En su remitido publicado en *El País* el 18

---

[8] Cit. por Ana María Burgos, "Vida y obra de Tomás Rodríguez Rubí", *Revista de literatura*, XXXIII (1963), 80, dando como la fecha de la reseña, *El Heraldo*, 28 octubre 1848.

[9] Manuel Cañete, "Cuatro palabras a propósito de un artículo dirigido al crítico del *Heraldo*, y dado a luz por don Tomás Rodríguez Rubí, bajo el seudónimo de Jévora", *El Heraldo*, 16 mayo 1849.

de mayo de 1849 negó que el personaje calificado de ofensivo pudiera herir realmente: "Diremos al señor Cañete —afirmó— que cuando tuvo lugar la reconciliación a que alude en sus *cuatro palabras,* nuestra comedia titulada *El hombre feliz* estaba muy próxima a terminarse, y que si el señor Cañete retiró su artículo sobre *República conyugal,* también retiramos nosotros cuanto podía creerse alusivo a su persona en *El hombre feliz,* perjudicando al conjunto de la obra y dejando a don Camilo convertido en un tipo general, del que el señor Cañete no debe considerarse como el único representante...". [10] Fue en el otoño de 1848 que don Manuel insertó en su gaceta la reseña que hizo de *El hombre feliz;* sería en 1849 que sus diferencias con Rodríguez Rubí tendrían su dramática culminación.

Poco más podemos añadir sobre la *Gaceta de teatros;* la correspondencia de Castro indica también que publicó en el semanario unos articulitos sobre el teatro español anterior a Lope. Otra carta existe, inédita, fechada en Sevilla el 11 de diciembre de 1848, que por ser dirigida a la redacción de la *Gaceta de teatros* muestra que todavía por esa fecha la empresa estaba operante. Don Antonio García Gutiérrez fue el autor de la breve comunicación; en ella no escondió el pesimismo que sentía por su reducida aceptación pública: "Aprovecho esta oportunidad —escribió agradecido a don Manuel— por la buena opinión que, como escritor, de mí tiene, y que confieso no merecer. He visto algunos artículos suyos, que me han consolado cuanto es posible, de la ingratitud y del olvido del público; sin embargo, ya voy creyendo lo más conveniente para mi tranquilidad, poner los medios para que me olvide enteramente". [11]

Don Antonio fue otro que pidió a Cañete que interviniera como lector formal en un asunto artístico. En otra carta inédita le dijo: "me he tomado la libertad de disponer de V. con el objeto de que me lea el drama consabido [titulado *Un duelo a muerte*], en el teatro del

---

[10] Tomás Rodríguez Rubí, "Dos palabras de contestación a las cuatro que el señor Cañete nos dirige en el *Heraldo* de hoy", *El País,* 11 mayo 1849.

[11] Esta y la siguiente inédita son en nuestro apéndice las cartas II y III. Emiliano Díez-Echarri y José María Roca Franquesa en su *Historia de la literatura española e hispanoamericana* (Madrid: Aguilar, 1960), págs. 805-806 dicen que García Gutiérrez no regresó a España de Cuba y Yucatán hasta 1849. Pero debió haber vuelto el año anterior por la carta que citamos y por el hecho de que durante ningún otro diciembre menos el de 1848 se publicó *La Gaceta de teatros.*

Príncipe, o donde V. y el amigo Delgado dispongan". Este recado sólo lleva por fecha "Diciembre 2"; la mención que se hace del nombre de Delgado sugiere el año 1848 puesto que, como se ha visto, don Pedro y don Manuel trabajaron juntos aquella temporada en las producciones teatrales *Un liberal* y *Cada cual con su razón;* sin embargo, puede que fuese posterior la carta.

Desde mucho más lejos que Sevilla o Cádiz, desde Nápoles con fecha del 4 de agosto de 1848, había llegado a manos de Cañete otro ruego por su intervención como publicista. La obra que se hubo de pregonar era de historia y su autor don Ángel de Saavedra, en aquella época Ministro plenipotenciario en la corte napolitana; el escritor de la carta solicitante era el subordinado del duque, don Juan Valera, quien iniciaba por entonces su larga carrera diplomática. Como sabemos, Valera y Cañete se habían entablado amistad antes de 1844 en Granada; sus contactos después de esa fecha no debieron de haberse interrumpido completamente porque Valera pasó algún tiempo en la capital antes de ir a Nápoles. No hemos podido ver la carta entera pero suficientes para nuestras necesidades son las palabras de un extracto hecha de ella por don Gabriel Boussagol: "no contento con los laureles de poeta [escribió Valera de su jefe] y ambicionando los de historiador, escribió hace uno o dos años un libro de historia, que vendió a la empresa de la publicidad y que se publicó en Madrid, no ha mucho". Luego añade el extractor entre paréntesis: "Puis, Valera fait un long éloge de l'ouvrage de Rivas sur Masaniello, et demande à Cañete d'en parler dans la presse madrilène". [12]

Don Manuel cumplió *ad unguem* lo que se le había pedido; pero no aparecería su artículo en *El Heraldo* hasta el 2 de febrero de 1849, una indicación de que lo pulía y retocaba. A los dos cointeresados en Nápoles les sorprendió la erudición empleada en el examen crítico. El Duque de Rivas estuvo muy contento con el resultado y Valera se ufanó sabiendo que había podido ayudar en algo la carrera de su querido superior. En una notita que ha publicado Edgar Allison Peers, don Juan expresó así su agradecimiento a su joven amigo periodista: "Te doy mil gracias por el artículo que has publicado en el *Heraldo,* elogiando la Historia de mi gefe [sic]. Este también te lo agradece

---

[12] Gabriel Boussagol, *Angel de Saavedra, Duc de Rivas: Sa Vie, Son Œuvre Poétique* (Toulouse: Imprimerie et Librairie Edouard Privat, 1926), p. 474.

y me ha dicho que te escribirá. S. E. te quiere mucho, y admirado de ver cuantos autores citas para probar que es buena su historia, piensa que eres un pozo de erudición; siendo lo que más ha lisongeado [sic] su amor propio, el que asegures que su obra revela el más profundo conocimiento del corazón humano, por ser éste la mejor cualidad diplomática".[13]

El libro de Rivas fue *Sublevación de Nápoles capitaneada por Masaniolo, con sus antecedentes y consecuencias hasta el restablecimiento del gobierno español;* consideremos ahora el artículo que dedicó Cañete a esta historia, saltando al mismo tiempo los pocos juicios críticos que a fines de 1848 publicó en *El Heraldo* y que no son de valor para nosotros.

En la primera parte de su estudio Cañete buscó definiciones de la historia y recomendaciones de autoridades sobre la mejor manera de escribirla; citó consejos de grandes escritores de la antigüedad, Marco Aurelio, Cicerón y Plinio, de venerables historiadores españoles, el padre Sigüenza y Pedro Mejía, y, finalmente, los de europeos más modernos como Juan Goethe, Francisco Chateaubriand y Agustín Thierry. Notando que Chateaubriand había denominado a este último, autor de *Considerations sur l'histoire de France,* un "Homero de la historia", aseguró que el Duque de Rivas había tenido en cuenta las máximas de Thierry al componer su historia de Masaniolo, presentándole como un individuo con cuantas circunstancias pudieran ponerle de relieve. Señaló que el historiador había estado en una situación privilegiada; pudo consultar toda la documentación existente sobre el pescador genial que dirigió, en 1647, la sublevación de los pobres de Nápoles contra abusos del virrey: "Para trazar este drama con la exactitud propia de la verdad, el autor no sólo ha consultado cuantas obras importantes han hecho mención de estos sucesos, sino que, gracias a las ventajas de su posición y al prestigio de su nombre, ha tenido a mano cuantos documentos preciosos y cuantos manuscritos raros podían contribuir a proporcionarle mayor luz de dicha materia... ha pesado con sana crítica los quilates de cada uno de ellos, y los ha llamado en apoyo de sus juicios con arreglo al crédito que merecen". Recibieron también los elogios del crítico el estilo de esta historia ofrecida a sus lectores con "el nervio de Shakespeare" y la lección moral que encierra el

---

[13] Edgar Allison Peers, "Angel de Saavedra, Duque de Rivas. A Critical Study", *Revue Hispanique,* LVIII (1923), 595.

trágico y sangriento fin de la figura historiada, víctima muy pronto de la misma chusma enardecida y alborotada a cuyo frente se había puesto, haciéndose por poco tiempo dueño de la ciudad.

Para dar una muestra de la dramática historiografía de Rivas, copiaremos su descripción del horrendo asesinato que puso fin a los días de Masaniello. Adormido, el cabecilla despertó oyendo voces por fuera; juzgando por su mal que el pueblo se había congregado a la puerta de su casa en prueba de su sumisión y entusiasmo, salió apresurado y preguntó:

> "... '¿Me buscáis?'... 'Heme aquí pueblo mío' y recibió por respuesta cuatro balas de arcabuz que lo tendieron muerto en la tierra. '¡Ingratos! ¡Traidores! fueron sus últimas palabras. Un carnicero que iba entre las tropas de asesinos le cortó inmediatamente la cabeza, que aun gesticulaba, y asiéndola de la cabellera Carlos Catáneo, la llevó chorreando sangre por entre el gentío aterrado y mudo que ocupaba aun la iglesia y la plaza del Mercado. Tomó un coche que encontró casualmente y la llevó triunfante al virrey. Este la recibió con demostraciones de júbilo y de feroz alegría, ajenas de un cristiano, no convenientes en un caballero, poco dignas de un delegado del poder supremo del monarca..." [14]

Tanto le había gustado al noble el artículo laudatorio de Cañete que le escribió, pidiéndole nuevas atenciones. En una carta fechada en Nápoles el 24 de febrero de 1849, el Duque de Rivas expresó su gratitud diciendo: "Me honra demasiado en el juicio que hace de mi obra y con él ha dado a mi *estudio histórico* un realce muy superior al que por sí mismo merece. Aseguro a Vd. pues, que el verme tan favorecido por un crítico de tanta reputación, y que la tiene más bien de severo, que de indulgente, me ha lisonjeado sobremanera". [15] Luego el duque le rogó a Cañete que sacase del olvido uno de sus dramas predilectos, el fantástico y, aunque impreso, nunca representado *Desengaño en un sueño*. En esto el crítico complacería al eminente autor.

Como acaba de aseverar el Duque de Rivas, don Manuel tenía la reputación de ser un examinador severo; algunos, creyéndose haber sido

---

[14] Cit. por Manuel Cañete en "Parte literaria. *Sublevación de Nápoles capitaneada por Masaniello*. Estudio histórico de don Ángel de Saavedra, duque de Rivas. Madrid: 1848", *El Heraldo*, 2 febrero 1849.

[15] Peers, 597.

maltratados por tan exigente crítica, no querían dejarla pasar sin contestar. En ninguna otra época de su larga carrera habría de encontrarse Cañete más enredado en ruidosas polémicas que en la primera mitad de 1849; añádase a la turbulencia de tales luchas la calidad de los opositores del periodista, literatos de la altura de José Zorrilla, Julián Romea, Juan Martínez Villergas y, por supuesto, Tomás Rodríguez Rubí.

La controversia entre Cañete y Romea no era la más violenta de la carrera del periodista, pero sí era la más persistente, durando por años. Empezó a exteriorizarse realmente en la época de las dificultades con Rodríguez Rubí —de quien, es de notar, era muy buen amigo don Julián. Aunque todavía en 1846 Cañete alababa la obra poética del ídolo de las tablas (en su estudio del estado de la poesía lírica española que publicó en la *Revista de Europa*), parece que su opinión había de variar bastante al llegar el 17 de febrero de 1849.

Llamándola falta de inspiración y de sentimiento, sin poesía, sin corrección ni gusto, Cañete atacó ese día en *El Heraldo* la *Oda a la fe* de Romea, composición coronada con la medalla de oro en un certamen patrocinado por el Liceo. La clara comprensión del caso precisa que se le dé al lector los nombres de otros poetas participantes y los de los miembros del jurado: con Romea, don Heriberto García de Quevedo y don Joaquín Cervino habían presentado sendas odas sobre el tema evangélico; los jueces fueron el Duque de Frías, don Nicomedes Pastor Díaz y don José Zorrilla. En su protesta el crítico negó que el poema de Romea igualase en belleza a los de los otros mencionados competidores; al mismo tiempo reservó en ella algunos dardos para don José. Viendo que Zorrilla había compuesto un prólogo encomiástico para la oda premiada, Cañete escribió en reproche: "nosotros que opinamos cerca de la *Oda* (si es que merece tal nombre) del señor Romea enteramente lo contrario que el señor Zorrilla, no podemos sancionar con nuestro silencio lo que nos parece injusto, ni permitir que, apoyados en la autoridad de tan respetable nombre, se malogren los jóvenes de disposiciones felices". [16]

Julián Romea no era ni batallador reticente ni menos inmoderado que don Manuel en cuestiones temperamentales; en marzo de 1843

---

[16] Manuel Cañete. "Parte literaria. Certamen poético del Liceo. Odas a la fe, de los señores Romea (premiada con la medalla de oro), Cervino, García de Quevedo y otros. Art. I", *El Heraldo*, 17 febrero 1849.

había resuelto por medio de un duelo una polémica desagradable que sostuvo con don Ignacio José Escobar, el futuro primer marqués de Valdeiglesias. Romea había reaccionado con "la vanidad, incomprensiblemente herida" [17] contra la crítica hecha por Escobar del estreno de una pieza de don Gregorio Romero Larrañaga, *Misterios de honra y venganza*. A causa de la mala revista de la obra —en cuyo estreno, claro, el actor representó un papel— una revista "bastante más benévola para la comedia que para sus representantes", [18] y a causa de otros artículos antagónicos intercambiados por los dos, el duelo tuvo lugar, siendo Juan Prim el padrino de Escobar y Francisco Navarro Villoslada el de Romea. Afortunadamente, tan mezquino incidente, debido en gran parte a la susceptibilidad del cómico, no resultó en una tragedia.

Impetuoso o no, Romea entendía que sería impolítico defenderse a sí mismo; Zorrilla podría escudarle de los mencionados ataques de Cañete con mayor eficacia y, en fin, el crítico había echado el guante más a los pies del juez que a los del poeta vencedor.

Don José aceptó el reto; mandó al periódico *Don Circunstancias* su larga "Carta de don José Zorrilla a su buen amigo don Manuel Cañete"; ahora bien, el director de este órgano satírico-político-liberal era nada menos que el ingenioso don Juan Martínez Villergas, bien conocido por sus escritos mordaces y descarados; con comentarios intencionados y no sin agudeza presentó la comunicación del poeta lírico a los lectores de *Don Circunstancias*. En su introducción a la carta de Zorrilla, nos informa que *La Reforma* había publicado un análisis de la oda con la cual estaba completamente de acuerdo. El campo del conflicto se había ensanchado más. Don Rafael María Baralt y don Joaquín María Paz secundaron en *El Siglo* la campaña de Cañete, cosa que explicó nuestro crítico en su "Contestación a la carta de mi excelente amigo don José Zorrilla" publicada en *El Heraldo* el 8 de marzo.

Las dos cartas son innegablemente obras maestras de malicia; por ser tan largas, solamente podemos dar muestras de su salada expresividad. Sin embargo, el lector puede encontrar lo más sustancioso de

---

[17] Pedro Gómez Aparicio, *Historia del periodismo español, desde la "Gaceta de Madrid" (1661) hasta el destronamiento de Isabel II* (Madrid: Editora Nacional, 1967), p. 280.

[18] *Ibid.*

la carta de don José en el completísimo estudio *Zorrilla. Su vida y sus obras,* libro de don Narciso Alonso Cortés (págs. 425-428).

Para facilitar la presentación de materias de ambas cartas, arreglaremos arbitrariamente su sátira en forma de una interlocución, primero dando las acusaciones de Zorrilla y luego las contestaciones que hizo don Manuel:

Zorrilla: "Te dirijo la presente a propósito de tu artículo del *Heraldo* sobre el concurso de premios del Liceo, y de sus hijos los del *Siglo,* que supongo escritos bajo tu dirección a mayor abundamiento. Nada puedo decirte en contestación a ellos, y harás mal en tomar esta carta por respuesta, porque según mi sistema no los leeré hasta febrero de 1850; pero como me dicen que los menudeas, se me antoja que tienes comezón de hablar conmigo de este asunto y voy a decirte cuatro renglones, que puede que tengan muy poca relación con la cuestión del premio de la oda *La fe cristiana,* pero que siempre te vendrá bien leer, para que sepas lo que pienso..."

Cañete: "¡Desgracia y grande la mía, que a una contestación tan fraternal como la que te aparejo en los presentes renglones, no puedes responder hasta las primeras calendas del año que promediará este siglo, por esa tu sabia costumbre de no leer! Pero me sirve de consuelo la idea de que no faltará algún alma caritativa que lea por ti y que te dé minuciosa cuenta de mis palabras, si ya no es que cierras los oídos como los ojos..."

Zorrilla: "Desde luego, tuve por seguro, mi querido Manuel, que no te pareciera buena la composición premiada, cualquiera que fuese; pero mucho menos la del señor Romea, y siempre esperé que te pondrías de parte de las no premiadas, porque de otro modo ibas a desperdiciar una ocasión de lucir tu talento crítico y mostrar lo superior que es al de los jueces del concurso..."

Cañete: "Tú sabes muchísimo mejor que yo (como que eres mayor en edad, saber y gobierno, lo cual hace injustificable tu imprudencia) que en materias de razón la primera autoridad de todas es la razón misma; que el absoluto *magister dixit* murió con el empirismo escolástico; y que un niño recién acabado de salir del aula es autoridad de más peso que todo un claustro de doctores, cuando el niño defiende lo verdadero, y los doctores, por equivocación o malicia, sostienen lo mentiroso o lo absurdo. Tú no desconoces tampoco el famoso proverbio de la ínfima latinada que dice: *Magis magnos clericos non sunt magis magnos sapientes,* y sabes que no la calidad de las personas, sino la rectitud de los juicios, es la que da prestigio y autoridad a los fallos..."

Zorrilla: "... y de estas palabras tuyas [la dedicatoria] deduzco yo que en 1845, cuando te representaba tu *Duque de Alba*, tenía el señor Romea un genio esclarecido, y era un poeta a quien estaban reservados los más eternos y envidiables laureles del Parnaso, y ahora en 1849 es un pobre ingenio cuyos versos detestables valen menos que tu prosa, y un actor mediano que atina a veces en ciertos papeles que están en su carácter..."

Cañete: "Seamos francos. ¿A qué has llamado a colación mi maldita dedicatoria del año 45? ¿El que yo le haya dedicado un drama a Romea probará nunca que éste deba escribir siempre buenas odas? ¿O lo has hecho quizá con la loable intención de desvirtuar la imparcialidad del crítico, ya que no puedes o no sabes desvirtuar las razones en que su opinión se funda? Inclinadillo me sentiría a creerlo, si no fuese porque esta pretensión tuya (inocente y cándida para mí) podría tener para algunos sus puntas de maliciosa..."

Zorrilla: "De sabios es el mudar de opinión; pero este cambio de la tuya con respecto al señor Romea, no me previno muy en favor de la rectitud de los juicios, ni de la imparcialidad de que te precias en tus escritos literarios, y con estos antecedentes me he llegado a persuadir de que la cruzada que intentas levantar contra el mal gusto y la corrupción actual de la literatura y de las artes carece de fe; y ¡Dios me perdone! alguna vez me ha asaltado el temor de que pueda algún día degenerar y ser dirigida más contra las personas que contra los principios..."

Cañete: "Lo que dije en 1845 de Romea cuando me representaba *El Duque de Alba*, es decir, cuando yo podía necesitarlo (como intentas caritativamente darlo a entender), eso mismo repetí en 1846 cuando él me necesitaba a mí y me ocupaba como a censor político que era yo entonces... Hoy mismo, cuando ni él ni yo nos necesitamos para nada, he celebrado con el entusiasmo que me inspiran las cosas buenas, por escasa que su bondad fuere, la poesía que leyó hace pocos meses en la sesión dedicada a festejarte... ¿No me dijiste hace algún tiempo que para ti doña Matilde era una actriz intolerable, y que jamás escribirías expresamente para ella? ¿Y hoy no acabas de componer un drama *ad hoc* para el beneficio de dicha actriz, a quien con tanta razón estima el público? ¿No eran tus opiniones las mismas, aun no ha muchos meses, acerca del mérito artístico del señor Romea, y no lo has modificado de igual suerte? ¿No me has dicho a mí pecador (precisamente al hablar del drama que se titula *Juan sin tierra*) que tu caro amigo Latorre, a quien en más de una ocasión has levantado a las nubes, está lo que se llama insufrible?... Ya ves, mi querido Pepe, como el mudar de opinión es cosa de sabios..."

Zorrilla: "En buen camino estás, Manuel; la carrera del periodismo es buena, y desde su noble cátedra puedes predicar la virtud y anatemizar el vicio, y Dios te premiará, Manuel, y con su auxilio y tu saber no te ha de faltar razón ni fortuna. Entretanto, zurra sobre los poetas: no dejes a vida reputación usurpada o injustamente adquirida; el público está estragado, y las ha concedido sin ton ni son, adorando idolillos hechos de barro y de la ignorancia. En cuanto a mí, no me tengas piedad: cuando te falte materia, pega conmigo: todo el mundo sabe la amistad que profesamos, y si no me tratas con rigor, van a decir que te dejas llevar del afecto que me tienes. Si necesitas el otro tomo de mis obras, compañero del que me pediste para escribir sobre ellas, no tienes más que mandar por él..."

Cañete: "No pienses que has acertado al conjeturar que tu epístola me da pie para *soltar el trapo* y que tendré gusto en *meter ruido* o *hablar gordo*. Tan otros son mis pensamientos, que he retirado de la imprenta mi segundo artículo sobre el certamen y pienso dar punto en este particular... En mi poder es el volumen de tus obras que te pedí, no para *escribir sobre ellas* —como dices, sin duda por distracción o por olvido— sino para que un joven pintor de mérito buscase en tus dramas el asunto de una composición, que forma ya parte del *álbum* que te regala el Liceo". [19]

Aunque estas excursiones hacia la mordacidad llevaron a ambos escritores bastante lejos de sus estilos normales, creo que el lector no negará que el célebre lírico y el periodista de veintiséis años mostraron en este intercambio no pocas dotes para el género. La crítica de Cañete no era de costumbre de tono tan satírico; en los casos apropiados solía emplear más bien ese tonillo de suficiencia y de desdén

---

[19] Las citas de Zorrilla vienen o de Narciso Alonso Cortés, *Zorrilla. Su vida y sus obras*, 2.ª ed. (Valladolid: Librería Santaren, 1943), pp. 425-428 o de José Zorrilla, "Carta de don José Zorrilla a su buen amigo don Manuel Cañete", *Don Circunstancias*, 2.ª serie, Brochazo 11 (1849), 171-177. Las de Cañete vienen de su artículo "Contestación a la carta de mi excelente amigo don José Zorrilla", *El Heraldo*, 8 marzo 1849. El artículo está fechado el 28 de febrero.

olímpico de que se ha quejado don Tomás Rodríguez Rubí. Si le faltaba a veces lo que se dice "sentido común", Cañete era un temible polemista, una verdad bien demostrada en su carta a Zorrilla; y si en esta comunicación empleaba el arma de la sátira, era, dice Cañete, porque quería imitar: "no sólo te agradezco tus buenos oficios respecto de mí, sino que por hoy, únicamente por hoy, procuraré imitarte...".

Lo que Cañete demostró en esta polémica era que sabía contestar diestramente las reconvenciones de un hábil antagonista, haciéndole parecer, las más de las veces, no sólo equivocado sino ingrato; además, con la revelación de ciertos secretillos, intentó, obviamente, indignar a amigos actores de Zorrilla, dándoles a entender que su compañero engañaba con su falsa afabilidad. Defenderse atacando era la táctica de Cañete en esta lucha; no pudo sentirse satisfecho hasta sugerir que, moralmente hablando, su contrario era su inferior: "¿No podría decir con razón —le preguntó— que me calumniabas? ¿No tendría derecho de culparte, porque en tu mayor edad has obrado con más pasión, y has hecho lo que yo, que soy casi un niño, me hubiera avergonzado de hacer?"

Si Zorrilla se retiró escarmentado de este encuentro con Cañete, no lo podemos decir; pero la verdad es que nunca volvió a meterse así con él. De otra parte la carta de Cañete no intimidó al satírico Martínez Villergas. En el Brochazo 11 de *Don Circunstancias,* el del 9 de marzo, el editor publicó una poesía "A mi amigo Don José Zorrilla"; en ella celebró el asunto y reprobó así lo que había escrito don Manuel:

> No toca la cuestión ni en una tilde,
> porque cizaña entrometer desea
> y dice (será un necio el que lo crea)
> que tú has dicho esto o lo otro de Matilde,
> si hablaste de Latorre y de Romea;
> cosas como tú sabes,
> que ridículas son al par que graves,
> y si algo revelan en sustancia
> es la demostración clara y sencilla
> de la inmensa distancia
> que media de Cañete a Zorrilla. [20]

---

[20] En Alonso Cortés, p. 429.

CAÑETE CON "EL HERALDO" (PRIMERA PARTE) 115

¿Tuvo Cañete razón o no al considerar la oda de Romea inferior a la de su amigo Cervino? Don Narciso Alonso Cortés ha investigado el caso y, aunque no le pareció muy alto el vuelo del poeta ganador, él ha negado la alegada inferioridad: "Cervino, que era uno de los aspirantes —explica el biógrafo de Zorrilla— creyó el fallo injusto, dio a conocer su oda, y, ayudado por Cañete y Baralt, publicó en su defensa artículos poco comedidos. La verdad es que, siendo la oda de Romea cosa bastante vulgar, superaba a la de Cervino".[21] A pesar de creerle equivocado en su ataque sobre la oda de Romea, don Narciso ha visto en Cañete un crítico bueno y algo maltratado por los demás: "Así como otros escritores tuvieron la fortuna de recibir elogios que no merecían, Cañete pareció condenado a recibir durante toda su vida los palmetazos de todo el mundo. Y en realidad fue un crítico excelente, aunque en ocasiones apasionado".[22]

Otra interrogación nacida de esta polémica epistolar fue la que dejó perplejo a don Miguel Artigas; habiendo leído detalles sobre la confrontación reunidos por Alonso Cortés, don Miguel deseaba saber si la cuestión tendría después mayores consecuencias. Su interés fue doble porque precisamente entonces, en 1919, se dedicaba a poner en orden los papeles de Cañete guardados en la Biblioteca de Menéndez Pelayo. Nos dice en el boletín de la misma: "Había dado de mano en los días en que leí su libro, a los papeles de Cañete, que guarda esta biblioteca, después de poner un cierto orden y clasificación en ellos. En este trabajo se me revelaron aspectos de Cañete que no pueden aprenderse de los libros impresos y llegué a sentir una viva simpatía por don Manuel. Figúrese la avidez con que devoré el relato tan bien hecho por V. de estos dimes y diretes".[23] Su registro tuvo felices resultados; el articulista encontró una carta de tono pacífico fechada el 6 de diciembre de 1850; de la mano de don José, mandada desde la capital francesa, fue compuesta por Zorrilla en contestación a otra que había recibido de Cañete el mes anterior. Después de referirse a una pedida recomendación, Zorrilla, en la segunda mitad de su breve carta, llegó a mostrarse cada vez más generoso de espíri-

---

[21] Narciso Alonso Cortés, "El lastre clasicista en la poesía española del siglo XIX", en *Estudios hispánicos. Homenaje a Archer M. Huntington* (Wellesley, Mass.: Wellesley College, 1952), p. 7.
[22] Alonso Cortés, *Zorrilla*, p. 430, n. 457.
[23] Miguel Artigas, "Genus irritabile vatum", *Boletín de la Bibilioteca de Menéndez Pelayo*, I (1919), 283.

tu: "De todos modos me alegro de que te hayas acordado de mí para algo: y espero que si alguna vez necesitas de mí personalmente, no dudarás en mandarme, seguro de que a pesar de lo que te diga del universo entero, hallarás en mí un verdadero amigo. No sé si tú creerás esto sin vacilar, después de lo pasado: pero si no lo comprendes, tanto peor para tí. Por mi parte, te lo digo con el corazón, y espontáneamente, puesto que nadie me lo pregunta". [24] El contexto del penúltimo parrafito de esta epístola es indicativo de una intimidad semejante manifestada en la que recibió de Cañete: "Me recomiendas que me divierta mucho: —continuó Zorrilla— te lo agradezco; pero los negocios de familia que aquí me traen no son a propósito para tenerme de humor de muchas diversiones: y además ya sabes que soy un poco salvaje y metido en mí". [25] La sangre, entonces, como concluyó acertadamente don Miguel, nunca llegó al Manzanares.

Mientras tanto, durante la primavera de 1849, Cañete no dejó de descargar su bilis contra el actor Romea. La apertura del Teatro Español le dio un nuevo pretexto. La función fue celebrada la noche del 8 de abril en los confines de lo que era antes el coliseo del Príncipe y Romea abrió el acto; leyó un prólogo escrito por él *ad hoc* y luego, compartiendo la escena y la vista del público con Matilde Díez, el actor apareció en la pieza *Casa con dos puertas*. El 16 Cañete hizo en *El Heraldo* este comentario: "Quizá debiéramos ocuparnos del prólogo del señor Romea, el cual leído por nosotros detenidamente, nos ha parecido menos bueno que cuando se lo oímos recitar a dicho señor, y sobre todo menos rico en grandeza y poesía de lo que hubiera convenido a situación tan solemne". Aunque el crítico reconoció que don Julián había representado bien su papel en *Casa con dos puertas*, opinó todo lo contrario al hablar de la actuación de la primera dama: "La Sra. Díez, con poca propiedad histórica, tuvo algunos momentos muy felices; pero distó mucho de caracterizar su papel. Aquel tono dolorosamente trágico que suele prodigar, en mengua de su propio lucimiento, y aquel ponerse en cruz a cada palabra, como si solamente abriendo y echando hacia atrás los brazos pudieran expresarse ciertos efectos, producen una monotonía que perjudica a la verdad". [26]

---

[24] *Ibid.*, 284.
[25] Ibid.
[26] Manuel Cañete, "Revista de teatros", *El Heraldo,* 16 abril 1849.

Cañete encontró laudable y hermosa la transformación del teatro del Príncipe; llamado ahora el Español, le pareció, reconstruido, comparable en riqueza y en buen gusto (si no en amplitud) con los mejores de la Europa contemporánea. Acostumbrado a describir la arquitectura en grande, Cañete, en su largo artículo dedicado a la apertura, demostró que sabía discurrir también sobre reconstrucciones internas, mobiliario y delicados adornos; los datos que ha legado sobre la elegante renovación son curiosos e informativos. Hizo, por ejemplo, esta descripción:

> "... A la entrada miserable y poco decente del Teatro del Príncipe ha sucedido la espaciosa y elegante del *Teatro Español*; a las incómodas y estrechísimas filas de lunetas, las anchas y en alto grado cómodas hileras de butacas de terciopelo carmesí; a la repugnante suciedad de los pasillos y de las puertas de entrada, la decencia y pulcridad de los unos y las mamparas de grana de las otras; en fin, a la mala distribución, la buena; a la ridiculez churrigueresca, los refinamientos del gusto más esquisito; a las tinieblas de un alumbrado mezquino, torrentes de la más diáfana luz ...nos parece una feliz idea la de haber revestido el interior de los palcos y de las galerías de papel carmesí aterciopelado, tanto porque dice muy bien este color con el terciopelo de las butacas y con los cortinajes de la embocadura, cuanto porque así resaltan mucho más el blanco y oro de los preciosos antepechos, y tienen mayor lucimiento las galas de las señoras, cuya hermosura se destaca mejor sobre la tinta oscura del fondo." [27]

Casi coincidió con la apertura del Teatro Español la fundación de *La Ortiga*, una revista artístico-literaria; iba a durar la nueva publicación sólo desde el 19 de abril de 1849 hasta el 4 de noviembre. Han dicho que aunque *La Ortiga* fue establecida por enemigos de Ventura de la Vega, su pluma más afilada no iba dirigida contra él "sino contra el crítico literario de *El Heraldo*, don Manuel Cañete". [28] Muy pronto éste respondería a su vez a "Jévora", el colaborador de *La Ortiga* que más le atormentaba. El escritor que se escondía tras el seudónimo reveló en breve tiempo su propia identidad; el lector re-

---

[27] Manuel Cañete, "La apertura del Teatro Español", *El Heraldo*, 10 abril 1849. Para más sobre estas reformas y su historia, véase: W. F. Smith, "Rodríguez Rubí and the Dramatic Reforms of 1849", *Hispanic Review*, XVI (1948), 311-320.
[28] Ana María Burgos, 80.

cordará un artículo suyo publicado en *El País* del 18 de mayo titulado "Dos palabras de contestación a las cuatro que el señor Cañete nos dirige en *El Heraldo* de hoy". En este mismo artículo, riéndose del crítico por haber dicho que "Jévora", incógnito, pudo dirigirle golpes impunemente, y negando que ningún nombre ficticio fuese un impenetrable escudo, Tomás Rodríguez Rubí confesó que era "Jévora"; también confesó que se había asociado con *La Ortiga* con el propósito de poder anunciar en ella el fin de la carrera de su enemigo. Desenmascarándose, él dijo: "... nosotros, que no sabemos hacer, como vulgarmente se dice, las cosas a medias, nos hemos acercado a *La Ortiga*, que no es cierto que hayamos fundado, y nos hemos hecho encargo de una de sus secciones, no para entonar el himno de nuestras propias alabanzas, como también equivocadamente dice el señor Cañete... sino para pronunciar la oración fúnebre del señor Cañete cuando la opinión pública le arroje del deleznable pedestal en que por sí y ante sí se ha colocado". [29]

En *La Ortiga* acusaron a Cañete de haber inutilizado los esfuerzos del Conde de San Luis para el adelanto y engrandecimiento del Teatro Español; dijeron, a manera de explicación, que don Manuel ensalzaba a los cielos a ciertos artistas amigos suyos, a los señores Valero y Arjona en particular; [30] se le llamó un crítico de afectada erudición, sin reputación y muy joven para haber aprendido bien la ciencia que practicaba. "Jévora", el 3 de mayo, alegó que Cañete hacía una guerra hipócrita contra escritores laboriosos, cuyas reputaciones [no como la de Cañete, se entiende] habían sido adquiridas honrada y noblemente "sin cartas de recomendación ni famélicas humillaciones". [31] "Decid también al dómine del *Heraldo* —exhortó "Jévora"— que esta noche he tenido en sueños una visión... ¡que le he visto a él!... en la bella actitud que le coloca cierta biografía [?] que la casualidad ha puesto en mis manos. Que esto de la visión no lo vaya a tomar por él, pues

---

[29] Véase la nota 10.
[30] Muy curiosa en este respecto es una observación de Martínez Villergas en *Don Circunstancias*: "si yo fuera un Valero o un Arjona, aunque no me faltara que comer, me cargaría el ver salir un periódico como *La Ortiga* encargado a decir que don Julián Romea es el primer actor español, cuando como es notorio, el artista favorecido no puede hoy sostener competencia con actores como los que he nombrado anteriormente". 2.ª serie, Brochazo 22, 17 de mayo 1849. Los enemigos de Cañete no formaban una sólida falange.
[31] Burgos, 81.

fuera de crítico, literato y sobre todo de hombre imparcial, me parece un excelente chico, sumamente útil para desempeñar con acierto varios oficios menudos". [32]

El 16 de mayo Cañete publicó en *El Heraldo* y en *El País* sus "Cuatro palabras a propósito de un artículo dirigido al crítico del *Heraldo*, y dado a luz por don Tomás Rodríguez Rubí, bajo el seudónimo de Jévora"; en este artículo, como se ha indicado, él acusó al dramaturgo de haberle caricaturizado por medio de un personaje de *El hombre feliz*. La respuesta, "Dos palabras de contestación, etc.", es la larga historia de la reyerta como la concebía Rodríguez Rubí; este comunicado, repetimos, apareció en *El País* el 18 de mayo.

Ya en sus "Cuatro palabras" Cañete escribió con tanta ira que algunos de sus amigos sintieron alarma: "El señor Rubí —declaró amargamente— en un acceso de amor propio que no calificaré, convirtió hace año y medio una cuestión literaria en puramente personal. Hoy, acrecentadas sus proporciones, la cuestión personal se ha trocado, en alas de dicho señor, en cuestión de amenazas e injurias". [33] En sus dos palabras de contestación, Rodríguez Rubí se burlaba de la probabilidad de que Cañete fuese hombre para ir, en esta pelea, más allá de gritos en la prensa; sin embargo, podemos presentir, leyendo sus palabras, el comienzo de formalidades que los llevarían al campo de honor:

> "... diremos que hemos aceptado su reto con toda la formalidad que reclaman las fórmulas que ha empleado; primero escribiendo el artículo doctrinal del número último de *La Ortiga*; y segundo, *poniéndonos pública y privadamente a las órdenes* del señor Cañete en el mismo día. Seis muy cumplidos hace que las hemos estado esperando, y al cabo de ellos nos fulmina el artículo de *las cuatro palabras*, concluyendo con este magnífico rasgo, digno seguramente del *guapo Francisco Esteban*: 'me encuentran dispuesto a llevar esta *cuestión a todos los terrenos decentes que señale: a ir adonde él quiere, y mucho más allá de adonde él vaya.*' Esta baladronada es de lo más chistoso que hemos visto en letras de molde. Prometer ir *mucho más allá*, el que durante seis días ha andado tan poco *hacia acá*..." [34]

---

[32] *Ibid.*, 80.
[33] *Ibid.*, 81.
[34] Rodríguez Rubí, "Dos palabras", *El País*, 18 mayo 1849. Véase también *El Clamor público* del 17.

Esto fue el acabóse; pundonoroso, no le quedó a Cañete más remedio que el de buscar a sus padrinos. El duelo tuvo lugar; no sabemos la fecha ni el sitio. ¿Pudo verificarse ya por el 22 de mayo? Aquel día se fechó una carta (inédita), de tono intranquilo, mandada desde Vitoria (!) por don José de Bremón. Este señor quería que Cañete escuchase los consejos de amigos prudentes: "He seguido con el interés propio de nuestra fiel amistad la polémica empeñada entre V. y Rubí. Los últimos artículos que publican los periódicos me han alarmado, puesto que pueden dar ocasión a consecuencias desagradables. Espero que V. se apresurará a calmar mi natural inquietud, como lo exige la correspondencia de nuestro afecto". Luego añadió: "Imposibilitado por mi alejamiento de ejercer en este caso los oficios de un amigo leal, creo que la intervención de los muchos con que V. cuenta habrá evitado que se lleven a su extremo lamentables cuestiones que por su naturaleza sólo deben tratarse en el campo del raciocinio y de la templada y pacífica discusión". [35] Pero la bien intencionada actividad de amigos como Bremón no consiguió impedir que el combate tuviese lugar.

Algunos detalles sobre el lance de honor fueron publicados en *La Época* de Madrid el 5 de noviembre de 1891 y reimpresos en *El Diario de la Marina* de la Habana, el 26 de noviembre del mismo año. Los artículos ponen en claro que el duelo se verificó con pistolas: "Tocóle disparar primero al fecundo dramaturgo, atravesando de un balazo el sombrero de copa alta que tenía puesto Cañete. Quitóselo éste, y después de examinar los dos agujeros hechos por el proyectil, volvióselo a poner, exclamando con la mayor serenidad: 'Cuestión de Aimable', que era por aquel tiempo el sombrero de moda. Metiéronse por en medio los amigos, y el duelo terminó sin otras consecuencias". [36] Retratando a Cañete, doña Emilia Pardo Bazán incluyó lo más esencial de esta anécdota en su *Nuevo teatro crítico*; además, ella mencionó en su retrato que don Manuel se había batido en otro duelo, en uno que tuvo con don José Zorrilla; [37] este dato

---

[35] Carta inédita. Véase Apéndice, carta IV de este estudio donde insertamos la misma entera.

[36] "Muerte de don Manuel Cañete", *Diario de la Marina*, 26 noviembre 1891.

[37] Escribe la autora: "En su vida de crítico no falta el correspondiente duelo, o mejor dicho, un par de duelos, con Zorrilla el uno, y el otro con Rubí, que fue después muy su amigo". *Nuevo teatro crítico*, I (1891), 37.

no lo podemos comprobar. La condesa, a quien tal vez se le notó un ligero tono de sarcasmo al decirnos que Cañete era "azucarado y madrigalista" con las damas, admiró cuán virilmente el periodista se había portado en su duelo con Rodríguez Rubí; quiso comparar así la conducta del crítico de *El Heraldo* con la de don Pedro Antonio de Alarcón, quien, en 1855, tuvo un desafío (para él espantoso) con don Heriberto García de Quevedo: "Declaro, con la imparcialidad absoluta a que aspiro —afirmó la señora—, sobre todo ante el sepulcro, que me agrada harto más, en este caso especial, la actitud de Cañete que la de Alarcón, cuando en parecidas circunstancias estuvo a pique de hacerse cartujo". [38]

Satisfecho el código de honor, amigos de los combatientes establecieron una especie de *entente cordiale*. Los ataques contra Cañete en *La Ortiga* cesaron en mayo. Por su parte el crítico no afeaba como antes nuevas producciones de Rodríguez Rubí. El tiempo ayudó también a borrar malas voluntades. Finalmente, años más tarde, dedicaría Cañete un recuerdo al dramaturgo cuando don Tomás feneció en 1890; aunque se acordó del duelo, evitó el describirlo a sus lectores; en vez de eso, discreto, prefirió dar al difunto su dulce tributo de amigo, sólo revelando a quienes habían podido efectuar entre los excontrincantes la reconciliación posterior:

> "Yo mejor que otros puedo hablar de la nobleza de sus sentimientos, por lo mismo que hubo un día... en que se interrumpió nuestra amistad por disculpables sugestiones del amor propio; cuando no por las interesadas de amigos suyos ofendidos de mis censuras y que trataban de sacar el ascua con mano ajena. Porque el hecho es que Rubí fue siempre naturalmente modesto, que a la impetuosidad de su carácter unía la sencillez y el candor propios de corazones generosos. Cuando años después, reconciliados ya por mediación del Conde de San Luis, de don Aureliano Fernández-Guerra y del insigne Hartzenbusch, reclamó mi apoyo para entrar en la Real Academia Española [1860], me apresuré a complacerlo. Desde entonces no ha enturbiado la cordialidad de nuestro cariño ni la más ligera nube." [39]

---

[38] *Ibid.*
[39] Manuel Cañete, "Teatros", *Ilustración española y americana*, XXXIV (1890), 102.

No poco de la controversia que culminó en el duelo se hizo patente en las páginas del periódico *El País*; de él también Cañete era colaborador y crítico en el año 1849. Moderado en su tendencia política como *El Heraldo*, *El País* nació para el mundo el primero de marzo de 1849 y dejó de existir el 9 de junio de 1850. Su inspección revela: cierto número de revistas teatrales, sin firma, pero que huelen al estilo de nuestro poeta; los ya citados remitidos de Cañete y Rodríguez Rubí cuando su polémica se acaloró en el mes de mayo; dos artículos de Cañete sobre la poesía religiosa de Adán Mickiewicz que aparecieron el 29 de junio y el 8 de julio respectivamente; los comienzos de los conocidos estudios gongorinos de Cañete en artículos de julio y de septiembre de 1849; y, de este último mes también, una lección de su curso de literatura dramática, la octava, sobre Lessing, Klopstock, Herder y otros preceptistas alemanes.

De toda esta miscelánea, consideremos ahora las investigaciones sobre Góngora. Don Eustaquio Fernández de Navarrete, todavía residente en Ábalos, había compuesto para la sección literaria de *El País* un artículo titulado "Del culteranismo de Góngora". Los redactores, al publicarlo el 11 de julio de 1849, mencionaron a sus lectores un "Fragmento de un discurso crítico acerca de las obras de don Luis de Góngora y Argote"; añadieron que lo había insertado Cañete en la entrega del 15 de abril, que desde hacía más de un año se ocupaba en reunir materiales para trazar un juicio crítico de las obras de Góngora y para formar un cuadro histórico-filosófico sobre el origen, desarrollo e influencia del culteranismo en la literatura española. Les informaron también de su *modus operandi*: "Deseoso nuestro amigo de dar a su trabajo la mayor perfección posible y de acopiar el mayor acopio de noticias y documentos concernientes al indicado asunto, ha recurrido a la ilustración de varios de sus amigos para que le faciliten cuanto sepan y se les ocurra en la materia, a fin de obrar con mayor conocimiento de causa". Entre otros escritores se había puesto en comunicación con "el señor don Eustaquio Fernández de Navarrete, joven que ha heredado la erudición y los talentos de su abuelo el sabio don Martín, autor de tantos y tan nobles escritos".[40] Don Eustaquio, muy dispuesto a servir en esto a su colega, le escribió cuatro extensas cartas con abundantes noticias y observaciones. En esta época

---

[40] Noticia de los redactores en Eustaquio Fernández de Navarrete, "Literatura. Del culteranismo de Góngora", *El País*, 11 de julio 1849.

Cañete tenía pensado incluirlas en un apéndice a su proyectada obra, un plan que, por alguna razón, no se llevó a cabo al publicar sus célebres "Observaciones acerca de Góngora y del Culteranismo en España" en la *Revista de Ciencias, literatura y artes* de Sevilla, el año de 1855 (Tomo I, págs. 317-342 y reimpresas en la *Revue Hispanique*, XLVI, 281-311). Pero Cañete no fue negligente en cuanto a la divulgación pública de las cartas de Fernández de Navarrete; formaron la base de cuatro artículos suyos en *El País* y, además, las leyó en sesiones del Ateneo Científico y literario. Finalmente, es muy posible que pudiera haberle inducido a emprender esta tarea de crítica consagrada a Góngora el ejemplo de don Aureliano Fernández-Guerra; su querido compañero daría a la prensa en 1852, tras largas y penosas investigaciones, el primer tomo de las obras completas de otro gran maestro español del Siglo de Oro, de Quevedo, en la edición que preparó don Aureliano para la Biblioteca de Autores Españoles.

A fines de 1849 las múltiples actividades de Cañete empezaron a abrumarle —tanto que entre agosto y noviembre descubrimos una ausencia de artículos críticos suyos en *El Heraldo*. Finalmente, el 11 de febrero de 1850, se vio precisado a explicar a los suscriptores el por qué de su tan dilatado absentismo: "Mucho tiempo hace que la abundancia de materiales por un lado y la importancia de cuestiones políticas y administrativas por otro nos han impedido cultivar en estas columnas el campo ameno de las letras y las artes".[41] Tal vez su vuelta representase que hubiera sido aliviado de semejantes quehaceres con *El País* o de la continua producción para ambos periódicos de tantos artículos de asuntos políticos.

De todos modos, poco nos queda que decir relativo a Cañete y *El Heraldo* en 1849. No hemos podido señalar, sin embargo, que aquel año tuvo ocasión de reseñar obras teatrales de algunos dramaturgos a quienes respetaba más; ellas incluyeron: la refundición por Mesonero Romanos de una obra de Lope de Vega, *La viuda de Valencia*; la comedia original de Francisco Martínez de la Rosa titulada *La niña en la casa y la madre en las máscaras*; la traducción por Ventura de la Vega de *La Calumnia*, una obra de Scribe; y, por último, la comedia en verso de Manuel Bretón de los Herreros, *¿Quién es ella?*; las

---

[41] Manuel Cañete, "Revista de Madrid. Teatros", *El Heraldo*, 11 febrero 1850.

fechas de estas revistas fueron respectivamente el 9 de abril, el 19 de junio, el 7 de julio y el 18 de diciembre de 1849.

Aparentemente la representación de *La viuda de Valencia* no causó en el público ninguna sensación; pero Cañete echó la culpa no en la versión de la obra de Mesoneros, donde encontró numerosos cambios valiosos, ni en la original de Lope, sino en los pobres desempeños de los actores. Cuando son malos, como en este caso, dijo, dañan la mejor de las piezas. Cañete alabó a don Ramón llamándole "versado como pocos en el conocimiento de nuestro antiguo teatro, y dotado de las prendas de sensatez y juicio que se requieren para emprender esas restauraciones". [42]

Habló con el mismo recato de la comedia de Martínez de la Rosa, considerándola una obra que ya habían aceptado completamente el público y los juiciosos. "Su estilo es tan natural y tan correcto —escribió a manera de epílogo— que no puede menos de encantarnos, hoy sobre todo, que tanto se abusa del galicismo y que tan pocos cultivadores tiene la buena elocución castellana". [43]

Bastante alto fue el concepto que tenía del dramaturgo francés Eugenio Scribe; en su opinión este fecundo y popular autor dramático fue injustamente menospreciado por demasiados comentaristas españoles. Recordó que fue a mediados de 1844 cuando la comedia de Scribe titulada *La Calumnia,* en la versión castellana de don Ventura de la Vega, se había representado por primera vez con un brillante éxito en el teatro del Circo. Hasta esta nueva producción que se dio durante la primera semana de julio de 1849 Cañete no la había vuelto a ver en la escena española. Fiel a sus sentimientos respecto a la distinción del autor francés, Cañete creyó que tal vez de todas las obras traducidas que habían ocupado un lugar en la primera escena española ninguna tuviese las condiciones de *La Calumnia* y ninguna quizá contase con un "pensamiento trascendental, determinado por medio de una fábula tan ingeniosamente urdida". [44]

Don Mariano Roca de Togores, el marqués de Molins, fundador y director del Liceo Artístico de Madrid, ha notado en sus recuerdos de la vida y las obras de D. Bretón de los Herreros observaciones que hizo Cañete en *El Heraldo* sobre *¿Quién es ella?* Al citar en su

---

[42] Manuel Cañete, "Folletín. Teatros", *El Heraldo,* 9 abril 1849.
[43] Manuel Cañete, "Revista de Teatros", *El Heraldo,* 19 junio 1849.
[44] Manuel Cañete, "Revista teatral", *El Heraldo,* 9 julio 1849.

libro sobre el dramaturgo algunas de estas expresiones tan favorables para la figura biografiada, Roca de Togores quiso ver en don Manuel el príncipe de los jueces literarios que escribían en periódicos de la capital cuando se estrenó la obra bretoniana: "mientras unos la trataron sin misericordia —observó, hablando de dicha comedia— otros la reputaron como la obra maestra del fecundo ingenio; y sin decir tanto, el primer crítico de la época, terminaba así en *El Heraldo* una bella serie de artículos..." Luego el biógrafo citó el juicio que sigue, el juicio algo extravagante que hizo Cañete de este producto dramático: "Nunca con tanta razón como ahora ha podido exclamar con Virgilio el señor Bretón de los Herreros: *Et me fecere poetam Pierides*, porque nunca, como en la ocasión presente, se ha elevado al par de nuestros colosos del gran siglo, emulando ya la sencillez de Lope, ya la discreción de Moreto, ya la profundidad de Alarcón, ya la *vis cómica* de Tirso, ya, por último, la grandeza de Calderón de la Barca".[45] Agradecido, Bretón escribió una carta al crítico el 16 de diciembre de 1849; le dio las gracias por haberle hecho tamaña justicia: "Mi buen amigo: ¡Bienaventurados los que han hambre y sed de justicia, porque ellos serán hartos! Tal me sucede a mí con el artículo más que bondadoso suscrito por V. en el *Heraldo* de ayer, y si no fuese yo sensible, muy sensible a semejante prueba de indulgente amistad, merecería que, aún después de haberla confesado, se me negase la paternidad de *Quien es ella*. Acepte V. con mi eterno agradecimiento, y como una prueba de él harto pequeña, el adjunto ejemplar..."[46] Y otra prueba daría, pasados algunos años; al hacer Cañete en 1857 su campaña de aspirante a la plaza de académico, Bretón, algo *sub rosa*, le ayudaría en ella con sabios consejos.

Finalmente, con su ya citado artículo del 11 de febrero de 1850, el que explicó por qué no había podido escribir semanalmente su columna en *El Heraldo,* el crítico comenzó, se podría decir, una segunda época con el diario.

---

[45] Mariano Roca de Togores, el marqués de Molins, *Bretón de los Herreros. Recuerdos de su vida y de sus obras*. (Madrid: Imprenta y Fundición de M. Tello, 1883), p. 473. Cita sacada de *El Heraldo,* 28 diciembre 1849.
[46] Cossío, p. 207.

Capítulo IV

CAÑETE CON *EL HERALDO*. SEGUNDA PARTE

Las ruidosas polémicas con Rodríguez Rubí y Zorrilla pertenecían esencialmente al pasado; sólo la antigua campaña contra los actores Romea y Díez continuaría en 1850. En febrero de ese año Cañete empezaba una nueva actividad crítica, la cual fue el indicio más claro de su segunda etapa con *El Heraldo*; empezaba a revelar al público los nombres de algunos de los jóvenes provinciales que habían recibido en Madrid el trato benévolo del Conde de San Luis. Apenas conocidos aún en los círculos cultos, aunque destinados a tener fama, tres de estos aspirantes eran murcianos: los líricos don José Selgas y don Antonio Arnao, y el pintor don Germán Hernández.

¿Cómo intervino en sus carreras don Manuel? En 1850 Cañete recibía correspondencia en la calle de Almudena, número 119; sabemos que un día en febrero de aquel año don Aureliano Fernández-Guerra le llevó a una casa situada en la misma avenida, sitio donde se reunía periódicamente un pequeño liceo de jóvenes poetas. Allí se encontraron unas diez personas ocupadas en escuchar el análisis que hacía uno de su grupo de la *Medea* de Séneca; Cañete quedó gratamente sorprendido por la comprensión del orador y por la pericia de sus interrogadores y, sin duda, comparó en su mente esta reunión con las de su propia juventud en Granada. Terminadas las críticas, se preparaba para irse, cuando don Aureliano le informó que todavía les quedaba la última parte de la tertulia: la lectura de versos, con la cual se cerraban siempre las reuniones. El individuo señalado esa noche para que sometiese sus versos al juicio de sus colegas se había olvidado de traer su borrador. Viendo este contratiempo, otro contertuliano tomó la palabra y dijo a los congregados: "Si no temiera molestar a Vds., les daría a conocer algunas poesías de un joven de mi país, tan rico en infortunios como en ingenio, y dotado de cualidades morales que le debieran conquistar el aprecio de todo el mundo. Hace ya más de seis meses que envió un cuaderno de composiciones, titulado La Primavera". [1]

Muy bellas parecieron estas cándidas inspiraciones de don José Selgas, el compositor del cuaderno de poesías que su buen amigo Antonio Arnao leyó a los asistentes; por eso Cañete rogó al recitador que le dejase dar a conocer a su paisano públicamente en El Heraldo. Así es que hallamos en la entrega del 17 de abril su primer artículo sobre "La Primavera. Colección inédita de poesías de don José Selgas y Carrasco". Se nota que por esta fecha la colección quedaba todavía inédita; don Manuel (así como Rafael María Baralt y Juan Eugenio Hartzenbusch, quienes habían leído con gran placer poesías de Selgas en la casa del crítico), desesperaba de encontrar a un editor; ninguno estaba dispuesto a imprimir los poemas de un vate tan poco conocido todavía. Fue entonces que don José María de Mora, quien había reemplazado a don Diego Coello y Quesada como director de El Heraldo (cuando éste fundó El Faro en abril de 1847), sugirió una lista de suscriptores con el propósito de reunir así fondos suficientes para producir el tomo. Por su parte, el Conde de San Luis se suscribió por 100 ejemplares y más tarde, llegado el poeta a la capital, nombró a Selgas auxiliar del ministerio de la Gobernación.

En junio de 1850 Cañete terminó su prólogo para La Primavera; entre los numerosos que habían de deberse a su pluma, fue el primero de tales escritos de introducción que podemos considerar como realmente importante. [2] Este prólogo es divisible en cinco partes principales: la historia de la publicación, la biografía del poeta, un elogio

---

[1] Del prólogo "Al que leyere" de Cañete, fechado junio de 1850 y escrito para la primera edición de Primavera. Sacamos nuestra cita de José Selgas, Poesías (Madrid: Imprenta de A. Pérez Dubrull [Obras, I], 1882), p. 6.

[2] Pero no fue su primer prólogo. Las ya mencionadas Nociones acerca de la historia del teatro, de Ramón de Valladares y Saavedra, fueron precedidas por uno suyo. Otro prólogo de Cañete fue su breve juicio crítico publicado con los Ensayos poéticos de don Narciso de Foxá (Madrid: Imprenta de Andrés y Díaz, 1849), 126 pp. Cañete anunció en El Heraldo del 9 de julio de 1849 el aparecer de estos ensayos y avaluó así a Foxá: "Dulce y apacible más que arrebatado y enérgico, el señor Foxá tiene mayor semejanza con Milanés que con ningún otro de los poetas de aquellas comarcas, porque, como él, revela en sus cánticos la muelle languidez de la vida habanera".

del Conde de San Luis, una defensa de su propio entusiasmo por el ministro y el análisis del estilo, carácter y sublimidad de la pristina colección. El prologuista combinó en este estudio varios de los atractivos de su arte personal, los que causaron que tanta celebridad buscase en Cañete un intercesor literario y retratista; allí están la hermosura de su expresión, la nota de delicada sensibilidad y el marcado respeto demostrado por la figura cuya obra examinaba. No menos bien supo adecuar en esta ocasión el lenguaje de su prólogo con la tierna elocuencia de José Selgas — la ternura del poeta quien, en su *Primavera,* pintó así la languidez de un arroyo:

"El aura de quien eres
Amado y bendecido,
Te besa, y al besarte
Se lleva tus suspiros.
 Las aves en tus ondas
Dan a sus plumas brillo;
Solícitas las beben
Para endulzar sus trinos."

Se nota la personificación del arroyo. Cañete señaló que en tales personificaciones hechas por Selgas de la flor, del arroyo o del árbol, no pierde las condiciones que le son propias por naturaleza, sino que adquiere más bien una nueva espiritualización. Selgas había sabido, creyó aquél, "enlazar la idea metafísica a la religiosa y a la humana, buscando para hacerlas perceptibles bajo la forma simbólica, las analogías que existen entre las pasiones del corazón y el carácter emblemático de las flores y de las plantas. Para él la naturaleza, que aparece muda a la vista de los demás hombres, tiene una elocuencia irresistible, cuyo primero y más principal destino es cantar las glorias del Criador". [3]

Muy en pro de las letras hispánicas fue la digna contribución debida en este caso al conde de San Luis; cosa innegable, sin duda, considerando el valor de José Selgas — pero al elogiar la beneficencia de su jefe, Cañete encontró motivos para desahogarse en la parte realmente la más personal y apasionada de su prólogo. Varias veces últimamente se había visto obligado a volverse contra enemigos li-

---

[3] Cañete, "Al que leyere", p. 32.

terarios, hallándose calificado por ellos de adulador; por eso le molestaba el pensar que pudieran tachar de pura lisonja su deseo de hacer mérito de la generosidad del conde. Cañete se defendió; mantuvo que juzgaba a Selgas y celebraba al conde con un criterio de justa imparcialidad:

> "En cuanto a mí, nunca me juzgo más dichoso ni más honrado que cuando puedo enaltecer justamente, como me sucede ahora, nobles y generosas acciones. ¡Son tan pocas las que de esta especie se realizan en el mundo! Además, en la presente ocasión, tratándose como se trata, del señor Conde de San Luis, el hacer justicia es para mí doblemente lisonjero. ¡Es tan grato poder ensalzar dignamente a las personas que nos han favorecido! ¡Es tan dulce y despierta en el corazón tanto entusiasmo encontrar nobles y grandes a aquellos con los cuales hemos contraído deudas de agradecimiento! ¿Ni qué satisfacción hay más pura que la de confesarse agradecido?
> Quédese para las almas ruines considerar como carga pesada la gratitud, que yo, no solamente me ufano en dejar consignada en este sitio la mucha de que soy deudor al Señor Conde de San Luis, mas tengo por honra al proclamar, sin temor de que nadie puede desmentirme, que en la presente ocasión el sentimiento de la justicia es únicamente el que ha guiado mi pluma." [4]

Cañete fue acaso el más vocal de varios publicistas de Selgas; el poeta llegaría más tarde a denominarse el "cantor de las flores" y a ser celebrado como un escritor de amena y despejada prosa. [5]

Publicada *La Primavera*, el crítico dirigió después su atención al segundo de los mencionados murcianos, a don Antonio Arnao; este

---

[4] *Ibid.*, p. 26.

[5] "¡Arnao, Guerra, Cañete, San Luis! eslabones de oro de la cadena con que la Providencia divina legó el mérito con el premio; peldaños de la escala por donde la estatua se colocó sobre el pedestal; manos que pusisteis en el candelabro la luz! ¡qué bien os ha recompensado el cielo! Nunca el dulce lazo de la amistad, el ferviente culto a las letras, la fiel balanza de la crítica, el cetro del poder, se enlazaron tan dichosamente y emplearon con tan feliz acierto sus prerrogativas. La gloria de Selgas es vuestra gloria, y el arte os debe agradecimiento." Así declamó don Alejandro Pidal y Mon en el "Discurso leído en la velada literaria que en honor de don José Selgas se celebró en la Unión Católica la noche del 30 de abril de 1882", en sus *Discursos y artículos literarios* (Madrid: Imprenta y Fundición de M. Tello [*Colección de escritores castellanos*, LV], 1887), p. 204.

compositor de versos melancólicos y sensibles ha sido colocado por Peers en la primera fila de los vates lamartianos españoles. [6]

El 7 de septiembre de 1850 don Manuel publicó cierto número de las composiciones del joven; al mismo tiempo prometió, en su revista literaria de *El Heraldo,* hablar de ellas detenidamente en un próximo futuro. Tardaría casi seis meses en cumplir su palabra. El 30 de enero y el 2 de febrero de 1851 aparecieron dos artículos suyos sobre la colección *Himnos y quejas;* esta compilación quedaba todavía inédita y Cañete la encontró inferior en algunos respectos a *La Primavera* de Selgas. Si para él los dos poetas podían equipararse en su respectivo candor, juzgaba a Arnao como más académico y menos original, menos espontáneo y menos florido que Selgas en su poesía. No obstante, las diferencias que encontraba debían parecerle puramente relativas; aquí también, al hacer alarde de la colección, lo hacía insistiendo en temas florales y cristianos: "Acercadla, sin embargo, a vuestro pecho —sugirió a sus lectores— respirando los mil aromas que exhala, y ya conmoverá vuestro corazón el perfume de una azucena (blanca como el candor de una virgen), y despertará vuestra alma a la contemplación de Dios el de un melancólico pensamiento, ya os revelará el dolor que purifica al hombre que los sufre con paciencia el de una pasionaria, cuya caliz renueva siempre el recuerdo de los sublimes y santos dolores que simboliza". [7]

Selgas era buen amigo de Cañete, pero la amistad entre éste y Arnao era más íntima; el profundo afecto que don Antonio sentía por el sevillano se ve en una docena de cartas cariñosísimas, cartas escritas entre 1853 y 1856 y publicadas por Cossío en sus *Correspondencias literarias.* No obstante, sería Selgas, en vez de Cañete, quien iba a firmar el prólogo antepuesto a los *Himnos y quejas.*

Años después, en 1874, el crítico se acordaría de este volumen en un estudio titulado "Líricos españoles contemporáneos. Don Antonio Arnao"; al describir en él la publicación del tomo, nombraría, fuera de las relacionadas con *El Heraldo,* a figuras quienes, a mediados del siglo, habían ofrecido protección a la juventud culta. Dicho amparo, digno de recuerdo, vino por ejemplo del gran periodista alavés

---

[6] Edgar Allison Peers, *A History of the Romantic Movement in Spain,* II (Cambridge: Cambridge University Press, 1940), p. 228.

[7] Manuel Cañete, "Parte literaria. *Himnos y quejas.* Colección inédita de poesías de don Antonio Arnao. Art. I", *El Heraldo,* 30 enero 1851.

don Pedro de Egaña (quien fundó el 18 de abril de 1848 el celebérrimo diario *La España*) y, también, de don Manuel López de Santaella, Comisario General de la Santa Cruzada. Sobre esto escribió Cañete en su artículo: "El primer libro en que Arnao dio a conocer los frutos de su candorosa inspiración salió a pública luz en 1851 elegantemente impreso, adornado con un lucido prólogo del agudísimo escritor y ameno poeta murciano don José Selgas, y dedicado al señor López Santaella (que costeó bizarramente la edición) en testimonio de sincera gratitud: titúlase *Himnos y quejas,* y contiene más de cincuenta composiciones donde lucen ya la delicadeza, el sentimiento, la corrección y buen gusto literario que avaloran las demás obras poéticas del autor".[8] Por su parte, Egaña, otro ilustrado Ministro de la Gobernación, colocó a Arnao en su ministerio el año de 1853.

Arnao ha pintado chistosamente por don Manuel su propio retrato; relató en una carta las fluctuaciones de su carrera divididas en tres capitulillos: "El Hombrecillo", "El Empleadillo", y "El Escribidor"; publicada por Cossío (*Correspondencias,* págs. 80-82), la carta no lleva fecha, pero los datos que contiene llegan al año de 1873; es posible que Cañete hubiera pedido el retrato porque estuviera preparando su estudio de Arnao destinado a publicarse en *La Ilustración española y americana* (tomo XVIII, 1874, pág. 471).

Ha sido Cañete también biógrafo de don Germán Hernández; hallamos en sus *Poesías* de 1859 el epigrama "A Don Germán Hernández Amores, autor del hermoso cuadro que representa a Sócrates reprendiendo a Alcibiades en casa de una cortesana". El poeta se aprovechó de su epigrama para dar en una nota al mismo datos sobre la vida del pintor. Según esta nota, en octubre de 1851, Germán Hernández, "después de haber pasado en Madrid algunos años en la mayor estrechez trabajando con la constancia propia de la verdadera vocación artística, fue a París pensionado por el Excmo. señor don Manuel López Santaella (a la sazón Comisario general de la Santa Cruzada), y en el estudio del célebre Glaire alcanzó en breve merecidas distinciones. Poco más de un año permaneció en aquella nueva Atenas. En marzo de 1853 vio al fin realizado su mayor deseo; el de estudiar en la capital del orbe católico las maravillosas creaciones del pintor de Urbino, y los restos de escultura griega que se conservan

---

[8] Manuel Cañete, "Líricos españoles contemporáneos. Don Antonio Arnao", *Ilustración española y americana*, XVIII (1874), 471.

en aquel emporio". [9] El saber que antes de octubre de 1851 Hernández vivía en Madrid en la mayor estrechez es algo que no deja de interesar; interesa porque también sabemos que a comienzos de aquel año Cañete ya era dueño de dos excelentes cuadros debidos al pincel de este artista. En una anotación que explica versos de su oda "Al Excmo. Señor Conde de San Luis", Cervino dijo lo siguiente sobre los lienzos: "Es pintor de lozanas esperanzas, y suyos los bellos cuadros de la *Desesperación de Judas*, y de la *Inocencia manchada*, o el *Cántaro roto*. A este último se alude en el texto y ambos son hoy propiedad del señor Cañete". [10] La oda lleva la fecha de febrero de 1851; todo lo cual quiere decir que el crítico, coleccionista ahora, había adquirido dos valiosos cuadros comprándolos a un joven pintor de adversa suerte económica. ¿Cuál fue su motivo principal? ¿El deseo de comprar objetos de arte barato y bien? ¿El deseo de socorrer a un joven pobre que, como él, había luchado en su vida con la miseria? ¿U otra razón todavía? No lo podemos saber con certeza; pero sospecho que se trató más de un acto de compasión que de pura voluntad sibarita. Después de todo, los biógrafos José Gutiérrez Abascal y la condesa de Pardo Bazán han descrito la generosa liberalidad de Cañete, un distintivo de su carácter que le causó no pocos sacrificios pecuniarios. Cañete era: "desinteresado en cuestiones de dinero —recordó la autora— hasta rayar en imprevisor dadivoso, por lo cual, al morir bastante anciano y dejando fresca aún la tinta de las últimas cuartillas, no se encontró dinero ni valores en aquella casa donde residía —Caños, 7—, que a tanta aleluya chancera dio pretexto en vida del morador". [11] "Kasabal" ofrece corroboración afirmando sencillamente que la casa de Cañete "estaba siempre abierta para todos, lo mismo que su bolsillo". [12] El crítico, entonces, pudiera haber querido ayudar al pintor necesitado en 1850 y 1851. Ya hemos visto que no faltaban otros de espíritu munífico por entonces, aunque de una benevolencia siempre excedida

---

[9] Manuel Cañete, *Poesías* (Madrid: M. Rivadeneyra, 1859), pp. 290-291.
[10] Joaquín José Cervino, "Al Excmo. señor Conde de San Luis, protector de las letras y de las artes", en *Album poético dedicado al excelentísimo señor Conde de San Luis* (Madrid: Establecimiento Tipográfico de Mellado, 1852), p. 19, n. 2.
[11] Pardo Bazán, *Nuevo teatro crítico*, 34.
[12] "Kasabal" [José Gutiérrez Abascal], "Revista de Madrid", *La Ilustración ibérica* (1891), 722.

en brillantez por la más resplandeciente y la más pública del Conde de San Luis.

Va sin decirse que la reputación de Cañete como benefactor de jóvenes ricos de talento y pobres de recursos no tardó en propalarse fuera de la ciudad de Madrid. El medio principal de esta difusión fue, por supuesto, *El Heraldo*. Un lector toledano, inspirado por el artículo que Cañete había publicado sobre Selgas el 17 de abril de 1850, venció sus temores y envió una carta solicitando la ayuda del periodista; incluyó adjuntos algunos versos de un nuevo poeta adolescente; el admirador del ingenio provinciano describió a su amigo como un huérfano, sin apoyo, y de triste y precaria existencia. Y luego pidió en nombre del novato: "ya que el Excmo. señor Ministro de Gobernación acaba de dar otra muestra del aprecio que le merece nuestra literatura con la decidida protección que ha dispensado al señor Selgas; si V. juzgase digna, como creo, de ocupar un sitio en las columnas del *Heraldo*, a esta composición, espero de su amor al arte divino de Homero se servirá mandarla insertar, llamando al mismo tiempo la atención del Gobierno de S. M. sobre su desvalido autor el señor don Gaspar Núñez de Arce".[13]

El poeta don Gerardo Diego dio con esta carta anónima entre los papeles de Cañete en Santander; a base de ella y de los referidos versos que la acompañaron él pudo componer en 1919, para el *Boletín de la Biblioteca de Menéndez Pelayo*, el curioso artículo "Los primeros versos de Núñez de Arce".[14] Publicando por primera vez la carta sin firma, dijo que, habiendo consultado con un experto sobre Núñez de Arce, don José del Castillo, aceptó la suposición de éste que era fácil que el desconocido autor de la carta fuese un bibliotecario de la Catedral de Toledo, el P. Loaysa. En cuanto a la posible publicación por Cañete del poema, una búsqueda concienzuda de los periódicos de la época dejó convencido al articulista que el crítico de *El Heraldo* no había dado los versos a la imprenta; siendo así, don Gerardo los publicó en esta ocasión, por ser inéditos y por ser los primeros, aparentemente, del autor de *Raimundo Lulio*.

En tiempos más recientes, sin embargo, una investigadora ha descubierto "El alma y el ángel" y la ha identificado como la más antigua

---

[13] Cit. por Gerado Diego en "Los primeros versos de Núñez de Arce", *Boletín de la Biblioteca de Menéndez Pelayo*, I (1919), 189.
[14] *Ibid.*, 189-198.

de las composiciones poéticas de Núñez de Arce. Duda, además, que se debiera atribuir al padre Loaysa la carta no firmada. Escribe Josefina Romo Arregui en su libro *Vida, poesía y estilo de D. Gaspar Núñez de Arce*: "Algo ingenua es la carta para atenernos a esta versión; mucho más verosímil sería una chiquillada de poeta en ciernes. Pero el caso es que estos versos no se publicaron. Más adelante, hacia el año 1855, cuando el poeta empezaba a ser colaborador de *La Iberia*, ya no era oportuno". [15] No era oportuno, ciertamente, porque los versos eran mediocres e inferiores, lo cual explica la desatención de Cañete en 1850. Pero allá por las décadas séptima y octava del siglo, Cañete sería uno de los más fervientes y exuberantes ensalzadores de tan excelente literato; aun sería capaz de decir de él que: "En el riquísimo Parnaso español, antiguo y moderno, donde brillan con fulgor propio tantos ingenios de primera magnitud, acaso no haya quien supere a Núñez de Arce en las peregrinas dotes que principalmente caracterizan y avaloran sus poesías". [16]

El crítico, pues, tan eficaz en ayudar a lanzar las carreras literarias de Selgas y Arnao, respondió con silencio a esta petición hecha en nombre de Núñez de Arce. A esta hasta ahora excepción a la regla podemos contraponer otro caso importante en 1850 cuando el crítico tuvo a bien responder afirmativamente al ruego de un novicio de las letras. Se trató de otro joven, extremeño, un dramaturgo frustrado en Madrid, aunque ya algo conocido en su Parnasillo. En vez de seguir en Andalucía la carrera de Derecho, don Adelardo López de Ayala había llegado a la capital con grandes ambiciones literarias. Por un año, muy largo para él, había esperado en vano el estreno de su obra teatral *Un hombre de Estado*; mientras tanto vivía modestamente en una hospedería de la calle de Desengaño. El que al fin se le ocurriese la idea de pedir el favor del Conde de San Luis es un hecho conocidísimo. [17] Don Manuel no era el que menos difundía el dato biográfico, orgulloso de su contribución al *début* de tan ilustre figura.

---

[15] Josefina Romo Arregi, *Vida, poesía y estilo de don Gaspar Núñez de Arce* (Madrid: Consejo Superior de Investigaciones Científicas [*Revista de Filología Española*, Anejo XXXIV], 1946), p. 23.

[16] Cit. en *ibid.*, p. 143.

[17] Cf., por ejemplo, Augusto Martínez Olmedilla, *Anecdotario del siglo XIX* (Madrid: Aguilar, 1957), p. 472; o Emilio Cotarelo y Mori, "Ensayo histórico sobre la zarzuela", *Boletín de la Academia Española*, XXI (1934), 283.

Celoso de la memoria de su activa participación, Cañete, en 1884, se amoscó al ver la falta de mención de ella en una nueva recapitulación de la historia; don Jacinto Octavio Picón no había señalado la intervención del secretario del conde de San Luis al describir en comentarios crítico-biográficos los comienzos de la carrera de López de Ayala. Don Manuel, irritado, citó (para rebatirlas) las palabras siguientes del estudio de don Jacinto, las palabras que le habían herido más, y que fueron publicadas en la espléndida antología *Autores dramáticos contemporáneos*, II (1882): "Al año, o poco más, de vivir en Sevilla vino Ayala a Madrid, y cuando aún no contaba veintiún años, presentó al comité de lectura del Español *Un hombre de Estado*, unos dicen que sin recomendación de nadie, afirman otros que patrocinado por García Gutiérrez. Este último es, a mi entender, lo más probable, pues dada la amistad contraída en Sevilla, no es creíble que el drama fuese desconocido para García Gutiérrez, y conociéndolo es imposible que dejara de recomendar una obra que tanta bellas analogías tiene con las suyas".[18] Ahora Cañete no comprendía cómo un crítico tan sagaz y tan discreto como Picón no se hubiera documentado mejor sobre un punto que consideraba sabido de muchos —o sea, que en una instancia al Conde de San Luis, ministro de la Gobernación en 1850, López de Ayala le había pedido la gracia de hacer estrenar su obra en el Teatro Español, institución dependiente por entonces del ministerio. El conde había entregado la carta y el manuscrito de *Un hombre de Estado* a su secretario y don Manuel, después de estudiarla, recomendó la obra con un fallo de sumo favorable.

En apoyo de su refutación a Picón, Cañete publicó en la *Ilustración española y americana* trozos de esta instancia, fechada el primero de septiembre de 1850; regalada a él por el Conde de San Luis, la carta había quedado en su poder, inédita por más de treinta años. En 1884 también estaba en su posesión el borrador de *El hombre de Estado*, el recuerdo sentimental que le había obsequiado cariñosamente el autor del drama. Entre otras palabras, don Manuel citó las siguientes de la epístola (la referencia que en ellas se hace de una persona "mas desocupada" sugiere que el joven López de Ayala sabía que su manuscrito hubiese de parar eventualmente a las manos del conocido secretario del conde): "No le pido que lea todo mi drama, porque

---

[18] Cit. por Manuel Cañete en "Teatros", *Ilustración española y americana*, XXVIII (1884), 223.

no le hago el desagravio de juzgarle tan desocupado; pero toda obra nueva exige de derecho que se lean sus primeras páginas, y esto es precisamente lo que exige la mía. Si por ellas halla V. E. que quizás podrá merecer su bondad, puede someterla al juicio de persona más desocupada; y si su fallo me fuese favorable, me atrevería a suplicar a V. E. que me consiga la gracia de que sea ejecutada en el Teatro Español antes de Enero, gracia para mí de inmenso valor..." [19] En efecto, la intervención de don Manuel no se limitó a la de hacer una recomendación; también leyó formalmente *El hombre de Estado,* primero ante la Junta de lectura del Teatro Español y, luego, una vez admitida la obra, a los actores seleccionados para representarla.

Después de reflexionarlo, aparentemente, Cañete vaciló un momento en su rectificación del estudio de Picón; no pudo menos de confesar que no siendo conocida esta carta de Ayala, nada tenía de particular que el biógrafo la ignorase. Cambiando de rumbo (algo imprudentemente por la causa que defendía), Cañete señaló que si don Jacinto hubiera buscado en un elegante opúsculo publicado en 1852 y rotulado *Álbum poético dedicado al Excmo. Sr. Conde de San Luis* habría encontrado la poesía que en esta colección Ayala dirigió al fundador del Teatro Español.

Para complicar el asunto, un tercer crítico quiso incorporarse a la disputa; metió baza nada menos que don Leopoldo Alas, «Clarín», el temible satírico que en 1884 estaba publicando «paliques» en el *Madrid cómico.* Cañete fue, tal vez, su blanco favorito por entonces. Así es que en la entrega de la revista del 26 de octubre aquello de Picón le dio pretexto para burlarse de nuevo de don Manuel y lo hizo por medio de esta indisputable lógica: "Se le ocurrió a Picón decir en una biografía de Ayala que éste acaso debía a García Gutiérrez la representación de *El hombre de Estado,* y el crítico académico cuenta lo que hubo; y resulta que a quien le debió don Adelardo fue a él, a Cañete. Y cita una carta que él —Cañete— tiene en el bolsillo". Niega luego la utilidad que pudiera haber tenido para Picón el beber en la segunda fuente sugerida por don Manuel: "Verdad es que el señor Cañete cita también un documento público, *El Álbum poético,* dedicado al Conde de San Luis por varios poetas y una poetisa. Allí en efecto, el señor Ayala canta al Conde en una oda... Pero

---

[19] *Ibid.*

esto no prueba que sea falso lo que supone Picón. La oda de Ayala no dice palabra de *El Hombre de Estado*. Bien podría haber protegido el Conde al gran poeta... y haberle ayudado también García Gutiérrez".[20] Lo que no añade don Leopoldo es otra verdad grande como una catedral. Puesto que en 1882 don Antonio todavía habitaba nuestro planeta, Picón, al escribir su estudio entonces y con menos pereza podía haberse comunicado con él y aclarado así el punto dudoso. Eso sin mencionar que otro colaborador de la antología de *Autores dramáticos contemporáneos* era una gran autoridad sobre el teatro español de la época que Picón estudiaba; nos referimos, por supuesto, a Manuel Cañete, todavía muy activo en los círculos literarios de Madrid en 1882.

Las increpaciones de Alas no eran las únicas; el mismo don Adelardo tuvo motivos para quejarse de Cañete poco después del estreno de *El hombre de Estado*, el 21 de enero de 1851. La ira del dramaturgo tuvo sus orígenes en una larga reseña de la pieza publicada por don Eugenio de Ochoa en el periódico *La España*; la fecha de esta revista fue la del 8 de febrero y don Eugenio había llenado columnas con el propósito de demostrar que la obra era, por su tema, filosóficamente pretenciosa. "Ninguna crítica es tan irritante como la de este judío acartonado" refunfuñó Ayala en una carta a Cañete;[21] también en su comunicación el dramaturgo sostuvo que a Cañete le tocaba defenderle y habérselas con Ochoa en la prensa puesto que el secretario había sido su sostenedor original. La verdad es que Cañete apenas había dicho sobre el asunto esta boca es mía, un silencio tanto más curioso considerando que había tomado parte en hacer posible la producción. En una "Revista de teatros" había anunciado en *El Heraldo* del 20 de noviembre de 1850 que pronto se iba a presentar en el teatro Español *Un hombre de Estado*, una obra que rayaba "muy alto por su importancia filosófica" y que su autor, don Adelardo Ayala, se había colocado ya, merced a esta obra, "al par de nuestros primeros escritores dramáticos". Después del estreno, el domingo 16 de febrero de 1851, Cañete hizo la siguiente confesión a sus lectores: "no hemos

---

[20] Clarín, "Palique", *Madrid cómico*, 26 octubre 1884, p. 3.
[21] Citado en "Carta a don Manuel Cañete en la que explica el modo de concebir el personaje principal de *Un hombre de Estado*, y otros planes literarios", *Boletín de la Biblioteca de Menéndez Pelayo*, I (1919), 49.

hecho aún el juicio crítico de *Un hombre de Estado,* drama lleno de bellezas de primer orden, y respecto al que tenemos el disgusto de pensar precisamente lo contrario de lo que opina el distinguido crítico de *La España*". A pesar de la promesa latente en estas palabras, Cañete no iba a defender tan decididamente como algunos otros comentaristas la nueva obra. Pero al fin y a la postre, don Adelardo tuvo muy poco fundamento para quejarse; su obra fue presentada en el Teatro Español como había rogado, recibiendo grandes aplausos; como otra gracia todavía, se le concedió una credencial de 12.000 reales en Gobernación.

Si algunas carreras nacen, otras llegan a su fin natural subordinadas a las leyes inexorables de la mortalidad humana. Cañete, *accoucheur* para tanta carrera naciente en 1850, se juntó aquel año con los que rindieron homenaje a otra, al contrario, recién extinguida. Don Alberto Lista y Aragón, su antiguo mentor, había muerto en 1848 y dos años después en Sevilla apareció la *Corona poética* dedicada a su memoria. Allí se incluye una larga composición debida a la pluma de don Manuel; en esta elegía se oye hablar así a la Religión que consuela a los vates españoles en su hora de luto y tribulación:

«¿Por qué, dice amorosa,
por qué bañados vuestros ojos miro
en tan acerbas lágrimas, y el pecho
exhala hondo suspiro?
¿Qué áspero nudo estrecho
así os oprime el corazón, que late
con presura cruel? ¿Por qué del labio
no cesa el lamentar? ¿Quién pone susto
a vuestros nobles ímpetus?...—El vate
no perece jamás: no muere el sabio:
no hay muerte para el justo!»

Al oir la voz consoladora de la Religión, el poeta siente que cesa la congoja que oprime su espíritu; convencido, canta:

¡Licio no ha muerto! El virginal perfume
que derramó en la tierra
su casta inspiración, no se consume,
ni en destructor guerra
podrá extinguir la estéril ignorancia,
con envidiosa mano,

del árbol de su ciencia soberano
la que al suelo esparció dulce fragancia.[22]

Don Aureliano Fernández-Guerra hizo una reseña de la *Corona poética* en *El Heraldo* del 30 de junio de 1850. Al hablar de la elegía de don Manuel, quiso preguntar: "¿Qué más podemos exigir del señor Cañete en su robusta, sonora y grandilocuente elegía, sino que tan maravillosamente justifique su reputación de crítico escribiendo con el tono y elevación propia de quien tales dotes necesita para corregir con éxito a los demás? ...la lengua española, manejada por el crítico ostenta sus más ricas y pomposas galas, valiente en las imágenes, tierna en los efectos, fuerte en los argumentos".

Cañete colaboró en otra colección de poesías hechas por distintos bardos en 1850, una obra cuyo origen se debía esta vez a circunstancias felices: la inauguración del Teatro Real. Don Emilio Cotarelo y Mori ha escrito en su estudio sobre "La Avellaneda y sus obras" que en el acto solemne se leyeron poesías por Hartzenbusch, Breton de los Herreros, Cañete, Cataldi y otros, y cuatro cuartetas de doña Gertrudis Gómez de la Avellaneda.[23] A esta lista incompleta añadamos los nombres de Cervino, Ferrer del Río, Selgas y Ramón de Navarrete. Pero no es del todo claro que en realidad se leyesen durante el acto, como indica don Emilio, las composiciones de estos varios ingenios. Una inspección de las *Poesías escritas con motivo de la inauguración del Teatro Real* nos proporciona esta frase de tono desairado: "El comité directivo manifestó que se había resuelto abrir el teatro sin aparato alguno, por lo cual ni se permitía el que se leyesen varias poesías presentadas, ni se cantase un himno a las artes que ya estaba compuesto".[24] Luego se indica que el auditorio vio solamente la función. Aparentemente, los poetas no pudieron llevar a cabo su intención original; pero *El Heraldo* los compensó imprimiendo, a partir del 20 de noviembre, una serie de las composiciones dedicadas al solemne acto.

---

[22] Manuel Cañete, "Elegía", *Corona poética dedicada al señor don Alberto Lista y Aragón* (Sevilla: Imprenta y Librería Española y Extranjera, 1850), p. 83.
[23] Emilio Cotarelo y Mori, "La Avellaneda y sus obras", *Boletín de la Academia Española,* XVI (1929), 308.
[24] Varios ingenios españoles, *Poesías escritas con motivo de la inauguración del Teatro Real* (Madrid: Establecimiento de don Saavedra, 1850), p. 23.

La Exposición en la Academia de San Fernando fue otro suceso público de la misma temporada; Cañete iba a describirla en dos artículos del 3 y del 13 de octubre de 1850. El antiguo comentarista de bellas artes (con *El Faro* y la *Revista literaria de El Español*) no había perdido su amor de otros tiempos por este ramo de actividad creativa. Para los que se interesan en la literatura romántica será útil saber que en uno de estos dos artículos Cañete juzgó como pintor al Duque de Rivas. Todo el mundo sabrá que en su época don Ángel tenía su reputación de diestro pintor; de otra parte, menos conocidos serán, sin duda, los temas artísticos que nacieron de su paleta. En la Academia el duque había colgado un cuadro de asunto bíblico que Cañete comentó así: "El Excmo. señor duque de Rivas ha expuesto un Judit cuya cabeza tiene mucha expresión y mucha vida. El inmortal autor de *El moro expósito*, *D. Álvaro* y *El Desengaño en un sueño* ha sabido patentizar que, si no raya tan alto con el pincel como con la pluma, logra realizar siempre la belleza, sea cualquiera el camino que se proponga seguir para conseguirlo". [25] Se diría que como pintor el Duque de Rivas se especializaba en la figura femenina. Por lo menos difícil es escapar esta noción al escudriñar una vez más la antes citada carta que don Juan Valera envió a Cañete desde Nápoles el 4 de agosto de 1848. "Aunque no es tan admirable pintor como poeta —aseguró el joven admirador de la estética— pinta sin embargo muy bonitos cuadros, y generalmente mujeres en cueros o poco menos, que copia del natural después de haberles gozado; y a los retratos que hace de estas Campaspes les da nombres a su manera, y según le saltan a la imaginación, llamándole a uno la Magdalena, a otra la Melancolía, a otro la Inocencia y así a los demás". [26] Pero Cañete negó a sus lectores el conocimiento de estas confidencias, reprimiéndolas completamente, a diferencia de lo que había hecho con las también indiscretas de su enemigo Zorrilla.

Lejos de cometer semejante *faux pas*, pronto Cañete reforzaría sus vínculos con la familia de los Saavedra; el crítico que siempre sabía hacerse querer de la juventud noble, sin duda por 1851 ya conoció muy bien a don Enrique Ramírez de Saavedra y Cueto. El primogénito del Duque de Rivas, don Enrique tenía veintidós años y ostentaba el título

---

[25] Manuel Cañete, "Bellas Artes. Exposición en la Academia de San Fernando. Art. II", *El Heraldo*, 13 octubre 1850.
[26] Boussagol, *Ángel de Saavedra*, p. 474.

del Marqués de Auñón. Nacido en Malta, el joven aristócrata había hecho sus primeros estudios en Sevilla, bajo el maestro don Alberto Lista, y después había cursado Filosofía y Derecho allí y en la Corte. Sintiendo la misma inclinación hacia los versos que había guiado para la gloria de las letras mundiales, el espíritu de su progenitor, en 1851 el marqués estaba listo para estrenarse como poeta. A Cañete le tocó presentar a esta nueva voz lírica al público; él ofreció en *El Heraldo* composiciones del marqués e hizo a este respecto el siguiente comentario: "El señor Saavedra no es ya grande sólo por su nacimiento, eslo también por su inspiración y buen gusto; y así como se ha dicho de Chateaubriand que su obra más bella es Lamartine, así podríamos decir que el Marqués de Auñón es la más bella de las obras del señor Duque de Rivas".[27] Durante su carrera literaria Saavedra compuso algunos versos similares a los de *La Primavera* de Selgas, similares por su delicadeza, elegancia y bella interpretación de los encantos de la naturaleza; véase como saludó en una composición signos de la vuelta de tan alegre estación:

> La voluble mariposa
> Despliega al sol sus cambiantes;
> La abeja viene zumbando
> En torno de los rosales,
>   Y en luz bañado el ambiente
> Lleno de aromas el aire,
> Amor el orbe respira
> De vida y gozo radiante.[28]

También como Selgas y Arnao, Saavedra abordó temas filosóficos y cristianos. Su poesía contribuyó a que fuese elegido, en enero de 1863, individuo de número de la Real Academia Española, ocupando la plaza que dejó vacante el fallecimiento de don Agustín Durán. Muchos años más tarde, en 1889, la *Colección de escritores castellanos* ofrecería como su tomo LXXII las *Poesías* de Enrique de Saavedra, con un largo prólogo de don Manuel Cañete.

---

[27] Cit. en don Enrique R. de Saavedra, Duque de Rivas, *Poesías* (Madrid: Imprenta y Fundición de M. Tello [*Colección de escritores castellanos*, LXXIII], 1889), p. xvi. En el prólogo de Cañete.

[28] *Ibid.*, xxxv.

Formando tal vez un quórum habitual, el Duque de Rivas (don Ángel, no don Enrique quien iba a lucir también el título ducal), Cañete y Martínez de la Rosa fueron invitados un día en 1851 a la casa de doña Gertrudis Gómez de la Avellaneda; en ese lugar los tres oyeron la lectura de un drama nuevo compuesto por la cubana. De la misma carta a Cañete en la cual la poetisa pidió su asistencia en esta ocasión, descubrimos que doña Tula fue otro de los literatos de reputación establecida, como el Duque de Rivas y García Gutiérrez, quienes esperaban que el crítico interpusiese su influencia a favor de una obra reciente. "Mi estimado amigo —empezó la epístola— aunque sea importunidad, me permite recordar a V. su promesa, respecto al juicio de mis poesías; pues ha dicho tantas sandeces al hablar de ellas el *Clamor*, que deseo vivamente que un periódico de más valía dedique algunas líneas a mi maltratada obra". [29] Recordamos que la única otra reliquia de la correspondencia entre don Manuel y doña Tula que hemos citado hasta aquí fue del año 1839; en ella la poetisa había aceptado la invitación del joven editor de la *Aureola* y había colaborado en la revista gaditana. Hasta 1850 se interrumpe este epistolario, el de la colección de la Biblioteca de Menéndez Pelayo publicado por Cotarelo y Mori en su estudio sobre la Avellaneda. Pero es de suponer que dos personas cuyas carreras tuvieron tan antiguos y significantes lazos, cuyas actividades en el Liceo y en los teatros de la Corte eran incesantes, mantuviesen antes de 1850 en la capital continuos y amistosos contactos de tipo cultural.

La promesa que menciona la Avellaneda tenía que ver con esta petición que ella le hizo en una carta de 1850: "V. me obligará mucho —escribió entonces la "Peregrina"— haciendo [de la colección] un juicio imparcial y severo, pues yo tanto como la alabanza, o más, estimo la censura; cuando me la dirijen el talento y la justicia". Orgullosa, la poetisa dice que ha ensayado varias nuevas y difíciles combinaciones métricas. "No sé que se hayan hecho, repito, rimas de esta medida, y menos que haya ningún poeta sostenido la mitad de una oda en el difícil metro de nueve sílabas, como lo he hecho yo en la composición "A la Cruz", cuya lectura recomiendo a V. En la composición titulada "La Pesca en el Mar", verá V. otras combinaciones a mi parecer de

---

[29] Emilio Cotarelo y Mori, "La Avellaneda y sus obras," *Boletín de la Academia Española*, XVII (1930), 194. Carta s. f. pero Cotarelo indica [1851].

un efecto admirable, y que también creo enteramente nuevas. V. como poeta apreciará las dificultades vencidas en las nombradas combinaciones y en otras de mi invención que hallará en el libro, y como crítico dirá si valían la pena de aquel trabajo los nuevos metros que me atrevo a introducir...". [30] Que yo sepa Cañete no publicó en *El Heraldo* ningún artículo sobre este tomo de versos; pero aparentemente lo hizo en algún lugar desconocido para nosotros como lo era para la poetisa en 1872; aquel año en una de las últimas cartas que escribió en su vida, doña Tula reveló a Cañete que estaba ordenando sus obras completas y que quería rematarlas con un apéndice de críticas dedicadas a sus producciones; pero la colección de tales artículos no iba bien: "Sólo unos pocos, sobre mis últimos dramas, he logrado proporcionarme hasta ahora; faltándome, entre otros que estimo, el que V. publicó —no recuerdo en qué periódico— sobre mis poesías líricas, y aun me parece que otro también sobre no sé cuál de mis obras teatrales...". [31] Pero Cotarelo señala que Cañete no correspondió a este llamamiento de la Avellaneda y el artículo suyo sobre las poesías líricas de doña Tula no se encuentra en el mencionado apéndice. La razón por esto, sin duda, es que por largos años Cañete no había querido perdonar, después de la desagradable ruptura de su amistad; esto ocurrió en el año 1852. El artículo que pidió cortésmente la dama habrá sido otro de aquellos estudios esquisitos que Cañete sabía componer con tanta finura— seguramente la Avellaneda no hubiera estimado ni deseado ver en el apéndice una crítica pobremente compuesta o negativa en su sentido.

¿Y la actitud que demostraba el crítico mientras duraba la triste malquerencia? Apenas se permitió mencionar la producción poética de su antigua amiga, y en los pocos casos que sí habló de esa obra, solía desacreditarla. Por ejemplo, se burló en 1863 de la versatilidad métrica mostrada por la cubana en sus versos, talento que, como hemos visto en su correspondencia con Cañete, le dio a doña Tula tanta satisfacción. El crítico la acusó entonces de haber sacrificado en el altar de los *Djinns* de Víctor Hugo, al lado de Zorrilla y de otros, para él, pueriles

---

[30] *Ibid.*, 192-193. Cotarelo indica [1850].
[31] *Ibid.*, 56. Carta fechada el 20 de abril de [1872].

imitadores españoles del vate francés que "iban devanándose los sesos por salvar los inconvenientes nacidos de escribir metros en forma de escalerilla". [32] Tales frutos da el árbol de un viejo rencor.

Las dificultades entre Cañete y la Avellaneda tardaron en madurarse y en producir la resultante discordia y ruptura de 1852. En el fondo, como veremos, representaron una infeliz cuestión secundaria nacida de la guerra hecha en los periódicos por Cañete contra los actores Matilde Díez y Julián Romea. Todavía en cartas a él de noviembre y diciembre de 1851 doña Gertrudis llama a Cañete su "estimado amigo" y confía en su amistad. Pero una nota de impaciencia se encuentra en otra del 16 de enero de 1852; en ella la autora ha empezado a mostrarse preocupada por la reciente indiferencia de Cañete; él ha dejado de asistir a sus tertulias: "yo soy como aquellos pobres porfiados, de los que se dice al fin sacan mendrugo; V. no me ha contestado a mis dos últimas cartas; V. no ha querido venir a escucharme la lectura de mi drama *La verdad vence aparencias;* y yo, sin embargo, vuelvo a molestarle, porque estoy persuadida que causas poderosas aunque desconocidas para mí, son las que me han privado estas últimas veces de la amabilidad que en otras me han dispensado. En este concepto le aviso a V. que ahora es absolutamente preciso que V. vuelva a ser amable e indulgente conmigo". [33] Sin duda, estas líneas reflejan los comienzos primitivos del futuro desafecto y de la división que ocurría entre don Manuel y doña Tula en noviembre de 1852.

La explicación del rompimiento es bastante difícil por las pasiones que entraban en juego; pero reduciéndolo a términos generales diríamos que la culpa de esta ruptura puede mayormente echarse a una campaña que hacía Cañete; en sus reseñas teatrales de 1850 a 1853 él iba prestando cada vez más atención a los actores y cada vez menos a las obras representadas. Este énfasis no podía ser muy al gusto de la cubana; se impacientaba viéndolo y creyéndose como dramaturgo relegada así a una posición secundaria. Lo que le llevó a Cañete a emplear tales procedimientos era su obvio propósito de reemplazar

---

[32] En Manuel Cañete, "Poetas hispanoamericanos. Andrés Bello. IV," *La América*, VII (1863), 13.
[33] Cotarelo, 195.

como los reyes de la escena española a la pareja Díez-Romea. Por eso en *El Heraldo* no perdió ocasión de pregonar sus defectos. Ya por el 16 de abril de 1849 Cañete había censurado lo que consideraba los gestos rígidos y afectados de la actriz al representar su papel en *Casa con dos puertas;* se encuentra la misma desaprobación en una reseña que el crítico hizo de *Isabel la Católica*, la obra maestra de Rodríguez Rubí; la señora Díez, escribió en su revista de teatros del 11 de febrero de 1850, "al esforzarse por parecer majestuosa, grave, imponente, se ha revestido de tal afectación en todos los accidentes de su voz y de su figura que, lejos de persuadirnos de que era, no ya la gran Isabel la Católica, sino una reina cualquiera, nos ha hecho conocer desde luego que era una reina fingida". En el mismo artículo proclamó que Romea también había estado infeliz en la comedia.

Pero en vez de apuntar uno tras otro la larga serie de tales reparos dirigidos a ambos esposos por el exigente periodista, nos contentaremos con exponer el resumen que hizo Cañete de sus respectivos méritos y defectos, un juicio publicado en *El Heraldo* del 22 de febrero de 1851. La señora Díez, dice, "sobresale en el género cómico y en aquellos papeles que requieren, ante todo, gracia y despejo, más que en los géneros dramático y trágico en los que, a vuelta de algunos rasgos brillantes... consigue rara vez determinar los caracteres de un modo lógico y darles la variedad que exigen... En algunas comedias modernas es verdaderamente inmejorable". Mientras que al señor Romea, continúa, "le falta el barniz de poesía, que es como el esmalte en el oro, en todos aquellos papeles que se elevan algo sobre la esfera de los accidentes ordinarios de la vida social de nuestros tiempos. Actor de instrucción y de talento, sabe generalmente dar a las cosas el sentido que le es propio; pero carece de la fuerza de la inspiración, de la movilidad de fisonomía, de la flexibilidad de garganta y de movimientos que son necesarios en un gran cómico para diversificar de un modo oportuno los distintos caracteres de los personajes escénicos".

Paso a paso, en sus reseñas, Cañete iba elevando en el lugar de don Julián y de doña Matilde a Teodora Lamadrid y a Joaquín Arjona. No es necesario traer a cuento todos los trámites de este proceso de impuesta sustitución; baste decir que el crítico trató de pasar la corona a la pareja que favorecía, de reconocerles como los mejores representantes de su profesión en la Corte. En su revista dramática del 21 de septiembre de 1851 ya habló en estos términos de doña Teodora: "Si la señora Lamadrid no hubiese conquistado el primer puesto entre las actrices españolas con armas de tan buen temple como *Los amantes de Teruel, El Sí de las niñas, María Estuardo* y *Ricardo Darlington,* el papel de doña Rosa en la comedia en cuestión [*La escuela de los maridos*] hubiese sido bastante a darnos muy alta idea del mérito que la distingue". Más categórico se mostró el 20 de febrero de 1853 al juzgar los talentos demostrados por la actriz en el papel principal del drama heroico *Boadicea*: "Teodora ha sido verdaderamente el soplo de vida para esta hermosa creación del señor [Juan] Muntadas. La primera de nuestras actrices se ha mostrado en esta ocasión digna de la alta fama que goza...". Mientras tanto, de Arjona escribió, comentando una representación de *La escuela de matrimonio* de Bretón, reseñada por él en *El Heraldo* del 18 de enero de 1852: "bastante dicen en su abono los aplausos, las lágrimas, los gestos de entusiasmo que arranca al público. Decididamente Arjona es el primero de los actores de España, así como es el héroe de *La escuela de matrimonio*".

Conociendo esta campaña de Cañete, más fácilmente se comprende el origen del creciente mal humor de doña Tula; al leer las reseñas hechas en *El Heraldo* sobre obras suyas (tales como *Flavio Recaredo* y *La hija de las flores*), la cubana descubría que el revistero había dedicado a los actores largos párrafos de análisis y a sus dramas algunas palabras corteses pero perfunctorias.

El mismo Cañete, dándose cuenta tal vez de lo poco clandestino que era este procedimiento y sabiendo que los dramas de la famosa cubana merecían más atención, daba a veces la promesa de hablar de ellos más cabalmente el mejor día —palabra que con gran frecuencia no llegaba a cumplirse. La rápida transición del juicio de la obra al de las actuaciones se ve claramente en la reseña que hizo Cañete de *Flavio Recaredo;* escribió en *El Heraldo* del 30 de octubre de 1851: "No vamos a hacer en este sitio el análisis de la última producción debida a la autora de *Alfonso Munio,* al eminente ingenio de uno de los más altos poetas líricos del parnaso castellano. El domingo próximo le consagraremos un artículo especial; y entre tanto, nos limitaremos a decir que *Flavio Recaredo* arrancó aplausos repetidos a la escogida y brillante concurrencia que poblaba las localidades del teatro (consiguiendo ser llamada a la escena su ilustre autora) y que la ejecución fue de lo más deplorable que hemos visto". Los actores principales, no nos sorprende, eran los esposos doña Matilde y don Julián; sin demorar más el crítico se puso a estudiarlos diciendo que en *Flavio Recaredo* la señora Díez "a quien estaba encomendado el papel acaso más importante y simpático del drama, nos confirma en la opinión de que las calidades puramente físicas son las que dominan en ella, y de que fía más que al detenido examen de los medios que es necesario emplear para hacer percibir determinadamente a los diversos matices de los diferentes caracteres dramáticos, a ciertos calculados efectos de rutina". Menos duro esta vez con Romea, Cañete señaló algunas escenas cuando el actor se elevó a grande altura pero negó que alcanzara ni que pudiera alcanzar la en que la señorita Avellaneda había colocado a su héroe.

El prometido segundo artículo sobre *Flavio Recaredo* no apareció en *El Heraldo* aunque Cañete conoció bien la obra habiendo asistido a su lectura en la casa de la autora; lo cual no bastaba para vencer su olvido o indiferencia. Tampoco le hizo romper el silencio el saber que *Flavio Recaredo* fue dedicado a los monarcas y que el Conde de San Luis había intervenido consiguiendo la augusta presencia de los reyes la noche del estreno.

No muy extensa fue la revista hecha por Cañete el 20 de febrero de 1852 de *La verdad vence aparencias,* la obra de la Avellaneda cuya lectura el revistero no había podido o querido ir a escuchar. En este artículo el crítico volvió a advertir que se vio imposibilitado de hacer un examen detenido de la comedia en cuestión. Sin embargo, cedió lo suficiente para apuntar algunos comentarios muy favorables, sobre la estructura de la pieza en particular: "nos limitaremos a decir que la señora Avellaneda, cuyo admirable talento pudiera honrar a muchos hombres, ha sabido, cimentando su drama en el *Werner* de lord Byron, dar al conjunto mayor fuerza de cohesión, mejorar y poner notablemente en relieve los caracteres, y descartar episodios y personajes que en la obra del gran poeta inglés embarazan la marcha de la acción, tuercen el rumbo de los sucesos, apartándolos del carril que la lógica de la pasión les señala, y debilitan el interés, quitando no poco brillo al pensamiento fundamental de la obra". Una vez más se quejó de la interpretación de doña Matilde Díez pero creía, al contrario, que Romea se había colocado a la altura de las hermosas situaciones imaginadas por la poetisa.

Por el mes de abril de 1852 Luis Sartorius ya no era ministro; por consiguiente la Avellaneda decidió aprovecharse de la oportunidad de poder dedicarle un drama nuevo, siendo imposible ahora que se pudiese hablar de un homenaje adulador. No muy segura de cuál de los dos dramas que ya tenía preparados mejor sirviese para el tributo literario, ella pidió a Cañete que los juzgase y se lo dijese francamente. Con la ayuda del crítico la autora seleccionó *Errores del corazón*, una obra que iba a estrenarse con éxito a principios de mayo de 1852. Tan feliz colaboración con don Manuel en hacer patente su agradecimiento al Conde de San Luis animaba a la escritora a que volviese a rogar nuevos favores el siguiente otoño; debió ser el mes de octubre de 1852 cuando doña Gertrudis hizo la siguiente petición a Cañete en una carta sin fecha: "a pesar de que creo un lindo drama a *La hija de las flores*, y que todos los que lo han oído le anuncian un triunfo completo, deseo mucho que V. asista, que lo juzgue, que V. hable de él; porque es una obra delicada que acaso no tenga las bellezas de bulto que comprende todo el mundo. Espero pues de su buena amistad que si el drama le parece malo lo silbe sin escrúpulo; pero si le agrada sea V. quien diga algo de él en *El Heraldo*". [34]

La sinceridad de esta súplica, su reconocimiento de las dotes relevantes de Cañete como juez de obras delicadas, no eran suficientes estímulos, aparentemente, para que el periodista realizara lo pedido. El error de la Avellaneda fue el de enviar otra de sus obras al teatro donde ejecutaban su arte Matilde Díez y Julián Romea. En su revista dramática del 2 de noviembre de 1852 Cañete se zafó de la consideración de *La hija de las flores* con cuatro palabras de ambigua alabanza: "Insensiblemente nos hemos dilatado más de lo que creíamos, y nos falta espacio para hablar de *La hija de las flores*. Lo haremos cuando hayamos tenido ocasión de leer este drama con detenimiento. Baste por hoy consignar que ha alcanzado un éxito brillante, puesto que en la primera representación alfombraron la escena coronas y ramilletes de flores, y que celebramos mucho la circunstancia, porque si no del género a que la obra pertenece, somos singularmente apasionados del talento de la autora". La parte principal de este artículo, la que resultó en la larga dilación mencionada por el crítico, fue consagrada al drama bretoniano *El valor de la mujer*, representado en el Teatro de Variedades, el coliseo dirigido por Joaquín Arjona y el foro para las actuaciones de Teodora Lamadrid.

En sus comentarios sobre el drama de Bretón, Cañete no perdió esta nueva oportunidad de proclamar sin rival ninguna en España a su

---

[34] *Ibid.*, 199.

actriz favorita; y luego, como solía hacer al dirigir su atención a las representaciones en el Príncipe, habló mal una vez más de Julián Romea, el conde de Mondragón en *La hija de las flores*: "el señor Romea —resprendió— representa con naturalidad e inteligencia el papel poco interesante del conde de Mondragón, y se hace aplaudir en él: sin embargo, cada día que pasa se amanera más y más, tornándose prosaicamente monótono en la expresión de los afectos, y descuidando su figura hasta un extremo punible en quien no ignora lo que se debe a la propiedad escénica y a la belleza del arte".

Doña Tula sabía leer el triste mensaje que esta revista llevaba entre líneas; se daba cuenta de que esperando hasta el Día del Juicio no se vería complacida en el deseo que había manifestado a Cañete. Por fin, después de catorce representaciones de *La hija de las flores,* ella sacó la pluma y, encolerizada, pidió en otra epístola a Cañete que dispensara de todo futuro examen detenido de su obra que ya quedaba juzgada por el público y por los periódicos. Juzgada quedaba también, creía, por la obvia frialdad de Cañete: "Me parece inútil que V. vuelva a ocuparse de mi humilde producción —le escribió— toda vez que en lo poco que ha dicho de ella queda perfectamente manifestado el juicio que le merece, o al menos el que V. quisiera imponer a los que no son capaces de juzgar por sí mismos... creo superfluo el que V. pierda en el examen de *La hija de las flores* un tiempo precioso...". [35] Luego, mostrándose cada vez más amargada en su carta, la poetisa juró que había hecho cuanto podía para cortar enemistades entre las compañías de Romea y Arjona; sugirió que Cañete criticaba en *El Heraldo* servil a los intereses de una empresa teatral y declaró que viéndose puesta en peligro ella también sabría defenderse con espíritu de bandería: "Me pesa mucho poder decir lo que digo, y me pesará más, el que las cosas sigan de tal modo que *hasta* yo, tenga precisión de afiliarme a un pandillaje, para no hallarme sola y desarmada entre los dos campos que se apedrean; que hasta yo tenga que proporcionarme *críticos* como los que tienen Vega y compañía...". [36] La referencia a Ventura de la Vega requiere alguna explicación; ya por mayo de 1849 *La Ortiga* había testificado que existía mala sangre entre don Ventura y don Julián desde hacía muchos años. Además, siendo el autor de *El hombre de mundo* el primer director del Teatro español, hubo quejas de que

---

[35] *Ibid.,* 200.
[36] *Ibid.,* 201.

en cuestiones de empleo diese preferencia a Valero, a Latorre y a sus allegados en detrimento de Romea y de los suyos. Aunque Rodríguez Rubí sucedió a Ventura de la Vega como comisario regio, tales resentimientos continuaron y contribuyeron al fenecimiento del Teatro español en 1851, volviendo a formar los actores sus antiguas compañías rivales. En todos estos partidismos Cañete se unió resueltamente con la facción de don Ventura.

A partir de la reseña de *La hija de las flores,* las relaciones entre Cañete y la Avellaneda se deterioraron rápidamente. Cotarelo nos dice que en 1853 la cubana escribió una carta al Conde de San Luis en que trató al periodista "de la manera más cruel que puede imaginarse". [37] Aquél fue el mismo año que doña Tula quiso suceder a Nicasio Gallego en la Real Academia; al saber que Sartorius también solicitaba la misma vacante, la dama le reveló la naturaleza de sus ambiciones y el conde, a petición de ella, retiró finalmente su candidatura. Habiendo impedido así que el político ganase esta honra, la Avellaneda no pudo ganarla para sí misma porque la Academia rechazó toda idea de admitir a una mujer y eligió a Ferrer del Río. Vencida en su campaña, la poetisa se vio atacada después en los periódicos por Cañete, los hermanos Fernández-Guerra, y otros adictos como ellos al abusado noble. Por consiguiente, la ruptura entre la escritora y el crítico iba convirtiéndose en un negro y profundo abismo.

La Avellaneda consideraba a don Manuel, pues, como un portavoz de Ventura de la Vega y de los actores a quienes éste favorecía, o sea, de Valero, Arjona, Carlos Latorre, Manuel Ossorio y de otros. Nada improbable fue esta alianza ya que el periodista y el comisario se concordaban en sus respectivas actitudes hacia Julián Romea. Cañete no explicó en *El Heraldo* cómo nació la disputa entre el dramaturgo bonaerense y el célebre actor; pero sobre este tema encontramos un artículo suyo del año 1890 en que defendió a don Ventura aunque sin querer revelarnos todos los detalles que sabía sobre la historia. Escribiendo en la *Ilustración española y americana,* el crítico preparó su

---

[37] *Ibid.,* XVI (1929), 421, n. 2. También habla mal de Cañete, Ochoa y Tamayo en una carta sin fecha [¿1854?] que dirigió a su amigo D. Francisco Vila y Goyri. Véase Antonio Rodríguez-Moñino, "Epistolario inédito de doña Gertrudis Gómez de Avellaneda," *Hispanófila,* II, tercer número (1959), 24. Alberto López Argüello cita esta amenaza dirigida por la poetisa a Cañete: "Si se empeña V. en que andemos a garrotazos, al fin se saldrá con la suya," en "La Avellaneda y sus versos," *Boletín de la Biblioteca de Menéndez Pelayo,* IX (1929), 22, n. 1.

artículo a base de la muerte de don Manuel Ossorio; este actor se conquistó gran reputación en *La Farsa* (1848), el arreglo de una comedia de Scribe debida a la péñola de Ventura de la Vega. La mención de la pieza y la relación que tuvo en 1848 con Romea dieron a Cañete el pretexto que buscaba; pudo defender al autor dramático diciendo en su loor: "Sabido es que el egregio autor de *El hombre de mundo* era, no sólo uno de nuestros mejores poetas, sino también excelente actor y hombre que habría podido competir con el experto don Juan Grimaldi en el arte de formar buenos artistas dramáticos. Íntimo amigo del célebre Julián Romea, por aquellos días empresario y director del Teatro del Príncipe, tradujo para él y para su esposa Matilde Díez una comedia de Scribe a que puso el título de *La Farsa*". Ahora la obra era del género que por entonces agradaba más al público y Ventura de la Vega tenía la reputación de ser el más hábil de los traductores españoles de la época. Pero, "circunstancias que no es del caso referir ocasionaron entre Romea y Ventura de la Vega disgustos que los tuvieron separados por algún tiempo; y habiendo resuelto aquél vengarse de su antiguo amigo no representándole *La Farsa*, Vega recogió su traducción y dijo al empresario del Príncipe, deponiendo su mansedumbre habitual: 'Si piensas que de ese modo me perjudicas, te equivocas mucho. *La Farsa* se representará en Madrid muy pronto, y un joven principiante ha de hacer tan bien o mejor que lo harías tú la parte del primer galán que te tenía destinado'". [38] En efecto, aleccionado por Vega, Ossorio triunfó. Si la reminiscencia de Cañete en 1890 no expone las raíces más hondas de esta querella, desentierra por lo menos una radícula de la oculta raigambre.

Un acto de silencio culpable de parte de Ventura de la Vega iba a poner en aprieto a Cañete en 1853; el periodista se hallaba entonces en la segunda fase de una polémica literaria sobre cuestiones de plagio; la sostenía con don Fernando Corradi. Fundador en 1844 de *El Clamor público*, Corradi era un diputado anticlerical y antimilitarista; se contaría entre los promovedores de la Revolución de 1854, el mismo golpe que resultaría en la cesación de *El Heraldo*.

En un comunicado al director de *El Clamor público* y publicado en *El Heraldo* —escrito que apareció en este periódico el 10 de mayo de 1853— Cañete tuvo que conceder que hubo un aparente

---

[38] Manuel Cañete, "Teatros", *Ilustración española y americana*, XXIV (1890), 197.

encubrimiento. Confesó que indigna del talento de Ventura de la Vega fue la debilidad de no haber indicado la fuente de su obra *El Marqués de Caravaca*. Don Manuel se indignó al ver que en el órgano enemigo hacían mofa de su propia credulidad y que se reían de él porque no había reconocido más pronto la descubierta imitación. Como siempre, Cañete se defendió saliendo al encuentro; con fingido espanto se dirigió así a Corradi en su remitido: "Lo que sí merece atención es el tacto con que se burla V. de mi insapiencia porque no he llegado a conocer el vaudeville de Scribe y Poisson, imitado o traducido por el señor Vega bajo el nombre de *El Marqués de Caravaca*. ¡Picardía como ella! ¡No conocer *un vaudeville*! ¡Y de Scribe y Poisson! ¡Y traducido *de ocultis* por el señor Vega! ¡Oh crimen execrando! ¡Oh ignorancia que excede todas las ignorancias! ¡Oh falta punible, que merece la abominación y el desprecio de todas las gentes!" Cañete ata a esta serie de exclamaciones burlonas una deducción menospreciativa: "Sólo una cosa debo añadir, inclitísimo don Fernando: que si yo no conocía el original de *El Marqués de Caravaca*, V. tampoco. A haberlo conocido ¿hubiera V. aguardado quince o veinte días para ponerlo en conocimiento de sus lectores?"

Gran parte de la cólera de Cañete aquí se deriva de otra polémica anterior, de una que había sostenido con *El Clamor público* a partir de mayo de 1852; Corradi y don Pedro Mata mantuvieron entonces que don Juan Eugenio Hartzenbusch había cometido un plagio vituperable, que había copiado en su drama *La ley de raza* los actos primero y segundo de una obra llamada *La fingida Arcadia*. Pero los acusadores, al principio anónimos, apenas podían hacer frente a las réplicas mordaces de don Manuel; éste, finalmente, el 24 de junio, comenzó a dar a la imprenta la serie de tres artículos titulada "Epístola gratulatoria al director de *El Heraldo,* en la que por muy vulgares modos se declara como el crítico literario de *El Clamor público* no sabe lo que dice"; en estos artículos largos y llenos de argumentos gramaticales, Cañete ridiculizó la ignorancia de sus adversarios sobre la naturaleza de la imitación literaria. Con todo mucho más convincente que la algo altisonante erudición empleada aquí por nuestro crítico fue la más recta y sencilla defensa propia que Hartzenbusch publicó bajo "Crítica literaria" el 4 de mayo en *El Heraldo;* en ella contendió:

"En los manuscritos dados al teatro y a la censura..., se halla la siguiente nota al pie de la página donde por primera vez se habla del pergamino envenenado: 'Este recurso y las situaciones a que da lugar están tomados de la *Fingida Arcadia',* etcétera. Más. Entre las notas que lleva al fin el manuscrito destinado a la imprenta se verá también una, relativa a la imitación del episodio de Tasso. Estas notas han sido facilitadas por mí a varias personas para que juzguen mi drama, habiendo dado cuenta, muchos meses ha, de dichas imitaciones a diferentes sujetos que frecuentan la redacción del *Clamor público.* Yo soy, pues, el que ha dado y esparcido *originalmente* la noticia de las imitaciones hechas en mi drama, de lo cual hay testigos a centenares... yo que no he llamado original a ninguna obra mía ¡gozo el feliz privilegio de que se tengan por plagios a mis imitaciones!

En 1852, entonces, los redactores de *El Clamor público* habían obrado con obvia mala fe, provocando a sabiendas un escándalo verdaderamente gratuito a base de *La ley de raza.* Puesto que Cañete ayudó a refutar aquel año tan deshonrosa crítica, el que se viese forzado a confesar en 1853 que se le había escapado inadvertida la callada imitación hecha por don Ventura de la Vega, sin duda causó enorme regocijo en el campo de Corradi y sus compañeros. Largamente habían acosado al crítico de *El Heraldo* en esperanza de semejante satisfacción. Habían publicado, por ejemplo, la carta satírica de Zorrilla a Cañete ya por 1849; en la sección literaria de *El Clamor público* del primero de junio de 1852 dieron espacio a cuatro palabras sobre don Manuel en uno de sus artículos sobre *La ley de raza;* en ellas se hizo la ya citada burla de sus dramas *El Duque de Alba, Un rebato en Granada, Los dos Fóscaris* y *El jesuita.* A pesar de los incesantes ataques que iba recibiendo Cañete de *El Clamor público,* como antes se había visto atacado en *La Ortiga* y en *Don Circunstancias,* no debemos ver en él una figura patética, atormentada y fatigada por las huestes de sus malignos enemigos. La verdad es que Cañete era el tipo de escritor que medra en lo más reñido de una controversia. Si sus adversarios no se hubieran presentado voluntariamente, seguramente los hubiera compelido a que se presentasen.

La defensa que hizo Cañete de Hartzenbusch fue la última de las polémicas de alguna consecuencia en que participó desde las páginas del periódico moderado. Pero su correspondencia nos informa de otros disgustos, de dificultades que tuvo entonces Cañete con sus dos colegas Joaquín Arjona y José Amador de los Ríos.

La desavenencia con Arjona fue una cuestión de dinero y ocurrió durante febrero y marzo de 1852, siendo el actor empresario del teatro del Drama; la empresa había podido sacar respetables ganancias presentando por varias noches consecutivas la loa titulada *La Esperanza de la patria;* [39] pero los colaboradores que habían compuesto la pieza, Cañete y Tamayo, consideraron insultante el porcentaje de los ingresos que ellos recibieron.

El asunto había comenzado propiciosamente; el 21 de aquel febrero Tamayo, ausente en Granada, pudo celebrar extático en una carta a Cañete el airoso estreno verificado unos días antes: "¡¡Qué talento tenemos!! —escribió con exultación— Bendito sea Dios que nos lo dio y él nos le conserve por todo el tiempo que nos quede de vida. ¿Con que hemos triunfado, Manueles queridísimos? ¿Con [que] ha habido aplausos y gritos y vivas y pañuelos agitados y sombreros, íd?". [40] Tienen gracia unos versos en que Tamayo describió a Cañete la estafeta rústica que le trajo la noticia del éxito (los citamos sin modernizar su ortografía):

> Del éxito en las Loas
> Llegaron ayer las nuevas
> Si no en alas de la fama
> De un carromato en las ruedas.
> Trageronlas a esta villa
> Tres horripilantes viejas
> Y un tonto (este es Juan de Mata,
> Mujer y cuñadas ellas).
> No hay que decir que me alegro
> Pues sabéis que aquí se encierra
> Un corazón todo buestro
> Y un alma que también es buestra.
> Mas no me cojió de susto
> Que a rabiar las aplaudieran
> Pues cosa que se concibe
> En Manuelescas cabezas

---

[39] *La esperanza de la patria,* loa original de don Manuel Cañete y don Manuel Tamayo (Madrid: C. González, 1852), 20 pp. según Paul Patrick Rogers, *The Spanish Drama Collection in the Oberlin College Library* (Oberlin, Ohio: Oberlin College, 1940), p. 73, núm. 1253. Se estrenó el día 2 de febrero, con Teodora Lamadrid.

[40] Ramón Esquer Torres, "Epistolario de Manuel Tamayo y Baus a Manuel Cañete", *Revista de literatura,* XX (1961), 372. En la carta núm. XX del mismo epistolario Tamayo incluye *La esperanza de la patria* entre sus "obras dramáticas menos malas", aunque dice a Cañete que la loa fue "tuya más que mía". *Ibid.,* 390 y 390, n. 2.

Se sabe que es siempre su-
Perlativamente buena. [41]

Lo plural de "loas" aquí se debe a la existencia de otra alegoría; el 27 de enero de 1852 fue la fecha de su censura y esta segunda obra, *El don del cielo*, iba a presentarse al gran público en el teatro del Circo. [42] La misma correspondencia que nos va interesando habla también de esta producción y muestra que ambos colaboradores, los dos Manueles, se creían de nuevo insuficientemente retribuidos.

Además, el testimonio de un crítico anónimo parece confirmar la entusiasta recepción dada a la *Esperanza de la patria*. Entusiasmado él mismo, el articulista encareció la loa al encomiar a sus autores en *El Heraldo* del 4 de marzo de 1852. Allí se atrevió a profetizar, diciendo: "Vencidas las grandes dificultades del género con singular habilidad y con maestría consumada, han sabido encontrar tan abundantes tesoros de noble y elevada poesía, tan inagotable fondo de encumbrados, patrióticos y puros sentimientos; han sabido dar un colorido tan simpático al hecho que celebraron, y han logrado hacer vibrar tan hábilmente la cuerda más sensible en el corazón de los españoles que su obra... adquiere las proporciones de una creación poética destinada a vivir mucho más allá del período en que el entusiasmo contemporáneo la admira y lo aplaude". Sospechamos que este profeta tan optimista y equivocado fue uno de los hermanos Fernández-Guerra.

En marzo de 1852 una borrasca oscureció fugazmente la amistad de Cañete y Arjona. La mañana del 15 de ese mes llegó a la casa del crítico un mensajero. Este individuo, don José Máyquez, quería informarle a don Manuel (en nombre del teatro del Drama) que siendo éste coautor de la loa, le correspondía de los productos de *La Esperanza de la patria* la cantidad de ciento y pico de reales. Enfurecido con la pitancilla que pensaban pagarle, Cañete escribió en el acto una nota a Joaquín Arjona; en ella le dijo fríamente que renunciaba en favor de la empresa la totalidad de la suma que le habían señalado. Pesaroso el empresario ante tan inesperada noticia, Arjona se dirigió al hogar del

---

[41] *Ibid.*, 374.
[42] *El Don del cielo*, composición alegórica y melodramática, alusiva al nacimiento de la Princesa de Asturias, por don Manuel Tamayo y don Manuel Cañete (Madrid: C. González, 1852), 20 pp. Según Rogers, *Spanish Drama Collection*, núm. 6828. En verso. Intervienen en la composición estos personajes alegóricos: El Río Manzanares, El Siglo xix, El Cañón, La Fama, La Paz, La Industria, El Coro de Provincias de España, etc.

dramaturgo con la idea de aclarar y rectificar la discrepancia. Pero don Joaquín se vio contrariado en esta intención porque Cañete se negó a recibirle, fingiendo no estar en casa. "Fui, como digo, a tu casa —le contestó aquella noche el plantado empresario— pero no he tenido el gusto de que me recibieras; sí, querido Manuel, a pesar de ser tan listo el muchacho, el intervalo que medió desde que miró por la ventanilla hasta que volvió a abrir, me demostró claramente que no podías recibirme; respecto los misterios que te obligaron a ello. Dejé recado para que pasaras por el teatro esta noche, y no has parecido".[43] En fin, Arjona no quiso admitir la renuncia a los cien reales y pico y, habiendo reexaminado el libro de cuentas, decidió pagar a cada autor trescientos cincuenta y ocho reales.

El nuevo ajuste no dejó de ningún modo satisfecho a Cañete; al contrario, esta remuneración fue mucho menos que la mínima que había esperado.

Ya por el 20 de marzo su socio en Granada pudo secundar sus quejas. "El empresario del teatro del Drama —escribió Tamayo— debió también tener en cuenta que antes de darle la malhadada loa, tú dijiste en su presencia que no se la daría a nadie por menos de 2000 r.^{es} y éste entre amigos y personas decentes es un trato concluido... Por otra parte ¿cómo no ha tenido en cuenta el referido empresario que la tal loa le ha proporcionado un triunfo como no se ha visto igual en el teatro?... ¿Cómo no ha tenido en consideración además que con una pieza en un acto ha tenido su teatro casi lleno por 8 noches consecutivas?"[44] No menos picado que Cañete, Tamayo también en esta carta juró que devolvería sus 358 reales, creyendo que Arjona había obrado de mala fe. En realidad, no sabemos la manera como terminó esta pasajera desazón ni tampoco sabemos cómo se resolvió el conflicto pecuniario con el Teatro del Circo. Pero parece que con tanta reyerta los colaboradores no querían combinar sus talentos en la composición de más loas sólo para malvenderlas después; eso no impidió, sin embargo, que volviesen a unir sus nombres en los carteles; en 1853, asociándose con su íntimo amigo Luis Fernández-Guerra y escribiendo ahora en el género de la comedia, dieron al mundo escénico *El peluquero de su Alteza*.[45]

---

[43] Cossío, *Correspondencias*, p. 88.
[44] Esquer Torres, 377.
[45] *El Peluquero de su Alteza*, comedia en tres actos, original de don Luis Fernández-Guerra, don Manuel Cañete y don Manuel Tamayo (Madrid:

Don Joaquín Arjona no iba a ser la única víctima de los pueriles juegos al escondite del crítico; don José Amador de los Ríos también sufrió el desaire producido por la misma forma de altiva inaccesibilidad. En una carta fechada el 14 de septiembre de 1853 el erudito había suplicado a Cañete que rogase al Conde de San Luis que señalara día y hora porque quería hablar con el noble sobre asuntos literarios y personales. Tal vez Cañete hubiera olvidado el encargo o tal vez se hubiera cansado de continuas importunaciones cuando, dos días después, no quiso ver a don José a la hora que éste llamó a su puerta. "Supe que estaba V. en su casa por tener indispuesta a su Sra. Madre —le escribió esa noche la infeliz visita— dejé mis tareas, anduve una legua, subí ciento trece escalones, y después de casi haber oído la voz de V. distintamente, tuve la desgracia de saber que no estaba o, lo que es lo mismo, que no se dignaba recibirme, señalándome para ello las siete de la tarde. A la verdad, si esto me sucediera con otro, ningún cuidado me daría y fuera toda mi respuesta el olvido absoluto. Pero tratándose de V., a quien ha largos años veo con predilección y de quien me juzgo estimado, lo siento entrañablemente". [46] Claro, aun la enfermedad de doña Francisca no sirve para disculpar una conducta tan descortés. Afortunadamente lo insociable del acto no puso fin a la simpatía entre Cañete y Amador de los Ríos.

Algo paradójicos son estos dos ejemplos de aislamiento huraño y de carácter intratable; paradójicos porque en esos años, lejos de esconderse en su casa particular, don Manuel celebraba regularmente en ella muy famosas reuniones. El escritor don Joaquín Montaner ha

---

C. González, 1853), 79 pp. Cotarelo la encontró inferior: "parece una novela puesta en acción y diálogo; no tiene mayor interés, porque se prevé el desenlace y corre cierto aire de ridiculez por todos los personajes que perjudica la obra" en "Don Manuel Tamayo y Baus", *Estudios de historia literaria de España*, I (Madrid: Imprenta de la "Revista Española", 1901), p. 375. Pero Cañete, escribiendo la necrología de don Luis, declara que la obra triunfó: "Todavía están vivos en mi mente los agudos chistes con que el peregrino ingenio de Luis Fernández-Guerra sazonaba nuestras reuniones, cuando en compañía de otro amigo del alma, del más grande de los dramáticos de nuestro siglo... componíamos para el teatro de Variedades la comedia en prosa rotulada *El peluquero de su alteza*, que se representó crecido número de noches, y en la que obtuvieron multitud de aplausos Teodora Lamadrid, Joaquín y Enrique Arjona, el gracioso Esteban del Río, digno sucesor de Cubas, y el entonces galán joven Manuel Ossorio, que ha fallecido ha poco en la Carolina" en "Teatros", *Ilustración española y americana*, XXXIV (1890), 195.

[46] Cossío, p. 13.

incluido a nuestro periodista en su lista de "anfitriones magníficos" de mediados del siglo XIX, al lado de tan ilustres organizadores de tertulias como lo eran Patricio de la Escosura, Aureliano Fernández-Guerra, Cándido Nocedal, el duque de Rivas y el marqués de Molins; nos informa también que las tertulias literarias de Cañete tuvieron lugar en el número 65 de la calle de Atocha.[47]

En sus *Poesías* del año 1859 el poeta mismo recordó con orgullo cómo tertuliaban antes en su lugar de residencia; mencionó a la vez que el álbum poético dedicado al Conde de San Luis fue un fruto literario del cultísimo trato:[48] "La idea de formar este Álbum nació en la tertulia que entonces [1851 y 52] tenía yo en mi casa todos los sábados, y a la cual solían asistir, a la par de algunos distinguidos políticos, la mayor parte de nuestros esclarecidos ingenios, y no pocos jóvenes de los que después han acrecido notablemente su fama y alcanzado legítimos triunfos literarios".[49]

Los versos de don Manuel incluidos en el álbum poético repiten ese tema de su gratitud al conde que ya hemos encontrado en el prólogo a *La Primavera*; dicen las primeras estrofas:

> No con profano deseo
> Noble inspiración codicio:
> Jamás al altar del vicio
> La he de llevar por trofeo.
> Quiero decir la virtud
> De un impulso generoso;
> Que me dé su acento hermoso
> La voz de la gratitud.[50]

Pero no pueden competir en fuego ni en hermosura con las siguientes de la Avellaneda, apasionada y preeminente aquí aun en una composición de circunstancias:

---

[47] Joaquín Montaner, *El Estreno de la Muerte de César de Ventura de la Vega (1866)* (Madrid: Real Escuela Superior de Arte Dramático, 1954), p. 11.

[48] *Álbum poético dedicado al excelentísimo señor Conde de San Luis* (Madrid: Establecimiento Tipográfico de Mellado, 1852), 140 pp. Entre los contribuidores se hallan: Selgas, J. J. de Mora, Tamayo, Bretón, Cervino, M. A. Príncipe, C. Rosell, A. Fernández-Guerra, Hartzenbusch, López de Ayala, Cañete, Ochoa, V. de la Vega, Rodríguez Rubí, Arnao, Baralt, Fernández Espino, Gil y Zárate, Pedro de Madrazo, Amador de los Ríos, Campoamor, Adolfo de Castro, J. N. Gallego, Gómez de Avellaneda.

[49] Cañete, *Poesías*, pp. 258-259.

[50] *Ibid.*, p. 56.

Rotas las cuerdas de mi lira, ¡oh Conde!
Y hasta olvidados sus postreros sones,
No a brisas ya, ni a rudos aquilones
Con melodiosa vibración responde.
Así, llegando del aplauso en ecos
Tu ilustre nombre a entusiasmar mi alma,
Sólo con llanto tu gloriosa palma
Riegan mis ojos, que velaban secos.
Y en vano el plectro con afán ardiente
Pulsar mi diestra en tu alabanza ansía;
Pues le niega su voz a la armonía
Avaro el corazón de lo que siente... [51]

Don Antonio Gil y Zárate contribuyó también al *Álbum poético*, pero no se habrá contado entre los tertulianos sabatinos que se congregaban en la casa de don Manuel; una carta inédita suya revela que no debía concurrir mucho entonces a semejantes reuniones porque pudo escribir a Cañete: "Mi estimado amigo. No habiéndome invitado nadie a tomar parte en el Álbum para el señor Conde de San Luis, no debe V. extrañar que no se haya asociado a esta empresa quien, como yo, no tenía de ella más que una idea vaga, y se halla enteramente apartado de la literatura". Sigue explicando que si alguna vez había acertado en el género dramático, siempre había sido de lo más desgraciado en el lírico. Se recuerda que con desaliento García Gutiérrez había afirmado en 1848, en otra carta inédita precitada, que como literato debió apartarse de su público y dejarse olvidar — pero Gil y Zárate va en esto aún más lejos; llega a juzgarse olvidado ya: "... bien puede V. conocer que no debería ceder a su honrosa invitación; pero si el señor Conde tiene gusto en que mi nombre, olvidado ya en la literatura, figure entre los que adornan el proyectado Álbum, procuraré complacerle con alguna composición corta". [52]

A Cañete le dolían tales confidencias de los dos ilustres escritores; a mediados del siglo, entristecidos por la incipiente frialdad del público, pensaban alejarse voluntariamente de tan aflictiva indiferencia; el crítico, por supuesto, no tenía medios de prever los futuros triunfos de García Gutiérrez en el teatro; pero se daba cuenta de

---

[51] Gertrudis Gómez de Avellaneda, "Al Excmo. señor Conde de San Luis", en *Álbum poético*, pp. 139-140.
[52] Carta inédita sólo fechada "Hoy 30 de Agosto". Véase el apéndice, carta V, de este estudio, donde insertamos la misma entera.

cuánto había herido a Hartzenbusch la controversia sobre su *Ley de raza* y sabía que el autor de *Los amantes de Teruel,* amargado por esta experiencia, también consideraba el no persistir más en la composición dramática. En suma, al lado de sus otras campañas principales en *El Heraldo,* el destronamiento de Romea, la elevación de los actores Arjona, Valero y Lamadrid, la presentación de nuevas luces literarias como Tamayo, Selgas, Arnao y el marqués de Auñón, la lucha a favor del Teatro Español y de sus arquitectos (el Conde de San Luis, Ventura de la Vega y aun Tomás Rodríguez Rubí, en su destino de comisario regio), Cañete constantemente defendía a ídolos suyos que se habían estrenado en los tiempos románticos, a los regeneradores, según su concepto, de las letras españolas. Estos, a su vez —habiendo pasado para algunos la hora de su mayor gloria—, le devolvieron agradecidos al periodista el mismo sentimiento de cariñosa aprobación.[53]

Cañete con frecuencia defendía a Bretón de los Herreros de caer en el olvido del público. Recordamos que en 1849, según las noticias de don Mariano Roca de Togores, hubo quien trató sin misericordia a la obra bretoniana *¿Quién es ella?,* mientras que Cañete la enalteció de todo corazón. Vimos que Bretón, agradecido, escribió una carta al crítico que empezó significativamente "¡Bienaventurados los que han hambre y sed de justicia..."

Cañete aceptaba el general sentir que Bretón era el digno sucesor de Moratín. Un soneto titulado "Para el álbum de la Señora Bretón de los Herreros" ofrece sintetizado en versos el parecer de don Manuel:

> Cuando despojo de la parca dura
> Cayó Inarco, la Ibérica Talía
> Seco miró el laurel que antes ceñía
> Y velado su altar en niebla oscura;
> Pero la estrella de Bretón fulgura,
> Y de nuevo renace a la alegría,

---

[53] Otros como el prestigioso Mesonero Romanos iban solidificando sus reputaciones en esta década. Cañete alababa las refundiciones de don Ramón y el gran costumbrista respetaba la habilidad del crítico sevillano. Le escribió una carta que publicó Cañete en su "Revista dramática" del 28 de septiembre de 1851 en *El Heraldo*: Dijo Mesoneros: "he leído el excelente artículo de Revista teatral que ha publicado Vd. en el *Heraldo* de hoy del 21 de septiembre sobre *La escuela de maridos* y que, como todos los suyos, manifiesta claramente su erudición y excelente criterio".

Y la luz de la hermosa poesía
Brilla por él con claridad más pura.[54]

Aunque la principal gloria de Bretón fue su obra dramática, Cañete sentía una predilección especial por los versos del tuerto académico. En *El Heraldo* del 13 de abril de 1851, al reseñar *Poesías y opúsculos en prosa,* el quinto tomo de las obras de Bretón impresas por la Real Academia, don Manuel equiparó al poeta con Argensola y Quevedo; señaló también que sus versos, por hallar combinados en ellos la gracia con el valor filosófico, sólo eran engañosamente festivos: "El señor Bretón de los Herreros —escribió en esta ocasión— es a nuestros ojos, no sólo un poeta fácil y galano, como ninguno lo ha sido desde los tiempos de Lope, sino un profundo filósofo, que a veces en la más risueña epigrama suele envolver pensamientos de enseñanza tan amarga como verdadera... Para encontrar tanta donosura, tanta facilidad, tanta gracia unidas a tan severa verdad, es necesario ascender a los tiempos de Argensola y del gran Quevedo".

Por supuesto, Cañete siguió reseñando también la poesía dramática de Bretón; pudo dar su dictamen sobre dos piezas bretonianas más durante sus últimos años con *El Heraldo*. Desde el punto de vista de buen orden, sería bien colocar estas obras escénicas en su lugar debido; las inscribiremos, pues, en la lista cronológica de las comedias más importantes que Cañete enjuició en esa época. Fueron éstas, con sus años, títulos y los nombres de sus autores: de fines de 1851, *Una aventura de Richelieu,* arreglo de la obra francesa por Manuel Tamayo y Baus; *Flavio Recaredo,* de Gómez de la Avellaneda; de 1852, *Adriana Lecouvreur,* traducción en prosa por Ventura de la Vega; *La escuela de matrimonio* y *El valor de la mujer,* comedias originales de Bretón; *La verdad vence aparencias* y *La hija de las flores,* obras de la Avellaneda que, como *Flavio Recaredo,* ya se han comentado; la comedia en verso *Una mentira inocente* dedicada al Conde de San Luis por José Selgas; de 1853, el drama heroico, *Boadicea* de Juan Federico Muntadas; *Una novia de encargo,* de Luis Fernández-Guerra; *Huyendo del perejil,* juguete de Tamayo; *Don*

---

[54] Manuel Cañete, "Para el álbum de la señora Bretón de los Herreros", *El Bardo* (1850), 27. "Inarco", por supuesto, fue Leandro Fernández de Moratín. Otros contribuidores a *El Bardo* incluyen: Hartzenbusch, Romero Larrañaga, Narciso Serra, Juan de Ariza, C. Coronado, Patricio de la Escosura, García Gutiérrez, Cánovas del Castillo, Ferrer del Río.

Felipe el prudente, de Pedro Calvo Asensio; y, finalmente, Cañete revistó en febrero de 1854, la comedia *La boda de Quevedo,* de don Narciso Serra.

Ninguna de estas composiciones han llegado a formar época en su género y no es necesario que nos fijemos en ellas con cuidadoso detenimiento; a decir verdad, a veces en estas reseñas lo más informativo que nos proporciona el crítico son datos puramente incidentales, temas sugeridos a él por la obra o por su representación. Cuando hizo Cañete, por ejemplo, su reseña de *Una aventura de Richelieu,* arregló en el orden descendiente de su popularidad las distintas clases de géneros teatrales en España. Juzgó, en este artículo del 30 de octubre de 1851, que la sucesión debía indicarse en la forma siguiente: sainete, zarzuela, comedia, drama, tragedia. El crítico explicó tales preferencias sosteniendo que los madrileños asistían al teatro para ver y ser vistos, no para tomar muy en serio las funciones.

Además, el domingo 11 de enero de 1852, Cañete anunció una innovación que había presenciado en el Teatro del Drama. Fue la supresión completa del traspunte, después de más de cuarenta representaciones de la *Adriana.* Podemos imaginar que don Manuel, exapuntador él mismo, seguía muy atento los resultados de esta novedad. Arjona, el iniciador del cambio, había ido en esto más allá del actor Lombía; éste, antes en *El avaro,* nos dice Cañete, introdujo la costumbre francesa de no curarse del consueta aunque se le guardaba para los momentos de posible vacilación. Don Manuel pudo informar con placer a sus lectores que el nuevo método había tenido éxito y que fue artísticamente útil: "Libres los actores de la traba que impone el ir pendientes de la voz del apuntador, todas sus acciones y movimientos llevan el sello de la espontaneidad y acercan el arte a dominios de la naturaleza, sin que por eso pierda, antes gane mucho también, en esmalte y gallardía". Todo lo cual indica que la intervención de los apuntadores era más importante en la primera mitad del siglo XIX que en tiempos posteriores.

El domingo siguiente Cañete llamó admirable otra creación representada por la compañía de Arjona. Se refirió a *La escuela de matrimonio,* comedia en tres actos y en verso, original de Bretón de los Herreros. Al reseñarla, volvió a insistir en las mismas nuevas modificaciones hacia lo filosófico que ya había encontrado en la poesía del dramaturgo: "El Señor Bretón, a quien nadie puede quitar la palma de gran hablista, y cuyo diálogo cómico, sin rival en nuestro siglo, no encuentra superior ni en el de los grandes poetas dramáticos del siglo XVII, ha torcido el rumbo de sus inspiraciones escénicas, modificando singularmente su estilo; de modo que, sin perder nada de su antigua espontaneidad y lozanía, sin marchitar la frescura y naturalidad de sus chistes, es hoy mucho más rico en pensamientos profundos, mucho más grave en el fondo de sus creaciones". El 2 de noviembre de 1852 el crítico halló sobriedad y sencillez en otro drama bretoniano, *El valor de la mujer*; pero aunque en su concepto la acción fue interesante, no faltaron, dijo, algunos lunares en la estructura de la fábula.

Sorprende un poco el que apareciera en el Teatro del Príncipe de Romea (en vez de en el Teatro del Drama), la comedia en verso de don José Selgas titulada *Una mentira inocente*. Cañete, escribiendo su crónica teatral del 28 de noviembre de 1852, llamó la producción la más bella que se había representado en el Príncipe desde principios de la temporada. Hallando el argumento sencillo e interesante, los personajes naturales, el diálogo magistral, y la ejecución esmerada, aún pudo anunciar con cierta complacencia los repetidos aplausos que recibió don Julián.

En brevísimos términos resumiremos las más importantes críticas hechas por Cañete en *El Heraldo* en 1853: sobre *Boadicea* escribió (el 20 de febrero) que era "una feliz prueba de que no están privados los escritores en nuestros días de tomar sus héroes en el ya abandonado panteón de la historia romana, fecunda en ejemplos de toda especie"; dijo (el 20 de marzo) que la comedia de Luis Fernández-Guerra *Una novia de encargo* era de intriga natural, de situaciones cómicas y agradables y de agudeza epigramática — que tenía calidades, en fin, que siempre agradan a la multitud y enamora a las personas cultas; halló en la misma revista que el juguete de Tamayo *Huyendo del perejil* era "esmaltado en galanos pensamientos y enriquecido con un diálogo chispeante de verdad, de vida y de movimiento"; y, el 17 de abril, alabó el *Don Felipe el prudente* de Pedro Calvo Asencio, diciendo que "el conato de purificar la memoria de Felipe II del crimen del parricidio que sus detractores le imputaron, es noble, patriótico, y, no sólo ajustado a la verdad, ya inconclusa, de los hechos, sino digno del escritor dramático que comprende la trascendental importancia de su destino". Naturalmente estas últimas observaciones cuadraron perfectamente con la visión del monarca siempre defendida por don Manuel; al mismo tiempo nos dejan ver que él consideraba noble y patriótica la tarea de rehabilitar a ciertas figuras históricas hechas controversiales en la literatura, cosa emprendida por él mismo en su apología *El duque de Alba*.

La tibia pero benévola reseña de *La Boda de Quevedo*, una comedia en verso de Narciso Serra, representada en el teatro de Lope de Vega, y reseñada por el crítico el 5 de febrero, constituye casi la totalidad de las contribuciones literarias de Cañete a *El Heraldo* en 1854. Además, durante 1853, a partir del 29 de julio, ninguna crítica suya había salido en este periódico.

Tendremos que buscar fuera de *El Heraldo* los dos estudios estéticos más bellos que creó don Manuel en aquellos años, o sea, su carta sobre la *Virginia* de Tamayo y su celebración triunfal de *La Ricahembra*. Don Cándido Nocedal, y no Cañete, notició la segunda pieza en *El Heraldo* el 28 de abril de 1854.

¿Cómo explicar esta reducción radical en el número de artículos que Cañete iba produciendo? Desde principios de febrero de 1852 Vocal de la Junta Consultativa de Teatros, desde julio de 1853 oficial del Ministerio de Gobernación bajo don Pedro de Egaña, sus actividades administrativas, sin duda, le robaron mucho del tiempo que normalmente habría consagrado a la crítica. Además, reuniones de sociedades literarias, tertulias, saraos del gran mundo se apoderaron de sus horas nocturnas. El periodista que había llegado a Madrid apenas conocido en 1844, se vio diez años más tarde invitado a los más selectos salones. Cañete estuvo presente, por ejemplo, aquella noche de febrero de 1854, cuando la condesa viuda de Montijo celebró con un baile los días de la duquesa de Alba y el aniversario del enlace de Eugenia de Guzmán, emperatriz de los franceses.

¡Cuán alto volaba Cañete en febrero de 1854 y cuán precipitosa y rápida no sería su caída aquel verano! Con este revés, perdería para siempre no su reputación de egregio crítico, sino, en su profesión, el apoyo singular que le había significado el favor de los ministros más poderosos del país. La revolución que puso fin al ascendiente de don Manuel estalló en julio de 1854; el día 17 de aquel mes el Conde de San Luis presentó su dimisión; después de los motines, después del saqueo del Palacio de María Cristina y del domicilio del conde, entraron en Madrid con sus tropas los líderes de la nueva coalición de progresistas y moderados, Leopoldo O'Donnell y el Duque de la Victoria. Cañete tuvo que huir.

El fugitivo se dirigió primero al monasterio del Paular; luego, en el mes de agosto, el pueblo de Aranjuez le proporcionó su segundo refugio. Fruto de la tregua que encontró en tan hermoso asilo fue su epístola de despedida dedicada a don Pedro de Egaña. Transido de dolor, el poeta describe en su composición su rápida visita a El Paular; allí, absorto en sus tribulaciones, había andado tristemente alrededor del abandonado monasterio; consolado por el pacífico ambiente, se había acordado de otra víctima de las pasiones políticas, del noble Jovellanos, vate que había pisado también, años antes, tan austeras sendas:

>   Aun, generoso amigo, me figuro
> Ver por entre los árboles frondosos
> Que ha respetado la codicia humana,
> Y que el ya abandonado monasterio,
> En grata profusión cercan e ilustran,
> La noble sombra del egregio vate,
> Del puro Jovellanos, describiendo
> En verso numeroso las terribles
> Angustias de su espíritu, cansado
> Del tráfago del mundo, y el anhelo
> De imitar la virtud de los varones
> Que aquellos hondos claustros habitaban.
> Aun de su frente, como luz tranquila
> De existencia fugaz, miro que surgen
> Los graves pensamientos que consagra
> Su infatigable amor a la mejora
> De las costumbres públicas, o al digno
> Fin de sembrar y difundir los bienes
> Alivio de la mísera pobreza.
> ....
>   Lleno el pecho de lágrimas, que en vano
> Pugnaban por salir, de aquellos sitios,
> Mudos ejemplos de la instable suerte
> De terrenales glorias, pesaroso
> Me alejé al cabo............... [55]

---

[55] Cañete, *Poesías* (1859), pp. 67-70.

Capítulo V

AUSENCIA DE MADRID. REGRESO TRIUNFAL

La fuga hacia el sur fue interrumpida en Aranjuez; una vez más en la hora de su necesidad le había acudido a Cañete el oportuno benefactor. Otro "hermano adoptivo" de don Manuel, este nuevo protector, don Juan Antonio de la Torriente, se había unido en matrimonio con doña Victorina Moreno y Cueto, hija de la señora doña Emilia de Cueto y sobrina de la duquesa de Rivas. Todo lo cual sugiere que la amistad de los dos "hermanos" pudiera haberse formado en los salones del Duque de Rivas y en los de don Leopoldo Augusto de Cueto.

Fuera como fuera, el mes de septiembre de 1854 tenemos a don Manuel, no de vuelta en Andalucía, como se podría esperar, sino —mandado allí seguramente por su amigo Juan— en La Montaña, en Hermosa, en la casa de campo de don Vicente y don Pantaleón de la Torriente, parientes de dicho bienhechor. En tan pintoresca mansión Cañete iba a padecer una gravísima enfermedad, el nadir, de veras, de su fortuna; durante esta peligrosa prueba le cuidaron los señores Torriente y otro compañero piadoso, don Antonio Rodríguez Ojea. Dentro de poco el poeta se veía visiblemente mejorado de salud y libre al mismo tiempo de todo quehacer que no fuese el de convalecer; en tales circunstancias el antes excesivamente atareado periodista y funcionario ahora tenía mucho más libertad para la composición. Tan felices resultaron los productos de su estado de ánimo, del ambiente y de su ocio involuntario que, según el erudito don José María de Cossío, los mejores versos de Cañete fueron compuestos precisamente en la Hermosa.[1]

---

[1] Dice: "Diríase que el ambiente brumoso y la calma campestre condujeron su pluma por zonas menos artificiosas. En estas poesías, ciertamente

El poeta, prendado de la hermosura del apartado valle, de sus fuentes, encinas y praderas, de su montañas muy cercanas, quiso pintar la escena silvestre en varias composiciones; en una epístola a Rodríguez Ojea, por ejemplo, describió así la tranquilidad del rústico paraje:

> Los frutales espléndidos, rendidos
> Al peso bienhechor de su riqueza
> Y al recrear el gusto apercibidos;
> Del Pico de Solares la belleza;
> La sosegada paz de La Torriente,
> Que alza a par de los montes su cabeza;
> El sencillo candor de la inocente
> Vida del campo; la canción sentida,
> Que suena en las cañadas tristemente,
> Todo a gozar de la quietud convida
> De este mundo aldeano, que no seca
> La flor del alma para el bien nacida. [2]

Don Vicente de la Torriente, oficial herido en la guerra de la Independencia, había plantado en medio del vallecito los árboles frutales descritos en la epístola. No es difícil concebir a don Manuel descansando bajo fragantes ramas, o, cuando salía en caminatas de convaleciente, explorando los confines del, para él, terapéutico mundo aldeano.

Un día, casi repuesto de su enfermedad (de las tercianas, creemos, o tal vez del cólera que hizo entonces estragos en Santander), el poeta fue sorprendido en su paseo por el espectáculo de la torcida silueta de un gran árbol seco. Tan extraña vista logró inspirarle poéticas reflexiones, meditaciones cuyo fruto sería el más celebrado de todos los poemas de su producción. Pero dejemos que el poeta mismo explique los pormenores: "Sugirióme la idea de esta Balada —él ha aclarado— la vista de un árbol seco próximo a las tapias de una casa de aspecto humilde situada en el estrecho valle de Hermosa a los pies de la Torriente. En aquella casa vivía una anciana viuda cuyos hijos

---

se encuentran los rasgos más valiosos que confiara al verso, y estas pocas poesías le dan derecho a una consideración menos severa que las meramente de escuela, muy abundantes en su producción poética", en José María de Cossío, *Cincuenta años de poesía española (1890-1900)*, I (Madrid: Espasa-Calpe, 1960), p. 88.

[2] Manuel Cañete, *Poesías* (Madrid: Rivadeneyra, 1859), p. 133.

habían fallecido en la isla de Cuba, excepto el último que de vuelta de la Habana murió en sus brazos. Ninguno de ellos, a pesar de su laboriosidad y honradez, logró topar con la fortuna en aquellos remotos climas". [3]

La balada, "El árbol seco", empieza describiendo el valle y la humilde morada con sus parras y su huerto estrecho. En esta modesta casa vive una madre joven; al nacerle su hijo ella había plantado una rama tronchada cerca de la puerta del hogar. [4] Los años pasan y crecen el hombre y el árbol. El hijo idolatrado sale de la casa en busca de su fortuna sólo para volver un otoño enfermo de fiebres. Muere; el árbol pierde para siempre sus hojas y, más tarde, al morir la madre de pena, el palo viene por tierra como un cadáver más.

No cabe duda de que esta composición es la más original en verso de Cañete y que ha sido la más admirada por los críticos. El P. Francisco Blanco García ha escrito sobre ella lo siguiente en su historia de la literatura española en el siglo XIX: "Pero la obra que sobrevivirá a Cañete, la única que le acredita de poeta, es su bellísima balada *El árbol seco*, piedra de fino oriente esmaltada por el sentimiento y la poesía, y que no desdice junto a los mejores *leider* alemanes. Hasta la forma sencilla, aérea y delicada, sienta aquí primorosamente, y sin que su naturalidad quede obscurecida por los decaimientos fatales, tan comunes en el autor". [5] Análogamente Cossío la cree ser una "auténtica balada que nada tiene que ver con su artificioso sevillanismo y es, seguramente, la pieza más notable que compuso". [6] Apenas es necesario añadir que "El árbol seco" es la poesía de Cañete que suele incluirse en las antologías; la encontramos, por ejemplo, en el *Florilegio de poesías castellanas del siglo XIX* de don Juan Valera y, en tiempos más recientes, en 1954, en la segunda edición del *Tesoro poético castellano del siglo XIX* recopilado por el P. Vicente Gómez-Bravo. [7] Lo irónico es que Cañete, quien dedicó resmas de versos a

---

[3] *Ibid.*, p. 279.

[4] Es significativo que don Vicente tuviera la misma costumbre. Plantaba encinas por su mano, dándoles los nombres de sus hijos.

[5] P. Francisco Blanco García, *La literatura española en el siglo XIX*, II, 3.ª ed. (Madrid: Saenz de Jubera Hermanos, Editores, 1909), p. 55.

[6] Cossío, *Cincuenta años*, I, p. 89.

[7] Véanse Juan Valera, *Florilegio de poesías castellanas del siglo XIX*, III (Madrid: Librería de Fernando Fe, 1902), pp. 280-283 y P. Vicente Gómez Bravo, *Tesoro poético castellano del siglo XIX*, 2.ª ed. (Madrid: La Difusora del libro, 1954), pp. 952-954.

personas de alta posición social, sea recordado como poeta principalmente por esta poesía, por ésta en que canta las vicisitudes de una pobre viuda anónima.

Los contactos de don Manuel con el mundo exterior eran mínimos durante su estancia en la Hermosa. Es verdad que unos pocos amigos, como don Mariano Esteva y Ulibarri, poeta y primer secretario de la legación de México en España, hicieron el difícil viaje a la Torriente para verle y consolarle. Es verdad también que por principios de octubre Cañete había podido reanudar su correspondencia con Arjona y, sin duda, varios compañeros todavía en la capital. ¡Cuánto no había de echarlos de menos! El hallarse separado de sus "hermanos adoptivos" le era, seguramente, la penalidad más dura. Pero a pesar de distancias, estaban con él y sus recuerdos. Ahora es cuando compone la epístola "A Don Aureliano Fernández-Guerra y Orbe", acordándose de los tiempos alegres de su risueña juventud compartidos con Luis y Aureliano en los patios de la Alhambra y en las sendas del Sagrado Monte. De septiembre es otra epístola, "A Don Manuel Tamayo y Baus", de reminiscencias más fúnebres, de más cogitabunda melancolía. En la epístola el poeta hace esta petición:

> Deja que al ver la majestad agreste
> De la inmensidad herviente que se enlaza
> Con la atmósfera azul en los confines
> De remoto horizonte; cuando el rayo
> Solar declina y en vapor luciente
> Corona las fragosas cordilleras,
> Cuyos bellos contornos se dibujan
> Al occidente en pintoresca y varia
> Prolongación de términos, —me abisme
> En las que la lacerada alma llenan
> Dolorosas memorias, y prorrumpa
> En tonos melancólicos. [8]

Lo más dramático de la epístola a Tamayo es su descripción de la muerte de doña Joaquina Baus. Tras una larga enfermedad, la actriz había expirado en Granada, el 6 de junio de 1852. Poco tiempo después Manuel Tamayo, en una carta, le recordó a nuestro poeta una promesa solemne: "Espero, Cañete —le escribió aquel julio—, que

---

[8] Cañete, *Poesías*, pp. 22-23.

no olvidarás lo que me ofreciste acerca de la memoria que piensas consagrar a mi madre de mi alma". [9] Cañete estuvo presente en Granada cuando doña Joaquina rindió el alma y pudo haber hecho entonces el compasivo pacto con su amigo; en la Hermosa, en 1854, el poeta cumpliría su palabra poetizando en estos términos el patético drama del postrer momento:

> ...... Yo, yo mismo
> Vi luchar en sus labios entreabiertos
> Con la vida la muerte; su hermosura
> Marchita vi por el helado soplo
> Que en el vago confín de la existencia
> La materia destruye; y la brillante
> Inspiración del arte consagrado
> A mover los efectos, que a las nubes
> Su genio levantaba, como expira
> Luz que del jugo animador carece,
> Vi con acerba pena disiparse,
> Cuando el rayo divino se apagaba
> En los quebrados ojos... [10]

Al lado de tan dolorosos recuerdos relacionados con la vida íntima del joven Tamayo, Cañete, en el norte, también debió rememorar constantemente recientes triunfos del autor dramático; el crítico se consideraba copartícipe en ellos; juzgándose vindicado como preceptista por la excelencia de estas obras, dramas bien acogidos y que reflejaban, él creía, sus propias doctrinas literarias, don Manuel se reservó una parte de la gloria.

Manuel Tamayo había quedado huérfano de madre cuando no tenía más que veintitrés años. Su juventud no era obstáculo a que compusiese en sucesión una serie de obras teatrales sobre figuras femeninas extraordinarias, inspirada parcialmente, tal vez, por el recuerdo de la mujer singular que había sido la difunta y por un sentimiento de amor filial. De 1853 fue su *Virginia*; en 1854 escribió *La Ricahembra*; compondría en 1855 *La locura de amor*.

Cañete y Tamayo intercambiaron dos cartas literarias sobre la *Virginia*. El dramaturgo se había dirigido al periodista el 8 de septiembre

---

[9] En una carta fechada Madrid, 14 de julio de 1852 y publicada en Ramón Esquer Torres "Epistolario de Manuel Tamayo y Baus a Manuel Cañete", *Revista de literatura*, XX (1961), 379.

[10] Cañete, *Poesías*, p. 16.

de 1853 con el propósito de explicarle sus ideas sobre la regeneración de la tragedia y sobre las posibilidades de aclimatarla modernamente entre los españoles. Cañete iba a contestar el 19 de diciembre congratulándole y exhortándole a que llevase a cabo dicha regeneración, un empeño que la obra en cuestión había principiado felizmente. "Aquí —le aseguró— donde por falta de educación literaria no hay gusto formado para apreciar debidamente el mérito de creaciones de cierta elevación y grandeza; aquí donde se ha perdido, en el oleaje de la revolución llamada romántica, hasta la memoria de la tradición antigua, nunca muy autorizada entre nosotros, *Virginia* ha logrado esclavizar la atención del público, subyugar su corazón, conmoverlo, entusiasmarlo, y anular para siempre la falsa idea de que la tragedia era, y no podía menos de ser, planta exótica en nuestro suelo". [11] En su carta congratulatoria Cañete apoyó los juicios del dramaturgo; sancionó la idea de éste de que en los productos del arte, la forma, aunque importantísima, es secundaria y debe amoldarse a transformaciones de la civilización; llamándose completamente de acuerdo con las creencias proclamadas por su correspondiente, Cañete expuso en su respuesta elementos humanos y morales que consideraba imprescindibles en la obra teatral contemporánea:

> "Siempre he juzgado que el drama (llámese tragedia, comedia, o lo que se quiera), más que rebuscada sencillez, más que afectación tradicional, más que símbolos poéticos de convención, necesita pintar con el ingenuo candor de la poesía la verdad de la Naturaleza. De este modo, cuando el pensamiento que deba hacer perceptible exija, para su más eficaz determinación, el empleo de personajes simbólicos, hará por que semejantes símbolos se compongan de elementos verdaderamente humanos. El corazón del hombre no puede interesarse profundamente si no percibe en la abstracción la realidad, si no ve delante de sus ojos la mezcla de grandeza y pequeñez, de elevación y bajeza, fruto de una pugna... del espíritu con la sordidez de la materia." [12]

Sin duda en los ojos del reputado crítico, el éxito de *Virginia*, obra del dramaturgo a quien favorecía más, había hecho no poca

---

[11] En Manuel Tamayo y Baus, *Obras*, II (Madrid: Establecimiento Tipográfico "Sucesores de Rivadeneyra", 1898), p. 27.
[12] *Ibid.*, pp. 30-31.

contribución a su propio prestigio; todavía más hubo de prestarle, creía, el triunfo en 1854 de *La Ricahembra*. Menos de dos meses antes de la revolución de aquel año, del motín de julio que le arruinó, Cañete había publicado el 26 de mayo un artículo encomiástico sobre *La Ricahembra;* el estudio, excelente y de diez y ocho páginas, apareció en la *Revista española de ambos mundos;* allí llamó el suceso del drama una confirmación elocuente de la validez de sus doctrinas literarias.

La Ricahembra, drama histórico en cuatro actos y en verso, de Aureliano Fernández-Guerra y Manuel Tamayo y Baus, fue representado por primera vez en el teatro del Príncipe el 20 de abril de 1854. Teodora Lamadrid interpretó el papel de la protagonista. Los colaboradores dedicaron su obra a Cañete, [13] honra no pequeña, y algo que tal vez explique por qué el periodista no quiso publicar su artículo en el controversial *Heraldo*, inserción que hubieran podido llamar sus detractores un acto inmodesto de su parte.

Cañete defendió lo que designaba "matrimonios de ingenio", colaboraciones en la composición de obras escénicas; después de todo, tales matrimonios formaban parte de su propia producción de dramaturgo. Pero algunos críticos, Ochoa por ejemplo, temían que en vez de reforzarlas, los coautores pudieran debilitar las aportaciones creativas de sus socios. En su artículo, hablando de Fernández-Guerra y de Tamayo, Cañete asegura que "la ternura pintoresca del primero y la gallarda impetuosidad del segundo, enlazadas y confundidas en esta notable creación, parece como se completan y mejoran, prestando mayor variedad y lozanía a la admirable unidad que resplandece en el conjunto de este drama". [14]

Para Cañete, *La Ricahembra*, como *La ley de raza* de Hartzenbusch y *El valor de la mujer* de Bretón de los Herreros, rehabilitó a la mujer, a la figura femenina dramática que quedaba tan desacreditada en las producciones *Lucrecia Borja*, *Margarita de Borgoña* y en otras obras teatrales románticas donde aparece casi monstruosa. "*La Ricahembra* —afirmó— es el símbolo de la mujer fuerte; símbolo que descansa en las cuatro virtudes cardinales: fortaleza, prudencia, justicia y templanza. Por eso tiene el drama cuatro actos, para desarrollar una en cada uno

---

[13] "Al señor don Manuel Cañete: Simbolicen Manuel queridísimo, nuestros nombres unidos al frente de esta composición, el vínculo indisoluble de pura y tierna amistad que enlaza nuestras almas. Manuel. Aureliano."

[14] Manuel Cañete, "Crítica literaria. *La Ricahembra*", en *Revista española de ambos mundos*, II (1854), 212.

de ellos. Pero en todos cunden, como el fuego de Prometeo, como las más vivas lumbreras del alma, las tres grandes virtudes, fe, esperanza y caridad, prestando extraordinario ser a la composición, y ofreciendo cuadros de la más seductora poesía." [15] El articulista estudió, entonces, cada acto a base del simbolismo que le había atribuido. En otra ocasión, [16] don Manuel llamaría *La Ricahembra* un modelo inestimable. Diría que a todas luces merecía los constantes aplausos del público por "la sencillez del plan; la diestra combinación y desarrollo de la fábula; el vigor de las situaciones; la humana realidad y grandeza de los caracteres; la naturalidad del diálogo; las mil bellezas y primores del estilo y de la versificación, esmaltada con nobles y profundos pensamientos sin la extemporánea, pedantesca o rebuscada afectación sentenciosa".

En La Hermosa, pues, Cañete, desanimado, habrá reflejado sobre lo recientes que fueron los triunfos de *Virginia* y de *La Ricahembra*, dos obras maestras que habían ayudado a vindicar sus propias enseñanzas críticas; por su grandeza y por su proximidad temporal le ayudaban también a medir la distancia y la rapidez de su caída (como un árbitro antes poderoso en las letras y ahora derrocado del poder).

Pero no hay mal que dure cien años. Frustrada en Madrid, interrumpida en La Montaña, la carrera del crítico volvería a prosperar, en Sevilla y en enero de 1855. No sabemos a ciencia cierta cómo Cañete pudo fundar entonces, con don José Fernández Espino, la conocida *Revista de ciencias, literatura y artes;* es probable que en este momento difícil lo quisiera ayudar el marqués de Saltillo.

Don Manuel Chaves en su *Historia y bibliografía de la prensa sevillana* asevera que esta revista, "por los trabajos que en ella aparecieron, fue de las mejores que se han publicado en Sevilla". [17] Dice que duró desde comienzos de 1855 hasta 1860; que se publicaba sin período fijo en cuadernos de sesenta y cuatro páginas en 4.º y que llegó a formar seis tomos de esmerada impresión.

Hubo cerca de cincuenta colaboradores en la revista; de sus nombres quisiéramos mencionar: Fernando de Gabriel, Francisco Rodríguez-Zapata, Antonio Arnao, Fernán Caballero, Juan José Bueno, el Marqués

---

[15] *Ibid.*, 218.
[16] Manuel Cañete, "Carta al señor don Abelardo José de Carlos", *Ilustración española y americana*, XXIX (1885), 158.
[17] Manuel Chaves, *Historia y bibliografía de la prensa sevillana* (Sevilla: Imprenta de E. Rasco, 1896), p. 138.

de Auñón, Narciso Campillo, José González Tejada, El Marqués de Cabriñana [Ignacio M. Martínez de Argote], José María Bremón, Leopoldo Augusto de Cueto, Domingo Delmonte, Pedro Madrazo, Gaspar Bono Serrano, Antonio de Latour y Alberto de la Barrera.

Cossío ha publicado en sus *Correspondencias literarias del siglo XIX* veinte cartas de José Fernández Espino dirigidas a Manuel Cañete; algunas antedatan esta asociación periodística, siendo la más antigua de mayo de 1851. Es curioso notar que, firmándose ya "su amantísimo Pepe", ya "Jusepico", don José nunca tuteaba en ellas a su compañero en negocios.

Fernández Espino había sido nombrado en 1847 catedrático de literatura de la Universidad de Sevilla y a él habrían de deberse varios libros docentes. Además, le apasionaba la vida política en la cual tomaba parte con suerte desigual. Elegido diputado a Cortes en 1850, el electorado rechazó su candidatura en la siguiente votación. Don José, convencido aun en la hora de su propio vencimiento de que Cañete debió ofrecerse también para semejante servicio público, le escribió así desde Sevilla el 26 de junio de 1851: "A V. acomoda mucho el ser diputado. Cuantas dotes son necesarias para brillar en la carrera parlamentaria adornan a V., y cada vez que le impiden en ella la entrada le hacen nuevo daño... Por desgracia los literatos no son moneda de fácil circulación en el mercado de la política".[18]

Fundada la revista, fue el catedrático, aparentemente, quien se encargaba más de su publicación. Por lo menos, él se quedó en residencia en Sevilla mientras que muy pronto Cañete abandonó la ciudad yéndose primero a Sanlúcar de Barrameda y luego regresando a Madrid. La afirmación del padre García Blanco de que "el amor a las opiniones templadas y al eclecticismo razonable"[19] distinguieron siempre a la revista y a sus redactores, muestra que en materia de gustos el periódico abogaba la estética siempre sostenida por Cañete y que en tales cuestiones él y Fernández Espino concordaban perfectamente.

Las más de las contribuciones de Cañete a la *Revista* aparecieron en el primer tomo de 1855, un reflejo de su transitoria estancia ese año en Sevilla; en dicho tomo firma media docena de artículos en prosa

---

[18] En José María de Cossío, *Correspondencias literarias del siglo XIX* (Santander: Boletín de la Biblioteca de Menéndez Pelayo, 1930), p. 345.

[19] Cit. por Alberto López Argüello, ed., *Epistolario de Fernán Caballero* (Barcelona: Sucesores de Juan Gili, Editores, 1922), p. 27, n. 1.

y siete poemas; al segundo tomo (1856) contribuye solamente tres composiciones poéticas; en el tercero (también de 1856), como en el sexto de 1860, nada hay de su pluma; se hallan en el cuarto tomo (1857) dos poesías suyas y, finalmente, en el quinto de 1859 vemos el discurso que leyó ante la Real Academia Española durante su recepción pública y la contestación al mismo pronunciada por don Antonio María Segovia.

Limitémonos a la consideración de la prosa de don Manuel publicada en el primer tomo. Estos artículos fueron: "Del Neo-Culteranismo en la poesía española. Zorrilla y su escuela" (págs. 34-46); "Teoría de Lessing acerca de la sensibilidad en el arte de la declamación escénica" (65-74); "Discurso leído en el Ateneo de Madrid para inaugurar el curso anual de Literatura dramática, el 10 de noviembre de 1852" (224-236); "Observaciones acerca de Góngora y del culteranismo en España" (317-342); y "Crítica literaria. Quevedo y Fernández-Guerra" (dos artículos, 601-612; 641-655).

Denominando ahora "neo-culteranismo" lo que siempre había reprendido en la poesía de Zorrilla, Cañete, en su primer artículo, condena también una disertación de don José de la Revilla, escrita en 1833 y publicada después en el segundo tomo de las *Memorias literarias de la Academia Sevillana de Buenas Letras;* en ella don José, crítico y defensor de la escuela clásica, había hablado de decadentes interregnos de las buenas letras, sosteniendo en 1833 que "sólo a falta de buenos literatos puede por breve tiempo predominar el romanticismo" y preguntando "¿de dónde sacan sus apasionados los títulos con que pretenden elevarse a la clase de nueva escuela?"[20] Estos y otros argumentos llevan a Cañete a explicar su actitud ante el romanticismo en 1855: "Nosotros, pues —escribe— consideramos el romanticismo, no sólo como satisfacción de una necesidad accidental, sino como aurora de una regeneración indispensable y fecunda; como sol que, pasado el vértigo revolucionario con su cortejo de exageraciones y absurdos, había de hacer germinar en el suelo removido las semillas de una literatura enriquecida con elementos de duración perdurable. Las revoluciones sólo vienen cuando se las llama..."[21]

La "Teoría de Lessing acerca de la sensibilidad en el arte de la declamación escénica" fue extractada y traducida por don Manuel. En su

---

[20] Cit. por Cañete en "Del neo-culteranismo en la poesía. Zorrilla y su escuela", *Revista de ciencias, literatura y artes*, Sevilla, I (1855), 45, n. 1.
[21] *Ibid.*, 36.

teoría Lessing se quejó de que los actores alemanes de su época lo expresasen todo con gestos. En una nota Cañete añadió: "Lo que dice Lessing respecto a los vicios en que incurrían los actores alemanes del siglo pasado puede aplicarse, con matemática exactitud, a casi todos los actores españoles del presente siglo". [22] Es fácil que esta traducción fuese hecha por Cañete en Madrid con la idea de darse apoyo en sus campañas contra Matilde Díez y contra cómicos a quienes acusaba de semejante histrionismo defectuoso.

En sus "Apuntes acerca de la epopeya en la edad media" el articulista aprobó el dictamen que decía que la epopeya no podía ser obra de un hombre, sino del genio del pueblo entero. Pero vaciló en decidir si los cantares de Osián suyos fueron de verdad o si, como dijeron algunos, debieron atribuirse a su supuesto descubridor, MacPherson. En los mismos apuntes tradujo el cántico de Gunnar en el *Edda;* Cañete opinó que ésa fue la primera vez que el canto (sobre la muerte de Atila) había sido trasladado a la lengua castellana.

En cuanto a los dos artículos extensos sobre Quevedo y Fernández-Guerra, tuvieron que ver con el primer tomo de las *Obras de don Francisco de Quevedo Villegas;* colección comenzada en 1852 por los editores de la *Biblioteca de autores españoles,* don Aureliano fue el que la ordenaba. Cañete en su reseña en la *Revista* señaló que el tomo representaba tres años de trabajo asiduo de parte de su ilustre amigo; afirmó que los más diligentes bibliógrafos hasta entonces sólo dieron noticia de treinta y cinco ediciones de Quevedo, mientras que aquí Fernández-Guerra había mostrado conocimiento de un número mucho más grande. "Hasta ahora —continuó en otra vena— sólo conocíamos la fisonomía de Quevedo, gracias al admirable *busto* que se custodia en la Biblioteca Nacional. Hoy lo conocemos mucho más completamente, porque Fernández-Guerra ha penetrado en su corazón y nos ha dado su *retrato interior* con la mayor felicidad, con el colorido más brillante y vigoroso." [23]

La "Vida de don Francisco de Quevedo Villegas", el título del estudio con el cual se inicia este primer tomo de las obras del insigne poeta (*B. A. E.*, XXIII), contiene también algunas observaciones sobre

---

[22] Manuel Cañete, "Teoría de Lessing acerca de la sensibilidad en el arte de la declamación escénica", *Ibid.,* 74, n. 1.

[23] Manuel Cañete, "Crítica literaria. Quevedo y Fernández-Guerra. Art. II", *Ibid.,* 651.

la figura de Góngora. Fernández-Guerra declaró que este innovador había visto "los aplausos que arrancaban las poesías de su paisano don Luis Carrillo de Sotomayor, imitador afectado de algunos italianos modernos y ambicioso de ganar renombre por desusados caminos". Por consiguiente, en el sepulcro de este mancebo "resolvió Góngora alejarse del antiguo estilo". [24]

Con toda probabilidad Fernández-Guerra animaba a don Manuel, esperando que hiciese un estudio más comprensivo de Góngora, otro que negase también que el poeta cordobés hubiese sido el primer culterano. Además, le prestó una carta manuscrita que tenía en su posesión; fechada en Madrid el 30 de junio de 1613, se titulaba "Censura de las Soledades, Polyphemo, y obras de don Luis de Góngora, hecha a su instancia por Pedro de Valencia, cronista de su majestad". El analista lamentó que Góngora fuese cayendo en el gran defecto de querer imitar a los italianos y a los modernos afectados. Cañete, por supuesto, había de incorporar el contexto corroborativo en sus importantes "Observaciones acerca de Góngora y del culteranismo en España".

En este artículo, el más ambicioso y erudito que había escrito hasta entonces, el sevillano empezó declarando que era muy difícil hacer un examen imparcial de escritores como Góngora quienes "brillan por el vuelo de su fantasía entre los príncipes de la inspiración y figuran por sus delirios a la cabeza de los corruptores del gusto". [25] Echó luego una ojeada sobre la biografía del renombrado rival de Quevedo y de Lope y sobre el estado de decadencia política y moral en que se hallaba la patria en los tiempos del bardo. Futuro símbolo "del churriguerismo literario español", [26] Góngora no fue su inventor, dice Cañete, rechazando en esto los pareceres anteriores de Manuel José Quintana, Antonio Gil y Zárate y José Amador de los Ríos, quienes habían llamado respectivamente al ingenioso poeta "padre y fundador de la secta llamada de los cultos", "creador de este nuevo sistema" y "el primero que levantó la bandera de la reforma". [27]

---

[24] Cit. por Justo García Soriano en "Don Luis Carrillo y Sotomayor y los orígenes del culteranismo", *Boletín de la Real Academia Española*, XIII (1926), 601.

[25] Manuel Cañete, "Observaciones acerca de Góngora y del culteranismo en España", *Revue Hispanique*, XLVI (1919), 281.

[26] *Ibid.*, 298.

[27] Cit. en *Ibid.*, 291, 292, 292, n. 3.

Cañete encontró más aceptables juicios de ciertos comentaristas nacidos en el Siglo de Oro. Copió las amonestaciones de Pedro de Valencia sobre un nuevo vicio literario que surgía en la patria y de que adolecían los versos de Góngora; citó a Gracián, otro testigo que vivió en el siglo XVII, quien había asegurado en su *Agudeza y arte de ingenio* que don Luis Carrillo fue el primer culto de España, una creencia repetida, como se ha podido indicar, por Aureliano Fernández-Guerra. Además, don Manuel estuvo de acuerdo con una apreciación relevante de Ignacio Luzán, escribiendo:

> Ya hemos visto algunas de las razones en que me fundo para creer que Góngora no fue inventor del culteranismo. Señalaré otras para esforzar más la exactitud de los fundamentos en que se apoya mi creencia.
> A pesar de lo que dice Luzán, y opinando yo con él que dicha peste vino en gran parte de Italia, puede asegurarse, prescindiendo de las causas primitivas de la infección, ya ligeramente consignadas en este escrito, que dos cosas contribuyeron mucho a decidir el rumbo de las novedades, hijas de la decadencia moral e intelectual reflejada en las inspiraciones poéticas españolas: el escabroso y retumbante estilo de los libros de caballerías y la lectura de nuestros poetas del tiempo de Juan II.[28]

En el resto de su estudio, el docto investigador adujo gran número de ejemplos que consideraba semejantes en su hechura al amaneramiento gongorino, ejemplos sacados de distintos momentos de las letras españolas. A la lectura de los libros de caballerías y de los poetas de la corte de Juan II, añadió la de los escolásticos como otra posible influencia sobre el fenómeno estudiado.

Fue don Miguel Artigas quien en 1925 llamó "dignas de más amplio desarrollo" algunas de estas ideas apuntadas por Cañete en la *Revista de ciencias, literatura y artes*. El mismo escritor incluyó en su memoria otro punto sobre el caso que no puede menos de interesar. Calificó de "mucho más razonable" este artículo sobre Góngora que otro de su conocimiento donde también se habló del poeta cordobés; compuesto por Domingo Delmonte, el segundo artículo fue publicado en 1848 en la *Antología Española*.[29] Es seguro que lo había leído don Manuel,

---

[28] *Ibid.*, 298.
[29] Miguel Artigas, *Don Luis de Góngora y Argote. Biografía y estudio crítico* (Madrid: Tipografía de la "Revista de Archivos", 1925), p. 249.

amigo del cubano y colaborador en la misma revista. Además, como ya hemos mencionado, una noticia del *País* del 11 de julio de 1849 explicó cómo Cañete había ido buscando y coleccionando antes de aquella fecha datos eruditos sobre don Luis de Góngora. En fin, estas "Observaciones" son el producto de unos seis o siete años de labores preparatorias y tal vez representen, en parte y por lo menos en sus comienzos, la reacción moderada de Cañete contra los más rígidos preceptos antigongorinos propagados en la *Antología* por Delmonte.

La posterioridad no ha dejado que se olvidasen estas observaciones acerca de Góngora y del culteranismo en España. Sin una palabra de explicación de parte de los editores, fueron reimpresas en 1919 en la *Revue Hispanique*. Pronto iban a aparecer después varios nuevos estudios sobre la ampulosidad culterana y sus orígenes en la península ibérica. [30] En efecto, parecería que menos grande había sido la respuesta al artículo original en 1855 que al reimpreso moderno; [31] por ejemplo, en 1858 Antonio María Segovia, dando en nombre de la augusta corporación la bienvenida oficial a don Manuel, académico español neófito, no tuvo a bien señalar entre las calificaciones del nuevo socio el haber publicado sólo cuatro años antes un trabajo tan importante.

Antes de abandonar Sevilla en julio o agosto de 1855, Cañete había reanudado la correspondencia con el colaborador que fue seguramente el más notable de la revista. Ya en junio de 1855, con una carta fechada en Chiclana, el 14 de ese mes, Cecilia Böhl de Fáber se había dirigido a sus "amigos", los editores del nuevo periódico. "Estando estos días de mudada —les escribió— no puedo decir a ustedes extensamente mi

---

[30] Véanse, por ejemplo, Erasmo Buceta, "Algunos antecedentes del culteranismo", *Romanic Review*, XI (1920), 328-348; Justo García Soriano, "Don Luis Carrillo y Sotomayor y los orígenes del culteranismo", *Boletín de la Real Academia Española*, XIII (1926), 591-629. De 1925 fue el citado libro de Artigas. Cañete teorizó que se reflejan en la poesía culterana las imágenes intricadas de los libros de caballerías ya decadentes; sobre esto dice Buceta (p. 329): "... aunque la estimación de las influencias llevadas tan lejos sea excesiva y peque de exageradamente simplificatoria, merece, no obstante, cierta atención".

[31] Aunque Aureliano le escribió en diciembre de 1855: "Vuelvo a tus artículos de Góngora... Lindamente que los he saqueado para mi segundo tomo de *Quevedo*, donde por necesidad había yo de tocar la cuestión del gongorismo y conceptismo. ¿Y cómo podía improvisarla mi caletre, desentendiéndome de los estudios que hace tantos años tienes concienzudamente hechos? Así lo consigno al robarte tus ideas, los frutos de tu maduro juicio, y las apreciaciones de tu claro talento". Cossío, *Correspondencias*, p. 404.

pobre opinión sobre su excelente publicación; publicación de primer orden, si hubiese en nuestra anarquía general, clasificaciones." [32] Remitióles con la carta uno de sus más deliciosos cuadros de costumbres, la novelita *Un servilón y un liberalito*; la autora pidió que se la publicasen bajo el título menos imprudente de *Tres almas de Dios*; estando turbulento el momento político, lleno de denuncias, no quería que a causa del nombre de la obra se levantasen polvaredas contra su persona.

Es interesante que Cañete, todavía algo incomodado, aparentemente, por sus prolongadas y enfadosas tercianas, se hubiera ido a vivir precisamente en Sanlúcar de Barrameda, en el pueblo donde ahora iba a instalarse la autora. Allí, según la célebre dama, en una carta escrita el 18 de noviembre a don Fermín de Iribarren, Cañete venía a verla *todos los días* en compañía de otros jóvenes literatos. [33] Interesante también es lo que se dice en otra epístola fechada en el mismo lugar y el mismo día; inédita, fue escrita por don Manuel, quien en ella aconsejó a su amigo Rodríguez Ojea que no diese excesiva importancia a las quejas de doña Francisca; Cañete explicó que su madre era "una pobre mujer, contrariada en todo, deseosa de atenciones cariñosas y no siempre discreta ni tolerante. Estas circunstancias, además, exacerbadas en ella por la situación en que nos hallamos". ¿Cuáles fueron estas circunstancias en que se hallaban madre e hijo a fines de 1855? No estaban juntos; la infeliz señora no había acompañado al periodista caído en desgracia en sus emigraciones fuera de Madrid. El poeta, sin duda, buscaba con ahinco un remedio para sus tribulaciones que le dejase volver a trabajar en la capital y reunirse allí con su familia y con sus amigos.

Ahora, el murciano Antonio Arnao también había regresado a su patria chica, otra víctima, como Cañete, privada de su puesto ministerial por la revolución de 1854; desde Murcia, él escribió a su antiguo protector, lamentándose de la *res pública* y aconsejándole que reparase su fortuna mediante la producción de nuevas obras dramáticas y que contase principalmente con la ayuda y amistad de Arjona y Tamayo. [34] Don Manuel, al parecer, no sentía satisfecho con dedicarse sólo a la

---

[32] López Argüello, p. 27.
[33] Fernán Caballero, *Epistolario* (Madrid: Tipografía de la "Revista de Archivos" [*Obras completas*, XIV], 1912), p. 99. Lo subrayado es mío.
[34] Cossío, *Correspondencias*, p. 66. Carta del 25 de agosto.

publicación de la revista sevillana y, en efecto, por estos meses estaba ocupado en concluir el manuscrito de una pieza llamada *El Conde Diego Porcellos*.[35]

No el teatro, sino el periodismo político iba a proporcionarle su billete de vuelta a Madrid. A principios de 1856 salió de Sevilla para tomar parte en la redacción del diario conservador madrileño *El Parlamento* (1854-1859). Periódico matutino, se había juntado con *La España* y *El León Español*, para formar una firme oposición antiunionista al gobierno de O'Donnell. Don Eugenio Hartzenbusch en sus *Apuntes para un catálogo de periódicos madrileños desde el año 1661 al 1780* creyó, sin poder comprobarlo, que el director del periódico fuese don Manuel Moreno López. Gómez Aparicio, en su *Historia del periodismo español*, dice a este respecto: "Preciso es recordar el testimonio de Hartzenbusch porque el nombre de Moreno no apareció una sola vez en el periódico".[36] De inseguros, llegan a ser provocativos los últimos datos a la luz de otra información; Aureliano Fernández-Guerra había informado a Cañete en una carta fechada en Madrid el 19 de diciembre de 1855: "Por lo menos llegaron a mí —le escribió— algunos barruntos de que iba cansándose la fortuna de tenerte alejado de nosotros, y la noticia que venías a la corte a ser casi el alma del periódico de su amigo el señor Marqués del Saltillo".[37] ¿Fue entonces Antonio de Rueda un socio comanditario de la empresa y, una vez más, el que rehabilitó al errante periodista? No sería difícil. De todos modos, el mes de febrero de 1856 encontró al nuevo colaborador de *El Parlamento* pisando el suelo castellano, otra vez dando en Madrid abrazos a sus más íntimos amigos y recibiendo su correspondencia en la Calle de Atocha, 65.

Aunque el sevillano no renovó en *El Parlamento* la antigua sección teatral que había escrito para *El Heraldo*, sus nuevas tareas periodísticas fueron duras y exigentes. Un mal corresponsal cuando se veía profesionalmente ocupado, Cañete no tardaba en recibir en 1856 cartas de amigos como Arnao en las cuales se quejaba de su largo silencio epistolar. Y por el 24 de febrero Fernán Caballero pudo mencionar a

---

[35] El ms. está entre sus papeles en Santander. Drama de cuatro actos en verso, lleva la fecha de 1847. Pero Aureliano Fernández-Guerra le escribió el 6 de mayo de 1855 pidiéndole que concluyese su *Conde Diego Porcellos*.

[36] Pedro Gómez Aparicio, *Historia del periodismo español* (Madrid: Editora Nacional, 1967), p. 417.

[37] Cossío, *Correspondencias*, p. 403.

Fernández Espino esa falta de comunicación: "Nada de extraño tiene —le escribió desde Sanlúcar— que un bullicioso invierno de Madrid haga olvidar a Cañete un tranquilo verano en Bornos. No creo que borre de su corazón nuestra amistad, que es lo que importa". [38]

A pesar de este ligero tono de represión, Fernán Caballero se contaba entre los amigos de Cañete quienes tuvieron el más alto concepto de sus dotes intelectuales. Figura clave de los círculos aristocráticos andaluces, doña Cecilia bien pudiera haber conocido todos los hechos fundamentales de la biografía de don Manuel. Le admiraba por sus ideas políticas, por su crítica y, como la Pardo Bazán más tarde, por su valentía en las luchas. Sobre esto tuvo ocasión de escribir a don Juan Eugenio Hartzenbusch desde Puerto, el 18 de agosto de 1852: "Mucho he hablado de V. (no *mucho* porque nunca se habla *mucho* con Cañete y hombres de su talento, pues siempre parece poco) mucho he hablado de V. con Cañete, ese Paco Montes literario como le llamo, que es nuestra primera espada para despachar las fieras literarias, que embisten sólo por el placer de embestir, o por peores causas —buen ojo, buena mano, excelentes armas, y sin miedo alguno al toro ¿a cuál no despachará?" [39]

Si seguimos momentáneamente la carrera de Cañete a través de la correspondencia de Fernán Caballero, es por la importancia de la novelista, por las continuas referencias que hizo de él en sus numerosísimas cartas de esta época y porque la colaboración de don Manuel con *El Parlamento* no es una buena fuente de información biográfica. Es la misma señora, por ejemplo, quien nos deja saber que Cañete entraba en noviembre de 1856 de subsecretario de Gobernación. [40]

El poeta sentía no menos admiración por los talentos de su piadosa amiga. Para hacerla patente, publicó en agosto de 1856 su poema "Fernán Caballero". Éste fue el período cuando la buena escritora todavía quería esconderse tras su seudónimo. Pero lo azucarado de los versos, el feminismo que insinuaron, la referencia en ellos al ángel

---

[38] Fernán Caballero, *Epistolario*, p. 27. *Verano en Bornos* (1856) es el título de un libro de la autora.

[39] En Theodor Heinermann, *Cecilia Böhl de Fáber (Fernán Caballero) y Juan Eugenio Hartzenbusch. Una correspondencia inédita* (Madrid: Espasa-Calpe, 1944), p. 160.

[40] En Santiago Montoto, *Cartas inéditas de Fernán Caballero* (Madrid: S. Aguirre Torre, 1961), p. 239. Carta fechada en Sanlúcar de Barrameda, noviembre de 1856 y dirigida a don Fernando de Gabriel.

que cubría su sexo y su nombre, revelaron a todo lector sensato que Fernán Caballero era una mujer. Aun en 1859 cuando Cañete incluyó el poema en sus *Poesías* persistió en no revelar "el verdadero nombre de la criatura angelical admirada en España y en Europa bajo el seudónimo de Fernán Caballero". [41] Luego continuó en la misma nota explicativa a su composición: "Los que deseen conocer a fondo la ternura de su corazón, lean sus obras, marcadas con el sello de la más pura moral cristiana, y tan bellas y originales como todos los frutos del entendimiento que nacen al amor de la naturaleza y de la verdad. Talento observador y analítico, sin dejar por ello de abarcar vastos espacios de una sola ojeada; espejo fiel donde se refleja la vida íntima de nuestro pueblo con todo su poesía, Fernán Caballero es ya tan popular entre el vulgo como entre los sabios". [42]

Por mayo de 1856 la autora de *La Gaviota* había empezado a reconocer a Cañete como su "amigo más amigo". [43] La publicación de la poesía "Fernán Caballero" en agosto naturalmente aumentó su cariño; halagó su corazón y tanta fue su íntima satisfacción que, según le escribió a Cañete, iba a contestarle con una pintura en que el poeta figuraba cual "un Prometeo atado a una roca llamada *Parlamento,* cuyo corazón en lugar de ser devorado por el monstruo *política,* se escapa cual un pájaro de *bellísima pluma* y va a reposar sobre la mano que le alarga la musa". Pero la agradecida novelista no terminó el dibujo de tan raro cuadro porque en él habría faltado, dijo, "lo que es para mí lo principal, mi gratitud! ¡Qué composición tan bella y delicada!" [44] Podemos asegurar que en cuanto a esta poesía, la gratitud de doña Cecilia cegó su visión crítica.

En mayo de 1857 la escritora quiso confesar la naturaleza no materna de sus sentimientos para con su más joven amigo. Un rumor, para ella doloroso, le indujo a que se expresara en tan íntimos términos; oyó decir que Cañete y otro literato a quien quería estaban en competencia por un sillón de la Academia Española. No le habló a Cañete de su resultante tristura antes de hacerle primero esta aclaración: "Podría calificar mi amor llamándolo amor de madre, que es el ideal de los amores terrestres; pero como el mío no lo es, ni reconoce tiempo,

---

[41] Manuel Cañete, *Poesías*, p. 273.
[42] *Ibid.*
[43] López Argüello, p. 42. En una carta fechada en Sanlúcar el 3 de mayo.
[44] *Ibid.*, pp. 47-48. Carta fechada en Sanlúcar el 10 de agosto.

ni ausencia, sino que pertenece a sentimientos de alta y eterna esfera, bástame decir que *lo quiero*". [45]

El rumor no fue infundado. La estrella de Cañete había empezado a brillar de nuevo sobre Madrid; ahora, aparte de su puesto con *El Parlamento* desde febrero era el director de la *Gaceta* de la Corte. Además, podía jactarse de tener amigos en la Academia, literatos poderosos (como el marqués de Molins) persuadidos de la validez de su pretensión. En una carta del primero de mayo, Bretón de los Herreros no vaciló en declararle: "De los varios aspirantes a plaza de Académico de la Española, ninguno es en mi concepto con tan buenos títulos como V. y a ninguno daría yo con más gusto mi voto". [46] Pero, siguió el dramaturgo, años atrás había dado su palabra de secundar las ambiciones del más importante rival del periodista, el historiador Modesto Lafuente. Sin embargo, este compromiso no estorbó que aconsejara a Cañete en cuestiones de táctica: "Conviene, no obstante —le advirtió— que se mueva V. mucho, mucho y pronto porque su competidor no duerme..." [47] y Cañete se movió; en julio los periódicos pudieron anunciar que había sido nombrado individuo de la Real Academia en la vacante que resultó por muerte del Barón de la Joyosa. Poetas como Fernando de Gabriel vitorearon al neófito, cantando su triunfo glorioso sobre la adversidad.

No menos satisfecho se sentía José Fernández Espino, todavía el socio de Cañete en la *Revista de ciencias, literatura y artes;* también le proporcionaba placer el discurso de don Manuel leído ante la Real Academia la noche de su recepción pública. Prometiendo insertarlo en la revista, el catedrático alabó el trabajo en una carta del 26 de diciembre de 1858; en ella escribió: "Garcilaso, León y Rioja han sido desentrañados con raro acierto: V. ha bebido admirablemente su espíritu y penetrado en su corazón. Lo que yo sentía de los tres por instinto, lo he visto en el discurso de V. expuesto y demostrado con lógica irresistible". [48] La oración que pronunció Cañete fue sobre la poesía de Garcilaso, Luis de León y Rioja; [94] el orador había paralelado las maneras de observar la naturaleza propias de los tres vates.

---

[45] *Ibid.*, p. 80. Carta fechada en Sevilla, el 20 de mayo de 1857.
[46] Cossío, *Correspondencias*, p. 208.
[47] *Ibid.*, p. 209.
[48] *Ibid.*, p. 361.
[49] *Discursos leídos ante la Real Academia española en la recepción pública de don Manuel Cañete. Paralelo de Garcilaso, Luis de León y Rioja.* Con-

El mismo diciembre (y el día 25) nuestro escritor firmó la dedicatoria a sus *Poesías*. Las setenta y seis que componían el tomo fueron rematadas por la epístola "Al Excmo. señor don Mariano Roca de Togores, marqués de Molins". Es una celebración de la victoria de su fe sobre sus circunstancias:

> ¡Si pudieses saber cuántos pesares,
> Cuánta historia de lágrimas, oh amigo,
> Encierran de mi vida los azares!
> Luché y vencí; y al poderoso abrigo
> De la bondad de Dios, con mi victoria
> Di al que usurpó mi bien noble castigo.
> ¿Qué más alto blasón, qué mayor gloria
> Que ser lanzado al cieno y salir puro.
> Y vivir del inicuo en la memoria
> Como tenaz remordimiento? Muro
> Fue mi pecho infantil a la desgracia;
> Mi constancia y mi fe puerto seguro.
> En vano quiso interesable audacia,
> Sedienta de mi mal, en polvo hundirme;
> Mucho más pudo la celeste gracia. [50]

No solamente fue del ostracismo social que el poeta había logrado escaparse; la muerte también le había vuelto a amenazar según el testimonio de don Eugenio de Ochoa. En una reseña que hizo en *La América* de dichas poesías, mencionó un soneto que llevaba la fecha de noviembre de 1858, llamándola aquella época "en que todos los amigos del poeta le veíamos con dolor entre la vida y la muerte, sobrellevando empero con admirable entereza crueles padecimientos físicos y morales, y encontrando en medio de ellos algún consuelo en el cultivo de su amada poesía". [51]

Este estudio es de los más hermosos que salieron de la pluma del tan elocuente don Eugenio. Juzgó que fueron las políticas las más importantes composiciones de la colección; que muy pocos aventajaron al poeta en hacer tercetos como éstos de la epístola a don Antonio Rodríguez Ojea:

---

testación por el señor don Antonio María Segovia (Madrid: M. Rivadeneyra, 1858), 60 pp.

[50] Manuel Cañete, *Poesías*, p. 251.

[51] Eugenio de Ochoa, "Poesías de don Manuel Cañete de la Real Academia Española", *La América*, III, núm. 10 (1859), 11.

> El numen de las selvas encantado
> estos valles pacíficos preside,
> de su rara belleza enamorado;
>   y del paraje ignoto en que reside
> con sus gigantes robles y laureles
> a todo agitador el paso impide.
>   Ya del invierno precursores fieles,
> rudos vientos los árboles desnudan;
> ya rebosa el panal en rubias mieles,
>   y al otoño benéfico saludan
> con el granado fruto los castaños
> y las encinas que de ser no mudan. [52]

La América fue fundada en marzo de 1857 por don Eduardo Asquerino y "no hubo un solo escritor de relieve, como tampoco un político importante, que no colaborase en esta revista" dice Gómez Aparicio. [53] Naturalmente, entonces, no faltaba el nombre de Cañete en esta "Crónica hispanoamericana", como se subtitulaba el órgano donde apareció la citada reseña de sus *Poesías*. Cañete publicó copiosamente en *La América* entre noviembre de 1859 y marzo de 1866 y es alrededor de este periódico que conviene organizar la historia de su producción crítica en esos años, siendo poco útiles para tal propósito *El Parlamento*, la *Gaceta de Madrid* y *El Reino*, otro diario este último en el cual colaboraba por entonces. Vale la pena mencionar que *El Reino* se fundó en 1859, una semana antes de la declaración de la Guerra de África. De varios que tuvo, nos dice el autor de la *Historia del periodismo español*, "el único que le proporcionó cierta —aun cuando limitada— vitalidad fue el tercer director, don Manuel Cañete, periodista auténtico que simultaneó la dirección de *El Reino* con la de la *Gaceta de Madrid*. Fue en esta época cuando *El Reino* tuvo una vida económica más próspera..." [54]

Aparte de varias poesías sueltas, el crítico contribuyó a *La América* estudios sobre autores hispano-americanos, revistas teatrales, prólogos que había escrito para algunas obras menores, y artículos de bellas artes. Hallamos en el tomo III (1859): "Literatura hispano-cubana. *Gerónimo el honrado*, novela original de don Ramón Piña"; en el IV

---

[52] Cit. en *Ibid*.
[53] Gómez Aparicio, p. 483.
[54] *Ibid.*, p. 509.

(1860): Revistas teatrales en las entregas del 24 de enero, febrero, marzo y abril, y del 7 de julio; sus prólogos a *Deudas pagadas,* de Fernán Caballero y a las *Poesías* del cubano Rafael Mendive; "Crítica literaria. *Anacreónticas de última moda* por don José González de Tejada"; en el V (1861): dos artículos sobre *Iconografía española,* por Valentín Carderera y el primero de cuatro que continuaba después en 1862 sobre la pieza *La Cruz del matrimonio* de Luis de Eguílaz; en el VII (1863): "Literatura. Poetas hispano-americanos. Andrés Bello" (en cuatro artículos); "Bellas artes. Crítica sobre el último cuadro de Antonio Gisbert"; en el VIII (1864): el prólogo de Cañete al nuevo libro de Adolfo Llanos y Alcaraz *La mujer en el siglo diez y nueve;* en el tomo IX (1865): "De la pintura del paisaje en España. Carlos de Haes"; y, finalmente, en el tomo X el prólogo del crítico a los *Cantares* de Melchor de Palau.

Consideremos primero sus artículos sobre los tres hispanoamericanos Ramón Piña, Rafael Mendive y Andrés Bello; muestran que había intensificado su deseo de dar a conocer en España más de lo que se iba publicando en Cuba y en las antiguas colonias. En realidad, los muchos contactos personales que Cañete había tenido con literatos y políticos del Nuevo Mundo explican considerablemente su familiaridad con las letras de aquella parte y su entusiasmo. Había sido el general ecuatoriano Juan José Flores quien le hizo conocer en Madrid las poesías de Olmedo; Domingo del Monte le había facilitado las obras de José Jacinto Milanés; por supuesto, Cañete había podido trabar amistad cariñosa con la Avellaneda, con Narciso Foxá, con el clásico venezolano Baralt y con el fecundo poeta Heriberto García de Quevedo. Según el sevillano, el lector español informado de 1859 había leído algunas composiciones de Heredia o Plácido, conocía por lo menos de oídas a Milanés, Ramón Palma y Narciso de Foxá y, de la inspirada falange de las naciones sudamericanas, se había familiarizado con Olmedo, Echeverría y sobre todo con el castizo y admirable Andrés Bello.

Piña, nos informa el crítico, fue jurisconsulto y escribió a los veinte años *No quiero ser conde,* la primera comedia de costumbres publicada en la isla de Cuba. Añadió que su *Gerónimo el honrado* fue una obra de más sabor filosófico que poético y "una pintura fiel de costumbres habaneras, una vasta galería donde se ven daguerreotipados clases y hombres que apenas se encuentran fuera de aquella sociedad de tan especiales condiciones". [55]

Cañete firmó su prólogo a las *Poesías* [56] de Rafael Mendive el 7 de septiembre de 1860, mandándolo luego a *La América* donde se reimprimió a fines de diciembre. Poeta del sentimiento y de la naturaleza, el joven cubano compuso versos que tenían para Cañete atractivos similares a los que antes había encontrado en producciones de Selgas y Arnao. "La cuerda que suena mejor en la lira de Mendive —aseveró el prologuista— es la que da el tono del amor y de la melancolía. Su alma se dilata en el seno de la naturaleza, contemplando la inmensidad de los cielos, el brillo de los astros, la oscura pompa de las selvas, la plata de los arroyos. Entonces se aduerme en brazos de una *soñadora idealidad* (como dice Byron) y canta con la espontaneidad con que canta el ruiseñor en los bosques". [57] Pero estas alabanzas del crítico no son ilimitadas y sin restricción. Encuentra sí felices muchas inspiraciones de Mendive y señala la suavidad melancólica con que canta a un amigo recuerdos de su infancia en la isla antillana:

> Escucho murmurar la misma fuente
> En cuyas frescas y apacibles ondas
> Mi cabeza infantil sus trenzas blondas
>   Felice contempló.
> El cielo, el bosque, el ave que en la tarde
> A mi ventana a suspirar venía
> La pobre flor que tanto me quería
>   Y tanto quise yo. [58]

Pero Cañete se pregunta por qué el poeta no siempre había querido componer con la misma tierna sencillez y exclama: "¡Habría ganado tanto en huir del bastardo romanticismo entronizado por Zorrilla y deplorables imitadores!" [59]

Cosa curiosa, estas ideas de Cañete iban a ser comentadas favorablemente en 1886 por un enemigo literario. Emilio Bobadilla, "Fray

---

[55] Manuel Cañete, "*Gerónimo el honrado,* novela original de Ramón Piña", *La América*, III, 8 nov. (1859), 9.

[56] Don Rafael Mendives, *Poesías,* precedidas de un prólogo de don Manuel Cañete de la Academia Española (Madrid: Rivadeneyra, 1860), 170 pp.

[57] *Ibid.,* p. xii.

[58] *Ibid.,* p. xv.

[59] *Ibid.,* p. xiv.

Candil", el agudo satírico y compatriota de Mendive, escribiría en la Habana en septiembre de aquel año:

> "Cañete, que será todo lo *neo* que se quiera, y no valdrá tanto como los ultramontanos presumen, ni tan poco como cree Clarín... pero no carece de buen sentido, dice, en su bien escrito prólogo que Mendive hubiera ganado mucho a no haberse dejado llevar del desenfrenado romanticismo de Zorrilla, y yo lo creo. Mucho del desenfado zorrillesco se advierte en los versos de Mendive, como la prodigalidad de epítetos y la carencia de plan en muchas composiciones, defectos muy comunes en los poetas americanos.
> La cuerda que suena mejor en la lira de Mendive es la que da el tono del amor y de la melancolía.
> De acuerdo, señor Cañete, de acuerdo". [60]

Pasemos a Andrés Bello, la tercera figura hispanoamericana a quien Cañete dio atención en *La América*; convendría señalar que su serie de cuatro artículos sobre Bello se publicó solamente dos años antes de la muerte del insigne venezolano en 1865. La publicación de estos estudios no fue el único modo con que don Manuel quiso honrar por entonces al prestigioso filólogo. En efecto, fue a la propuesta del crítico que la Academia Española le había conferido el 28 de febrero de 1861 la categoría de miembro académico correspondiente.

Cañete confiesa que, con la excepción de la "Silva a la agricultura de la zona tórrida", la obra poética de Bello apenas se conocía en la península. Él mismo había hecho reimprimir esta poesía en varios periódicos españoles y ahora quería analizar y presentar al público lector de su país otras composiciones del gramático, las diez que había encontrado en la *América poética*. Varias imitaron el estilo de Víctor Hugo. Al hacer examen crítico de "A Olimpo" el crítico pudo resumir:

> "¡Cosa admirable! Bello que no ha empezado a cultivar las musas hasta muy entrado en años, y cuya elocución literaria y gusto clásico parecían poco a propósito para amoldarse a interpretar cierta clase de composiciones, no sólo ha sabido hacer suyas las de Víctor Hugo, penetrándose bien en su espíritu y carácter, sino les ha conservado su misma índole,

---

[60] Emilio Bobadilla, *Reflejos de Fray Candil* (Habana: La Propaganda Literaria, 1886), p. 173.

su originalidad y frescura, ajustándose en alguna hasta a la rara, caprichosa y extravagante combinación métrica del poema original". [61]

Incluyó también en su estudio nuevos apuntes biográficos que le había proporcionado su amigo y compañero don José Joaquín de Mora, otro colaborador muy activo con *La América*; finalmente, el articulista declaró que el docto ejemplo de Bello había prestado inmenso beneficio a la juventud americana amante de las letras.

Cañete empezó a escribir teatros para esta revista en pleno tiempo de guerra, y, aunque su corazón latía con entusiasmo patriótico durante la crisis nacional, le dolía ver inundarse los teatros con trivialidades marciales como *La toma de Tetuán, Tetuán por España*, o *Un recluta en Tetuán*. Los teatros en estos años estaban pasándolo bastante mal, habiendo tenido que cerrarse Novedades y Lope de Vega y con la futura existencia de la empresa del Circo muy dudosa. Este coliseo había puesto en escena en marzo de 1860, y con gran lujo, *El mal apóstol y el buen ladrón*, de Hartzenbusch; pero el público había mostrado preferencia por otro espectáculo, por las maravillas de un prestidigitador. Todo lo cual hizo preguntar a Cañete con la amargura despectiva y el sarcasmo de "Fígaro": "¿qué valen los rasgos de genio que abundan en el poema dramático de Hartzenbusch comparados con las maravillas de Hermann? ¿Cuándo podrá la prosa, ni aun el verso, convertir un huevo en castaña, por arte de birlibirloque, o sacarle al más pintado un napoleón de las narices? Desengañémonos: el gran éxito de Hermann en Madrid no sólo es justo, sino lógico. En tiempos como los presentes, ¿qué arte noble o bello puede disputar sus fueros a los juegos de manos y a la charlatanería?" [62]

Casi el cuerpo total de las revistas teatrales de Cañete en *La América* fue sobre producciones del fecundo dramaturgo don Luis de Eguílaz. Este poeta, autor de dramas neo-históricos, como los llama Peers, y de comedias burguesas realistas, había podido ganarse a partir de 1853 la alta estimación de varios críticos, siendo preciadas sus piezas *Verdades amargas* y *Una broma de Quevedo*. Sin embargo,

---

[61] Manuel Cañete, "Poetas hispanoamericanos. Andrés Bello. IV", *La América*, VII, 27 de dic. (1863), 13.
[62] Manuel Cañete, "Revista de teatros", *La América*, IV, 24 de dic. (1860), 13.

otras obras suyas, como *Las prohibiciones,* no le habían granjeado tan fausta acogida.

Sería Cañete, quien, escéptico, pondría severamente en tela de juicio la calidad de las facultades poéticas de Eguílaz. Particularmente una revista teatral suya del 24 de enero de 1860 y su larga y negativa reseña dos años después de *La Cruz del matrimonio* sirvieron para rebajar al autor dramático en la opinión de muchos. Bastante conocidas han llegado a ser estas palabras de su artículo sobre Eguílaz: "Pocos años hace que empezó éste con *Verdades amargas* su carrera de escritor dramático, bajo los auspicios de don Eugenio de Ochoa (crítico insigne, tan distinguido por su saber como por su benévola imparcialidad), y halagado y generosamente favorecido por el excelente actor Joaquín Arjona; y sin embargo, el discurso de esos breves años ha bastado para que hoy, en la flor de su vida, cuando parecía su inteligencia debiera estar en aptitud de producir los más sazonados frutos, aparezca ante la crítica imparcial llevando en sus obras el sello de una vejez prematura".[63] Pero si Eguílaz era de verdad prematuramente viejo como estilista, no estaba ya difunto artísticamente ni dispuesto a dejarse perecer; el 28 de noviembre de 1861, la noche del estreno de su *Cruz del matrimonio,* recibiría una corona de laurel y las felicitaciones de Hartzenbusch y de Agustín Durán. "Entre los que resistieron la corriente de la opinión —ha observado el padre Francisco García Blanco— estaba el crítico Cañete, que, apelando a un examen prolijo inflexible, lanzó sobre la comedia una serie de acusaciones no del todo imparciales, pero sí temibles y fundadas. El tiempo le ha venido a dar en parte la razón". Y el autor de *La literatura española en el siglo XIX* explica por qué: "pues mientras viven y vivirán con inmarcesible juventud *Un drama nuevo, Lo positivo, El tejado de vidrio, El tanto por ciento* y las demás obras maestras de Ayala y Tamayo, para no recordar las del romanticismo; mientras reciben constantemente de propios y extraños un tributo de universal admiración, va decreciendo paulatinamente la que excitó *La Cruz del matrimonio*".[64] No es necesario repetir íntegra aquí esa serie de acusaciones que menciona el historiador literario; baste decir que Cañete halló en la obra falta de movimiento, una exposición demasiado pro-

---

[63] Manuel Cañete, "Revista teatral", *La América,* III, 24 de enero (1860), 13.
[64] Blanco García, *La literatura española,* II, p. 206.

longada y redundante y versos escabrosos y prosaicos como "ya está el té y no hay taza".

La influencia de Cañete sobre el teatro de Madrid se vio, sin duda, reducida en comparación con la que ejerció en sus tiempos con *El Heraldo*, aunque ahora podía hablar con la autoridad de un académico; de todos modos, en estos primeros años de su vuelta a la capital, la fuerza persuasiva de su crítica era todavía algo que temer. Por ejemplo, el historiador Antonio Cabanilles, uno de los primeros conversos de Cañete en su campaña contra Eguílaz, ya había escrito lo siguiente a Fernán Caballero en otoño de 1856: "Cañete es un coloso; ¡qué pequeño me pareció Eguílaz a través de la crítica de aquél!" [65]

En marzo de 1860 Cañete terminó su prólogo para *Deudas pagadas*, un nuevo libro de Fernán Caballero; el 24 del mismo mes lo insertó en las páginas de *La América*. Este exordio fue una explicación, esencialmente, de la historia de la novelilla, de las circunstancias de su publicación. Aproximadamente la tercera parte del prólogo provino de un artículo sobre Fernán escrito por otro literario y que se había publicado en enero de 1860 en la *Revue Britannique*; la materia insertada se debió a Antonio de Latour, el secretario francés de los Duques de Montpensier y buen amigo de la escritora. La Duquesa de Montpensier fue la hermana de la reina Isabel y algunas personas, nos dice el hispanista, le habían dispensado el honor de preguntarle si Fernán Caballero era en realidad la Duquesa.

Cañete, en su parte de la introducción, aclara que el secretario fue quien le facilitó el manuscrito de *Deudas pagadas* para que se publicase en el periódico *El Reino*, informándole al mismo tiempo que habría que hacerse también una edición separada. Por consiguiente el periodista se encargó de esta edición, costeada por el Duque de Montpensier y cuyos productos en venta se destinarían a los heridos de la Guerra de África.

Todo iba bien hasta que doña Cecilia supo a fines de marzo de 1860 que se habían firmado los preliminares de la paz (la paz que se verificaría el mes siguiente con el tratado de Tetuán). Impaciente, ella escribió a Cañete el 2 de abril: "Quiero evitar a toda costa el desaire inevitable que no se venda ni uno, y que la benévola y augusta persona que se ofreció a costear su costo en favor de los heridos,

---

[65] López Argüello, p. 62.

haga un desembolso que nada reporte a éstos... Si por desgracia estuviese empezada la impresión, suplico a usted, por Dios, que se suspenda". La razón porque se sentía tan consternada la señora era que su cuadrito pintaba el heroísmo de los soldados españoles y, siendo así una cosa de circunstancias, temía que no hubiese de interesar después de la paz, habiéndose por entonces enfriado mucho el entusiasmo patriótico del pueblo. A éstas añade otras palabras más personales: "Perdone usted, mi muy querido amigo, que le diga que usted no debería haber admitido el cargo de correr con esa impresión, en vista de que no podía materialmente por falta de tiempo, y debería haber aconsejado que la hiciese aquí [Francisco] Álvarez bajo mi inspección, que habría corregido las pruebas y dado prisa como que era la interesada, y se habría concluido en cuatro días". [66]

Cañete contestó a los dos días. Exasperado, no quiso disimular la mala impresión que lo pedido le causaba. Atacando a la carta de Fernán por su flanco más débil, le aseguró que había sido muy injusta con el pueblo español si creía que comprase su libro por razones menos nobles que las de ser de ella la novela y destinada la obra a un objeto humanitario. Herido en su amor propio, defendió así su actuación como editor: "Dice usted que he hecho mal de encargarme de esa impresión, que sin embargo, saldrá a luz mucho antes que el *Romancero de la guerra de África*,[67] destinado al mismo objeto (bajo condiciones más difíciles, porque ha de ser mucho mayor su precio, como que es de gran volumen) y que no ha empezado, ni en algunos días empezará aún, a imprimirse. Tiene usted razón, mi querida amiga. Su carta de usted me ha convencido de que he hecho mal, muy mal, en aceptar ese encargo, y por ello pido a usted mil y mil perdones".[68] Pero mucho ruido y pocas nueces. No hay el menor eco de esta discordia en el prólogo que, al fin y al cabo, Cañete había de

---

[66] *Ibid.*, pp. 151, 152.
[67] *El Romancero de la Guerra de África*, presentado a la Reina doña Isabel II y al Rey su augusto esposo, por el Marqués de Molins (Madrid: M. Rivadeneyra, 1860), 391 pp. Cañete era contribuidor. Dice Narciso Alonso Cortés hablando de los romanceros del siglo XIX: "Entre los de colaboración, el más conocido y mejor —aunque en él hay de todo— es el Romancero de la Guerra de África (1860), iniciado en la tertulia literaria del Marqués de Molins". "El lastre clasicista en la poesía española del siglo XIX", en *Estudios hispánicos. Homenaje a Archer M. Huntington* (Wellesley, Mass.: Wellesley College, 1952), p. 4.
[68] López Argüello, p. 154.

escribir con su habitual elocuencia y para esa misma proyectada edición de *Deudas pagadas* que no dejó de publicarse.

La asociación de Cañete y de Latour tendría otras consecuencias para las letras en aquel año de 1860. Volviendo a publicar ese octubre en la *Revue Britannique,* el secretario de los Duques de Montpensier dio a luz un artículo sobre José González de Tejada, un joven poeta de veinte años; este estudio, más tarde incluido en el libro *Études littéraires sur l'Espagne contemporaine* (París, 1864), se ve también en la segunda edición de las *Anacreónticas de última moda,* [69] (el título del tomo del nuevo versificador), al lado de juicios críticos de Manuel Cañete sobre la misma colección. El académico se había adelantado a su compañero francés ya saludando con su crítica a don José desde las páginas de *La América* en un artículo del 8 de julio de 1860. Además fue de Cañete que Latour recibió su primera noticia del poeta, en una conversación que sucedió entre los dos, terciada por don Aureliano Fernández-Guerra. El francés apuntó esta charla palabra por palabra en su artículo, el mismo que, como hemos dicho, precedió más tarde a la segunda edición de las anacreónticas. Afirmando que la reunión tuvo lugar en Madrid, una noche del invierno de 1859, el hispanista recuerda éstas y otras palabras que le dirigió Cañete mientras dialogaban:

> "Escuchad un momento. Hace algunos días hemos asistido los dos a una lectura que para nosotros ha sido una revelación. El lector era un joven estudiante, casi un niño, y nos leyó una colección de poesías satíricas de forma inesperada. Todos los días se dan a conocer jóvenes dotados de ingenio poético. A los veinte años, con una pasión en el alma ¿quién no ha sido poeta? ¿Quién no ha sido a lo menos poeta de su amor? Pero aquí lo que nos maravillaba era encontrar unidas una rara sencillez en el autor y una gran malicia en la obra. Vuestro Lafontaine sé perfectamente que ofreció ese singular contraste, por lo cual mereció que otro de vuestros poetas dijera de él que 'Fit sans être malin ses plus grandes malices' ". [70]

---

[69] *Anacreónticas de última moda* por don José González de Tejada, 2.ª ed. Con los juicios críticos de don Manuel Cañete y Antoine de Latour (Madrid: Imprenta y Estereotipia de Aribau y Cía., 1879), xlviii-85 pp.

[70] *Ibid.,* p. xxix.

No es necesario explorar más las ideas de don Manuel respecto a las *Anacreónticas de última moda*; nos contentaremos con indicar que dentro de poco Fernández Espino tradujo el artículo de Latour y lo publicó en la *Revista*, animado a ello, según toda probabilidad, por su célebre socio en Madrid.

Tampoco nos detendremos en el prólogo de don Manuel a *La mujer en el siglo diez y nueve* (1864) de Llanos y Alcaraz,[71] para poder pasar al que hizo para los *Cantares* de don Melchor de Palau, otro joven, como González de Tejada, de unos veinte años de edad.[72] En este prólogo Cañete examinó el postulado que decía que el pueblo era "un gran poeta"; sus reparos en este caso causaron una polémica con Fernán Caballero que Menéndez Pidal ha llamado "curiosa".[73]

Cañete creía que los cantares de bella forma que se solían atribuir al pueblo no podían ser obra de gente rústica e ineducada, sino de verdaderos poetas; el papel del vulgo, en su concepto, era el de apropiar y hacer suyos versos en armonía con su manera de pensar y con los sentimientos de su corazón; además, juzgaba, las más bellas y delicadas de estas poesías pasaban de boca en boca, y, una vez olvidados los verdaderos creadores de ellas, pasaban por ser un fruto espontáneo nacido entre el anónimo poeta que era el pueblo. En su prólogo a los *Cantares* dio este ejemplo de una creación vista generalmente en 1866 como una poesía espontánea y privativa del vulgo, la seguidilla que cantaba:

> Amoroso suspiro,
>   vuela a mi bella;
> vuela tan silencioso
>   que no te sienta.
> Y si te siente
> dile que eres suspiro
>   no de quien eres.

---

[71] *La mujer en el siglo diez y nueve*, hojas de un libro originales de Adolfo Llanos y Alcaraz, precedidas de un prólogo por don Manuel Cañete de la Academia Española (Madrid: Librería de San Martín, 1864), xv-415 pp. Hay otras ediciones de Lima, 1865 y México, 1876. El prólogo fue publicado en "Amena literaria", *La América*, 12 junio 1864.

[72] Melchor de Palau, *Cantares* (Madrid: Imprenta de Manuel Galiano, 1866), xxvii-108 pp. Precedidos de un prólogo de don Manuel Cañete de la Academia Española.

[73] Ramón Menéndez Pidal, *Romancero hispánico (hispano-portugués, americano y sefardí)*, I (Madrid: Espasa-Calpe, S. A., 1953), p. 26.

Pero el verdadero padre de estos versos fue el humanista y maestro don Alberto Lista y Aragón.

Don Manuel sabía que el concepto de una poesía popular, inspirada por Dios, poesía en fin, de la sencilla musa del pueblo y superior a la poesía de arte, fue cosa admitida por literatos tan discretos como Emilio Lafuente, Antonio de Trueba y Fernán Caballero. Pero aún cuando reconocía el alto valor de la opinión de tales intérpretes, le parecía que el vulgo, "en quien se pretende con avieso espíritu vincular el nombre del pueblo, lejos de producir hermosas flores poéticas, vicia y afea las que se apropia engendradas en las casas de hombres que saben". [74]

Nada más a propósito para punzar a la hija de don Nicolás Bohl de Fáber que estas palabras. Y se habrá sentido doblemente traicionada recordando que sólo cuatro años antes había regalado su fotografía al prologuista con la dedicatoria: *A Manuel Cañete. Al mejor de los hombres y de los amigos*. Confesando su dolor y su sorpresa, le escribió el 21 de abril de 1866: "¡Y dice usted que entre abrojos no pueden nacer rosas! Por mí, pienso al contrario; que en ningún estrecho invernadero pueden desarrollarse las flores como al aire libre, que les es propio. No es decir que las obras de arte y de buen gusto, como son en primer término, las de Racine en Francia, don Nicasio [Gallego] y Reinoso entre nosotros, no tengan un mérito grande, admirable"; y continúa negando que la poesía se halle más entre estas obras que en el pueblo. [75]

Pero la resoluta apologista no logró convencer a Cañete de otra aptitud poética natural existente entre el pueblo que la de un gran poder de asimilación. En años posteriores el crítico repetiría su argumento en prólogos a las *Poesías, cantares y leyendas* (1879) de Mariano Catalina y a los *Cantares* (1890) de M. Serrano de Iturriaga. [76] En esta colección afirma que Trueba, Lafuente y Fernán Caballero no habían sido los únicos de noble carácter que eran ofuscados por ésta, para él, errónea creencia en un genio creativo delicado entre rústicos.

---

[74] En Palau, *Cantares*, p. xvi.
[75] López Argüello, p. 185.
[76] *Poesías, cantares y leyendas* de Mariano Catalina con un prólogo de don Manuel Cañete (Madrid: Imprenta y Fundición de M. Tello, 1879), xxxviii-324 pp. Don M. Serrano de Iturriaga, *Cantares*, precedidos de un prólogo por don Manuel Cañete (de la Academia Española) (Madrid: Librería de don Antonio de San Martín, 1890), xvii-119 pp.

Ahora señala a Gustavo Adolfo Bécquer quien declaró en su prólogo a las coplas de Augusto Ferrán, que "el pueblo ha sido y será siempre el gran poeta de todas las edades y de todas las naciones". "Romántica exaltación", "música celestial", fue, en la opinión de Cañete la designación del pueblo como poeta por excelencia, no obstante la innegable superioridad de los doctos tales como Horacio, Virgilio, Dante, Petrarca o Ausías March.[77] Podríamos añadir a propósito del malogrado Bécquer, que, poco reconocido en vida, nunca recibió, aparentemente, ni el favor ni la protección del crítico a pesar de ser poeta, pobre, un sevillano en Madrid y pariente de amigos de Cañete. A la verdad, en este libro de 1890, el prologuista le llama con notable falta de perspicacia un ingenio desgraciadísimo "a quien se ha otorgado aquí y en la América española importancia tal vez mayor que la debida".[78]

En suma, Cañete publicó también en *La América* este prólogo a los *Cantares* de Palau; su artículo apareció el 12 de marzo de 1866. Para poner fin a nuestra delineación de lo que contribuyó a esta revista, hablaremos de una sola de sus varias colaboraciones en ella relacionadas con las bellas artes. Fue su reseña del libro *Iconografía española,* publicado por el pintor don Valentín Carderera en 1860. Esta colección de láminas y estudios histórico-artísticos se relacionaba con retratos, mausoleos y otros monumentos de reyes, reinas, grandes capitanes, escritores y otros personajes célebres de España, desde el siglo XI hasta el siglo XVII. Cañete halló que la *Iconografía española* hizo al pintor benemérito del arte y que fue otra prueba de los admirables progresos que se habían ido realizando en España respecto a la publicación de ediciones lujosas y de obras sobre riquezas monumentales; tan grande fue este adelanto que "si allá cuando se tenía casi por una maravilla y por un acto heroico la publicación de un semanario como El Artista [1835-1836], hubiera alguien hablado de dar a la estampa una obra semejante a la que ya entonces había emprendido y va llevando a cabo tan felizmente el señor Valentín Carderera, los hombres sensatos se habrían reído tomándolo por locura y exclamando en tono de lamentación: ¡*eso no se puede hacer en España*!"[79] Sin embargo, continuó Cañete, habían aparecido durante

---

[77] Iturriaga, *Cantares,* pp. xiii-xiv.
[78] *Ibid.,* p. xii.
[79] Manuel Cañete, "Bellas Artes". Iconografía Española, etc.", *La América,* V, 8 de julio (1861), 12.

los años intermedios monumentos de las letras castellanas como la *Biblioteca de autores españoles*, de Rivadeneyra, "colección desigual, pero rica y utilísima en muchos ramos y por diversos conceptos"; también habían formado parte de esta nueva prodigalidad los numerosos tomos de los *Recuerdos y bellezas de España*, sobre antiguallas históricas, el *Diccionario bibliográfico-histórico de los antiguos reinos, provincias, ciudades, villas, iglesias y santuarios de España*, por don Tomás Muñoz y Romero, y el *Catálogo bibliográfico y biográfico del teatro antiguo español, desde sus orígenes hasta mediados del siglo XVIII*, por don Cayetano Alberto de la Barrera, libro "que en su género acaso no tenga rival en ninguna de las literaturas modernas"; además, el crítico mencionó nuevos estudios que estaban en prensa como el primer tomo de la *Historia de la literatura española*, de Amador de los Ríos, o los que se emprendían a expensas del Estado bajo el título de *Monumentos arquitectónicos de España*. [80]

En su capacidad de académico, Cañete iba a ser uno de los socios más fecundos en la producción de tales obras de carácter histórico. Su fuerte fue la historia del teatro primitivo español; tras perseverantes investigaciones logró dar noticias de varios dramaturgos antiguos desconocidos u olvidados en el siglo XIX.

Muerta su madre en 1861, la Academia se convirtió en el centro de su existencia. En el capítulo siguiente consideraremos la labor que cumplió como individuo en ella y las polémicas que causó aun ésta la parte menos mundana de su vida literaria.

---

[80] *Ibid.*, 12 y 13.

Capítulo VI

CAÑETE EN LA ACADEMIA ESPAÑOLA

Académico, Cañete pronto se hizo conocer como un gran experto sobre los orígenes del arte dramático en España y sobre cuestiones del antiguo teatro religioso en particular.

Se estrenó en este sentido con el segundo de los discursos que pronunció ante la Academia. El 28 de septiembre de 1862, en junta pública para solemnizar el aniversario de la fundación del Cuerpo, don Manuel leyó su *Discurso acerca del drama religioso español antes y después de Lope de Vega*.[1] En su examen quiso demostrar que lo mismo en la antigüedad que en la edad media, cuna del drama moderno, el teatro había nacido y se había desarrollado en el seno de la religión. Los sacerdotes católicos, dijo, quienes fueron los "fieles custodios de las literaturas griega y romana, llegaron a conocer que el teatro, que había servido para ensalzar las obscenas acciones de los ídolos del paganismo, debía ser pregonero de las verdades más importantes al acrecentamiento de la felicidad humana. Entonces nació el teatro moderno, y nació en las iglesias, con distinto carácter del que tuvo en la antigüedad, y con muy diversa forma de la que pretendieron luego imponerle, y le impusieron en muchas partes, los preceptistas del renacimiento italiano".[2] Las representaciones en estos albores ilustraron en forma muy sencilla la doctrina cristiana y las

---

[1] *Discurso acerca del drama religioso español antes y después de Lope de Vega,* por don Manuel Cañete, Individuo de número de la Real Academia Española, y leído en Junta Pública celebrada por dicha Corporación el día 28 de setiembre de 1862 (Madrid: Imprenta de Manuel Tello, 1862), 41 pp.
[2] *Ibid.,* p. 8.

primeras eran pasos del nacimiento y de la Pasión de Cristo. El Catolicismo, continuó Cañete, había de dar unidad no sólo al teatro primitivo, sino a todo el arte español; a medida que la comedia profana se desarrollaba y se perfeccionaba en Lope de Vega, en Tirso, en Calderón y en Moreto, lo mismo estaba pasando con el teatro religioso. Por su índole y singularidad, arguyó el orador, este drama católico antiguo, desdeñado por los historiadores, merecía mayor atención. "Ahora bien —preguntó— ¿es justo que los eruditos, historiadores y críticos que han hecho asunto en sus investigaciones y juicios nuestra primitiva escena, aparten sus ojos de las piezas religiosas para realzar las profanas, tan pronto como Juan del Encina acomete indeliberadamente la empresa de seculizar el teatro?" [3]

Y para estimular más la curiosidad de su auditorio, Cañete recitó trozos dialogísticos de obras antiguas y de asunto sacro. Hubo entre ellas: la que llamó *Romance a los Reyes Santos* y que hoy lleva por título *El Auto de los Reyes Magos*; la representación de la parábola del Ciego de nacimiento, pieza incluida en el *Cancionero* de Sebastián de Horozco; y la *Obra d'El Pescador*, compuesta por Bartolomé Aparicio, con su dramática descripción del parto de María sin dolor; es la Virgen Madre misma quien en ella exclama:

> ¡Oh soberano Señor!
> Ya se allega la hora y punto
> De mi parto sin dolor.
> ¿Qué alegría y resplandor
> Sale de mí todo junto!
> ¡Oh mi hijo glorioso
> De mis entrañas salido!
> Levantaos, mi buen esposo,
> Y veréis a Dios nacido. [4]

Cañete conoció la *Obra d'El Pescador* por medio de una edición sevillana hecha en 1611 y había encontrado el romance a los Santos Reyes en un manuscrito inédito, las *Memorias y disertaciones que podrán servir al que escriba la historia de la iglesia de Toledo*. Estas memorias, compuestas antes de 1785, fueron de don Felipe Fernández Vallejo, dignidad de la iglesia de Toledo, y, después de dicha fecha,

---

[3] *Ibid.*, p. 14.
[4] Cit. en *Ibid.*, p. 25, n. 1.

arzobispo de Santiago. Hablando del docto prelado, dijo don Manuel: "El mismo erudito investigador da a conocer íntegra en la Disertación VI sobre las Representaciones poéticas en el Templo y Sybila de la noche de Navidad una representación de la fiesta de la Epiphanía, que estima compuesta en el mismo siglo XIII, y que se halla en un códice de la iglesia primada, escrita como si fuera en prosa, con el epígrafe: "Romance a los Reyes Santos".[5] Según Alfredo Morel-Fatio el manuscrito de las *Memorias* de Fernández Vallejo fue adquirido a comienzos del siglo XIX por don Bartolomé José Gallardo, pasando después de su muerte a manos de su sobrino y de los bibliógrafos Manuel R. Zarco del Valle y José Sancho Rayón. Cañete indica claramente en su discurso que estos señores, buenos amigos suyos, habían tenido la bondad de franquearle el manuscrito. El hispanista francés añade que José Amador de los Ríos también lo pudo examinar de esta manera y no quiere aceptar "la découverte qu'il prétendait avoir faite en 1845 du romance", descubrimiento anunciado por don José en su *Historia crítica de la literatura española*. Basaba su negativa en el hecho de que un monje agustino llamado Frías ya había consagrado al códice donde estaba transcrito el drama medieval una breve noticia en el catálogo de la Biblioteca de Toledo. Y pone fin a sus argumentos diciendo: "En même temps que Los Ríos annonçait au publique la prétendue découverte du romance et en citait quelques vers (*Hist. crit.*, t. II, p. 431 et 437), un autre érudit, don Manuel Cañete le décrivait, d'après les fameuses *Memorias*, dans un *Discours sur le drame religieux espagnol avant et après Lope de Vega*, prononcé a l'Académie Espagnole le 28 septembre 1862 et imprimé à cette date".[6]

No menos enredada fue la historia moderna del *Cancionero* de Horozco. Cañete era dueño de una copia de la comunicación dirigida el 13 de junio de 1845 por don Bartolomé José Gallardo a don Antonio María Araoz, director entonces de la Biblioteca Colombina de Sevilla; en su misiva don Bartolomé reclamaba la devolución del *Cancionero* diciendo le fue robado cuando ocurrieron sucesos políticos del 13 de junio de 1823. Para resolver la disputa, don Aureliano Fernández-Guerra fue nombrado el árbitro. Muerto don Juan Gámez, de

---

[5] *Ibid.*, p. 10.
[6] A. Morel-Fatio, "K. A. Martin Hartmann. Ueber das altspanische Dreikoenigsspiel", bajo "Comptes rendues", *Romania*, IX (1880), 465.

quien afirmaba Gallardo haber adquirido el manuscrito y no comprobado que el documento entró en la Biblioteca después de junio de 1823, el mediador falló que la Colombina tenía, en efecto, legítima posesión. Ahora, al preparar su *Catálogo bibliográfico y biográfico del Teatro antiguo español desde sus orígenes hasta mediados del siglo XVIII* (1860), don Cayetano A. de la Barrera manejó antes de Cañete los apuntamientos inéditos de Gallardo relativos a Sebastián de Horozco, valiéndose al mismo tiempo de las pocas noticias bibliográficas que dejó sobre él don Nicolás Antonio en el segundo tomo de su *Biblioteca Nova*. Pero —declaró Cañete— "he sido yo el primero, que sepamos, a quien ha cabido en suerte dar al público idea de tales obras, por haberme franqueado la exacta copia que hizo Gallardo del *Cancionero* de nuestro dramático, mis muy queridos amigos los eruditos don Manuel R. Zarco del Valle y don José Sancho Rayón".[7] Se refirió, por supuesto, a su discurso ante la Academia en 1862.

Tres años más tarde, don Manuel, en septiembre de 1865, hizo un viaje a Sevilla con el objeto de continuar estudiando el *Cancionero de Horozco* en la Biblioteca Colombina. Con tales antecedentes histórico-literarios, cuál no sería su sorpresa al leer en algunos opúsculos relativos al pintor Francisco Pacheco y al dramático Sebastián de Horozco, publicados por don José María Asensio y Toledo a fines de 1867, que el objeto de este nuevo estudio fuese el siguiente: "añadir el nombre de este poeta dramático a los de los ya conocidos; tarea tanto más grata y de tanto mayor interés, cuando que de Sebastián de Horozco no hablaron Moratín, ni Bohl, ni Schack, ni Ticknor, ni González de Pedroso, ni Ríos, ni aun el señor don Manuel Cañete en su erudito prólogo a las Farsas de Lucas Fernández [1867], en el cual se da noticia de treinta y ocho dramáticos, no conocidos por sus predecesores".[8] Asensio sí pudo mencionar las breves referencias a Horozco encontradas en el *Catálogo del teatro antiguo* de don Cayetano de la Barrera; Cañete no perdió tiempo en informarle de las otras contribuciones que ya hemos notado en una *Carta al señor don José María Asensio y Toledo* que publicó en enero de 1868; en la misma carta el académico rectificó amistosamente otros errores bibliográficos que halló en los opúsculos y negó que Sebastián de Horozco

---

[7] Manuel Cañete en *Carta al señor don José María Asensio y Toledo, sobre sus opúsculos relativos al pintor Francisco Pacheco y al dramático Sebastián de Horozco* (Madrid: Imprenta de Tejado, 1868), p. 14.

[8] Cit. por Cañete en *Ibid.*, p. 10.

fuese el anónimo autor del *Lazarillo de Tormes*; llamó "coincidencia" el que los versos "pues que olistes el tocino / ¿cómo no olistes la esquina?" de la obra de Horozco *Representación de la Historia Evangélica del capítulo nono de Sant Joan* se pareciesen tanto a una frase de la novela picaresca. Tampoco era prueba perentoria, sostuvo, "en favor de la originalidad de la historia evangélica de Horozco, el ser, como Vd. supone, anterior a 1548, y haberse publicado el Lazarillo por vez primera en Amberes en 1553. Ignoro si es ésta, en efecto, la primera edición de tan aguda novela".[9] Pero Asensio reprodujo en 1874, en una edición de los *Bibliófilos andaluces*, esta *Representación de la historia evangélica*, con su fecha desconocida y su episodio de Lazarillo y el ciego que choca contra un poste; insinuó que por las analogías entre la pieza y la novela que Horozco pudiera ser el novelista también, idea todavía sostenida cuarenta años más tarde por Julio Cejador y Frauca. Sin embargo, la crítica posterior se ha inclinado más hacia otras atribuciones o hacia el aceptar como anónima esta obra de ignota paternidad. De todos modos, el nuevo interés en los antiguos autores del teatro religioso español tuvo efectos incidentales de verdadera importancia para la historia de la crítica literaria.

Don Juan Valera no se mostraba muy impresionado por estos eruditos desenterramientos. Desde 1861 compañeros en la Academia, él y Cañete habían de sostener una polémica que se ha llamado "brillante";[10] discutían la magnitud de la influencia del teatro litúrgico sobre el desarrollo del teatro español tradicional. Los problemas centrales de ésta y otras controversias entre ellos, las principales diferencias doctrinales de los dos participantes, ya han sido delineados cabalmente por la escritora Edith Fishtine [Helman]. En su libro *Don Juan Valera, the Critic* (1933), señaló que en sus respectivas estéticas se encuentran ideas antípodas. Para Cañete, dice, el poeta cristiano es superior porque recibe directamente su inspiración de la naturaleza, obra de Dios. Lo mitológico le parece inferior, arcaico, fuera de lugar en producciones modernas de poesía. Ya en 1859, comentando los discursos de Cañete y de Segovia sobre Garcilaso, Fray Luis y Rioja, Valera escribió que don Manuel se equivocaba al calificar de ana-

---

[9] *Ibid.*, p. 22.
[10] Por Emilio Cotarelo y Mori en "Juan del Encina y los orígenes del teatro español", en *Miscelánea española*, I (Madrid: Imprenta de la "Revista Española", 1901), p. 8, n. 2.

cronismos imágenes paganas en poesías de cristianos; con sus gustos clásicos y su amor por la belleza de los mitos antiguos, Valera creía todo lo contrario; pensaba, como nos informa la autora, que el arte cristiano vino a completar al de la antigüedad en vez de venir a reemplazarlo.

En cuanto al teatro, Valera quería refutar las teorías de Cañete sobre lo grande que fue la importancia histórica del drama religioso y atacar el prejuicio de éste a favor de inspiraciones católicas. Pero sería de más aquí repetir los numerosos argumentos que adujo, los pormenores minuciosos de sus reparos. Después de todo, don Juan dedicó unas treinta y cinco páginas a su artículo "Sobre el discurso acerca del drama religioso español, antes y después de Lope de Vega"; además, de extensión menos ambiciosa, pero respetable, fueron sus comparables noticias literarias sobre la *Tragedia llamada Josefina*, o sea, sobre la edición de la obra prologada por Cañete y publicada en 1870 por la Sociedad de Bibliófilos españoles. Preferiríamos limitarnos a citar un trozo del pensamiento crítico de Valera donde resume los puntos más esenciales de la polémica. El lector deseoso de más abundante documentación puede consultar el mencionado libro *Don Juan Valera, the Critic*, o, naturalmente, el segundo tomo de los *Estudios críticos* del aristocrático comentarista.[11] Recapitulando estos puntos Valera declaró en 1870:

> Para el señor Cañete, el teatro moderno es hijo legítimo de la civilización cristiana: ha nacido en el santuario: todo, o casi todo, se lo debe al santuario. Y yo, sin negar que el teatro, si no ha nacido, ha renacido y se ha criado en el santuario, como todas las ciencias y artes, porque, durante ciertos períodos bárbaros y tenebrosos de la Edad Media, ninguna cultura era posible fuera de él, suponía como no podía menos de suponer, que la imitación de los poetas dramáticos, griegos y latinos, no se abandonó nunca.... que al lado del *teatro hierático,* hubo un *teatro aristocrático* y erudito, fundado en parte en la imitación de los autores gentiles, y un *teatro popular,* hijo de la espontánea propensión de los hombres a

---

[11] Edith Fishtine, *Don Juan Valera, the Critic* (Bryn Mawr, Pennsylvania: University Press, 1933), 120 pp. Disertación doctoral. Juan Valera, "Sobre el discurso acerca del drama religioso español, antes y después de Lope de Vega, escrito por don Manuel Cañete, individuo de la Real Academia Española", en *Estudios críticos*, II, 2.ª ed. (Madrid: Francisco Álvarez, Editor, 1884), pp. 227-263.

remedar por medio del arte las acciones humanas. Esta opinión no es propia mía: es la opinión de Magnin, de Wolf y de casi todos los autores que han hablado del origen del teatro en todos los pueblos de Europa. [12]

Faltaban en esta polémica esos odios que antes encontramos en luchas entre Cañete y sus antiguos adversarios. En realidad, Valera sentía cariño y simpatía por don Manuel y hasta llegó a llamarle en su correspondencia "mocito soltero"; [13] sentía, además, respeto por su compañero como crítico, creyendo, como Menéndez Pelayo más tarde, que Cañete era el hombre más capacitado para escribir una nueva historia del arte dramático en España antes de Lope de Vega. "Me complazco en repetir —escribió en su reseña de la *Tragedia llamada Josefina*— que nadie es más a propósito que él para llevarla a feliz término". [14] Además, Valera reconocía cuánta falta hacía una nueva y

---

[12] Juan Valera, "Noticias literarias. *Tragedia llamada Josefina*, etc.", *Revista de España*, XIII (1870), p. 313. Estos juicios de Valera se aceptan hoy. Escribió Alfredo Hermenegildo en 1961 sobre el teatro religioso: "Tuvo un grave inconveniente este teatro para alcanzar un buen desarrollo. Su fidelidad a la Sagrada Escritura y, sobre todo, la vigilancia constante de la Iglesia, que no consentía alteraciones en las verdades bíblicas, le hicieron desenvolverse dentro de unos límites muy estrechos, donde la potencia creadora del autor veía mermadas sus posibilidades. Por este motivo, es incomprensible cómo Cañete quiso sentar los cimientos del teatro español en estas tragedias religiosas. Aun contando con el indudable peso que tuvieron las funciones litúrgicas en el nacimiento del teatro primitivo en nuestra patria, seguimos la opinión de Wolf, Lavigne, Bülow, Valera y tantos otros, que han considerado a *La Celestina* como la verdadera raíz de nuestro teatro". En *Los trágicos españoles del siglo XVI* (Madrid: Fundación Universitaria Española [*Publicaciones*, VI], 1961), p. 71.

[13] En una carta inédita en la Biblioteca de Menéndez Pelayo, fechada en Lisboa, el primero de abril de 1883. Cinco años más tarde escribió, el 23 de agosto de 1888, una carta a Carmen Valera Delavat en la cual expresó su alta estimación de los talentos epicúreos de Cañete: "estuve a almorzar con Manuel Cañete. No me explico cómo la gente vive tan bien con tan poco dinero y me humilla pensar lo torpe que soy. No puedes figurarte lo bien y lo elegantemente que Cañete me dio de almorzar y con qué orden tiene su casa. ¿De dónde saca para esto? Yo me quedo turulato". En Cyrus C. DeCoster, *Correspondencia de don Juan Valera (1859-1905)*, (Valencia: Editorial Castalia, 1956), p. 158.

[14] Valera, "Tragedia", p. 312. Ha escrito Menéndez Pelayo: "Todavía nos falta un libro de conjunto, que recoja esa materia dispersa: quizá Cañete era el único que estaba en disposición de escribirle, pero impedido por otras ocupaciones, o desalentado por la indiferencia del vulgo, o (lo que más yo creo) anheloso de la perfección y desconfiado de lograrla por los muchos vacíos y obscuridades que encontraba a cada paso en labor tan ardua, no nos dejó más

comprensiva historia de la literatura española. Al afirmar a Menéndez Pelayo que el santanderino era el más apto para emprender semejante estudio, Valera reveló una escala de valores; midiendo la altura a que llegaban varios críticos españoles contemporáneos, se concibió a sí mismo en un nivel secundario respecto a don Marcelino, al lado de Cañete, y los tres, muy por encima de algunos otros posibles historiadores: "Nadie puede hacer esto mejor que usted —le confió al autor de *Horacio en España*—, haciendo un gran servicio a su patria porque es usted más franco que yo y no teme tanto malquistarse, y porque usted es menos apasionado que Cañete, y porque usted sabe más que nosotros y mil veces más que Revilla, Clarín, Bremón y los mil otros que andan por ahí metidos a críticos, dando o quitando reputaciones". [15]

Cañete, por su parte, tanto en el prólogo de las farsas de Lucas Fernández [16] como en el de la *Tragedia llamada Josefina* [17] contradijo las hipótesis de don Juan Valera sobre el antiguo teatro español; en el primer libro, trató de refutar la idea de éste de que, en los siglos medios, el arte del teatro entró en el santuario sólo después de no corta y tenaz resistencia, porque venía a él como un resabio de paganismo. Cañete insistió que por razón de la lucha secular con los mohametanos, los juegos escénicos del paganismo desaparecieron del todo. Opinó que "merced al carácter religioso de la guerra con los islamitas, el teatro no experimenta aquí una transformación al pasar de la sociedad pagana a la cristiana, sino muere con aquélla, para volver a nacer más tarde como fruto espontáneo de nuestro suelo y de la creencia católica". [18] Sabiendo que esta teoría del prologuista

---

que preciosos fragmentos, que bastan para dar idea de la alteza y novedad de sus miras, de lo peregrino de sus hallazgos, y del sano y recto juicio con que lo aquilataba todo". En *Estudios de crítica histórica y literaria*, II (Buenos Aires: Espasa-Calpe, 1944), p. 269.

[15] Cit. por Fishtine, *Valera*, p. 24.
[16] *Farsas y églogas al modo y estilo pastoril y castellano, fechas por don Lucas Fernández, salmantino* (Madrid: Imprenta Nacional [*Biblioteca clásica española*, III], 1867), cvii-304 pp. Con prólogo de Cañete.
[17] *Tragedia llamada Josefina, sacada de la profundidad de la sagrada escriptura y trobada por Micael de Carvajal de la ciudad de Palencia*. Va precedida de un prólogo al lector escrito por don Manuel Cañete (de la Academia Española) y la publica la Sociedad de Bibliófilos Españoles (Madrid: Imprenta y Estereotipia de M. Rivadeneyra [*Bibliófilos Españoles*, VI], 1870), vii-lxxvii-181 pp.
[18] *Ibid.*, p. xlv.

no ha gozado general aceptación, pasemos a apuntar algo sobre la génesis de estas dos ediciones hechas por el crítico.

Ya había señalado, en 1862, en su *Discurso acerca del drama religioso español*, que el dramaturgo Lucas Fernández era desconocido para los bibliógrafos e historiadores antes de hablar de él don Bartolomé José Gallardo. Al año siguiente, 1863, en el segundo tomo de su *Ensayo de una biblioteca de libros raros y curiosos formado con los apuntamientos de don Bartolomé José Gallardo*, los autores Manuel R. Zarco del Valle y J. Sancho Rayón hicieron este anuncio: "Imprimimos dos farsas de las seis que contiene el único ejemplar de las obras de Lucas Fernández. Otras dos las había ya dado a luz Gallardo en su *Criticón*. Los restantes aparecieran muy pronto en la edición completa del dramático salmantino, que nuestro amigo don Manuel Cañete (de la Real Academia Española) tiene en prensa con prodigiosa erudición y crítica: echando por tierra graves errores aventurados en nuestros días por escritores de monta; dando a conocer como de pasada más de treinta autores dramáticos de que se había perdido memoria, pertenecientes a la primera mitad del siglo XVI". [19] La más famosa, por supuesto, de estas selecciones del salmantino es el patético y conmovedor *Auto de la pasión*; es instructivo que, publicándose en años recientes una breve antología del teatro religioso medieval, se compusiera de dicho auto, del *Auto de los Reyes Magos* y de la *Representación del nacimiento de Nuestro Señor*, de Gómez Manrique; serán, entonces, las obras españolas que más representan esta clasificación. [20]

Cañete, en su edición de las farsas, señaló que Fernández no quiso hacer salir en ellas ni a la figura de Cristo, ni a la Madre santísima; un hecho, juzgó, que dio al *Auto de la Pasión* el carácter de una elegía. Halló en la pieza rasgos muy bellos y expresivos, siendo un ejemplo los términos con los cuales la Magdalena expresaba su honda aflicción:

"¡Cuán desconsoladas fuimos,
Mezquina entre las mezquinas,
Cuando quitar le quisimos

---

[19] Cit. por A. Rodríguez-Moñino en *Don Bartolomé José Gallardo (1776-1852)* (Madrid: Sancha, 1955), p. 251.
[20] José Fradejas Lebrero, ed., *Teatro religioso medieval* (Tetuán: Editorial Cremades [*Biblioteca clásicos bachillerato*, I], 1956), 66 pp.

La corona, y no podimos
Arrancarle las espinas!" [21]

En fin, Cañete llamó a Fernández el Calderón del tiempo de los Reyes Católicos, y a Encina, el Lope de Vega, frase feliz que ha dejado huella en la crítica posterior. [22]

Según don Alfredo Hermenegildo, "el primer investigador que dedicó sus afanes a estudiar la vida y obra de [Micael de] Carvajal fue Manuel Cañete". [23] Nuestro crítico no fue, sin embargo, el descubridor de la tragedia llamada *Josefina*. Ya en 1852, reproduciendo el faraute o prólogo con argumento, de esta tragedia del estremeño, el célebre Fernando Wolf publicó la primera idea circunstanciada de la *Josefina;* traducida al español, su noticia apareció en 1853 en la *Colección de documentos inéditos para la historia de España*, tomo XXII.

Don Manuel decidió pedir una copia de la obra entera y fue don Pascual de Gayangos quien prometió intervenir en el asunto escribiendo a Viena donde se archivaba el único ejemplar entonces conocido. Llegó una carta (inédita) de esa capital, dirigida a don Pascual y firmada por Adolfo Wolf, Secretario de la Biblioteca Imperial de la Corte; escrita en francés, traducimos de ella la frase siguiente por su pertinencia: "En cuanto a la petición del señor Manuel Cañete sobre la cual Vd. habló en su carta, he pedido encontrar la *Tragedia Josefina* de Miguel de Carvajal y podré conseguir una copia bajo las mismas condiciones que se hizo una copia de la *Lozana andaluza*, es decir, los veinte reales el folio". La carta fue mandada el 24 de marzo de 1866.

En los tres o cuatro años que Cañete tenía para preparar su edición impresa en 1870, trabajaba diligentemente para encontrar datos sobre la identidad de Carvajal y sobre su familia. Utilizando su método epistolar, solicitó la ayuda de don Vicente Barrantes, el autor del

---

[21] Cit. por Cañete, *Farsas y églogas*, p. xciii.

[22] Adolfo Bonilla y San Martín había encontrado "harto discutible" la afirmación de Cañete que el teatro nació en el seno de la religión. Pero, de otra parte, halló "no sin cierto fundamento", la frase que llamaba a Encina el Lope de Vega y a Fernández el Calderón de los tiempos de los RR. CC. Y añadió: "las obras sagradas de Lucas Fernández son más meditadas que las de Encina y revela en su autor un amor más profundo al género que el de su conterráneo", en *Las Bacantes o del origen del teatro*. Discurso leído ante la Real Academia Española el 12 de junio de 1921 (Madrid: Sucesores de Rivadeneyra, 1921), pp. 72 y 109.

[23] Hermenegildo, p. 80.

conocido *Catálogo razonado y crítico de los libros memorias y papeles impresos y manuscritos que tratan de la provincia de Extremadura;* aunque Barrantes no pudo contribuir nada realmente concreto sobre la misteriosa genealogía, era un indagador entusiasta; confesando que las cosas extremeñas eran su manía, prometió a don Manuel que hubiera investigado para él "todo lo investigable, que es deuda entre hermanos y cofrades de esta hampa literaria". [24] Desafortunadamente, Cañete no encontró en todas partes la misma acogida. Sabiendo que la *Tragedia*, en la edición que conocía de 1546, fue dedicada a Pérez de Osorio, Marqués de Trastamara y Astorga, quería averiguar si había noticias de Carvajal en los archivos de la casa heredera. Pero desconsolado, Cañete, en su prólogo de 1870, lamentó el haber recibido una respuesta negativa; no existía, dijeron, en los papeles del archivo, mención alguna del sujeto indicado. Doce años después el prologuista divulgó detalles sobre el caso mucho más deplorables:

> Casa ha habido de las más antiguas, de las que reunían mayor número de títulos y grandezas, que oponiéndose no ha muchos años a permitir la entrada en su archivo a quien sólo deseaba registrar algunos papeles donde creía poder encontrar noticias biográficas del poeta placentino Micael de Carvajal, casi al mismo tiempo vendía por arrobas a precio vil gran parte de ese mismo archivo, destinado a envolver especies o a otros usos análogos aquellos preciados papeles ignorados y de interés sumo, entre los cuales había no pocos autógrafos del gran Capitán, de los Reyes Católicos, del Emperador Carlos V, de Felipe II y de otros príncipes y magnates... [25]

A falta de datos biográficos fidedignos, don Manuel hizo conjeturas sobre la vida del trágico, mencionando en su prólogo a varios Carvajales de los tiempos medievales, celebridades que le parecían posibles parientes de Micael y suponiendo, por lo espirituales que eran las obras de éste, que fuese del estado eclesiástico. En efecto, todavía en el siglo XX se había de seguir investigando esta cuestión.

---

[24] Carta s. f. en José María de Cossío, *Correspondencias literarias del siglo XIX* (Santander: Boletín de la Biblioteca de Menéndez Pelayo, 1930), p. 148. Barrantes consideraba a Cañete como su primer "padrino literario". Véase su artículo "Un nieto de Garcilaso", *Revista hispanoamericana*, Año II, tomo noveno (1882), 6.

[25] Manuel Cañete, "Noticias que pueden servir para averiguar el verdadero apellido de Juan del Encina, poeta dramático español del siglo XV", *Revista de Madrid*, III (1882), 269.

Narciso Alonso Cortés alegó en sus *Artículos histórico-literarios* de 1935 que el padre de Micael era en realidad un tal Bachiller Alonso de Carvajal, que murió soltero; Hermenegildo ha creído más verosímil el parecer de don Vicente Paredes, para quien la pareja Hernando de Carvajal e Isabel de Almaraz fueron los padres verdaderos. [26]

Es en este prólogo donde Cañete combate más explícitamente objeciones críticas de don Juan Valera; resentido, se queja de que en sus *Estudios críticos* de 1864, al apreciar el *Discurso acerca del drama religioso español, antes y después de Lope de Vega,* no hiciera alto Valera "en las curiosas noticias que di en él, hasta entonces desconocidas del público y de los doctos" y que sólo se fijara "en el espíritu de aquel bosquejo, interpretándolo caprichosa y exageradamente, acaso para que su claro ingenio pudiera lozanearse combatiendo quimeras, y tuviese ocasión de maldecir de las edades pasadas". Además, pone en duda lo preparado que fuese don Juan para hablar autorizadamente sobre tales asuntos. Repitió que lo verdaderamente popular en España tocante a representaciones dramáticas, hasta que se secularizaron por completo en el Siglo de Oro, fueron las farsas, comedias y autos representados dentro o fuera de la iglesia con objeto de solemnizar festividades del culto; y añadió: "nada es más exacto, aunque lo ponga en duda, contradiciéndome con su natural viveza y donaire, mi querido amigo don Juan Valera, enriquecido con muchos conocimientos, pero bastante flojo en este asunto, donde apenas hace otra cosa que reproducir truncadas citas del árcade Lauriso Tragiense en sus muy conocidas Conversaciones, o aceptar sin examen las noticias y juicios del Barón de Schack". [27] Valera mantuvo su ecuanimidad ante estas represiones. Inició sus noticias literarias sobre la *Tragedia llamada Josefina*, publicadas en la *Revista de España,* congratulando a don Manuel por haber hecho conocer dos años antes al casi olvidado Lucas Fernández, autor que merecía figurar con Juan de la Encina, Torres Naharro, Timoneda y otros que contribuyeron al desenvolvimiento del teatro nacional. Y dijo: "en el extenso, discreto y erudito prólogo, que puso el señor Cañete a dichas farsas, se dan las más peregrinas noticias sobre los orígenes de nuestro teatro, y muestra el autor muy atinada crítica y notable

---

[26] Consúltense: Hermenegildo, pp. 81-83; Narciso Alonso Cortés, "Miguel de Carvajal", *Hispanic Review,* I (1933), 141-148; Vicente Paredes, "Micael de Carvajal el trágico", *Revista de Extremadura,* Cáceres, I (1899), 366.

[27] Cañete, *Tragedia,* pp. xxxviii y xxxix, n. 1.

conocimiento del asunto que trata".[28] Valera confiesa que había impugnado el afán que mostraba Cañete en realzar las excelencias de esos siglos y que había escrito sus observaciones sin acudir a muchos libros y con somera erudición; pero sostuvo que los argumentos que él había presentado exigían más el uso del buen sentido que muchas autoridades y citas. Dijo, aplicando de veras su buen sentido crítico al tema de la *Josefina*, que sólo era necesario leer el prólogo que puso Carvajal a su obra para ver cuánto fue influido el dramaturgo por el humanismo. Allí se ve claramente que su inspiración no era menos profana que sagrada, "ni hay en el prólogo el más leve indicio de que Miguel de Carvajal escribiese su tragedia, movido de ningún sentido religioso, sino por amor profano a las letras y la gloria; 'por no pasar la vida en silencio como las bestias, que naturaleza formó inclinadas a obedecer a la sensualidad y apetito del vientre'".[29] A Cañete estas palabras del prólogo de Carvajal —palabras que éste debía en realidad a Salustio— habían parecido propias de un hombre muy devoto; pero sobre este punto ha hecho coro a Valera la mayoría de los críticos; en general han alabado también la belleza de la tragedia y lo esmerada que fue esta edición de 1870.[30]

Como veremos, *Don Álvaro* fue el asunto de otro conflicto estético entre Cañete y Valera; propicio es el momento para mencionarlo porque hubo de fenecer el duque de Rivas en 1865, es decir, precisamente en la época de la polémica sobre el teatro medieval que acabamos de exponer. Colmado de honores y con setenta y cuatro años de edad, el gran poeta cordobés dejó de existir. Para tributarle homenaje la Real Academia se reunió en junta pública el 22 de junio; en esa solemne ocasión le tocó a don Manuel leer dos composiciones del difunto, "El Faro de Malta" y "A la vejez", recitación que dejó conmovidos a los distinguidos oyentes.

---

[28] Valera, "Tragedia", p. 311.
[29] *Ibid.*, p. 316.
[30] Dicen: Hermenegildo, p. 85: "Micael nos ha dejado el mejor drama religioso de la primera mitad del siglo... falta de todo artificio, es mucho más natural que los grandes dramas religiosos del siglo de oro". Bonilla, p. 135: "El estilo de toda la tragedia revela un escritor dotado de la intuición delicada y pura de lo estético". Joseph E. Gillet, ed., *Micael de Carvajal, Tragedia Josefina* (Princeton: Princeton University Press [*Elliot Monographs*, XXVIII], 1932), p. lxiv: "For a Spanish text published in 1870, Cañete's text is distinctly creditable". Dice que Morel-Fatio consideró el texto una edición "établie avec beaucoup de soin". *Ibid.*, p. lxiv, n. 2.

Ahora, varios fueron los biógrafos de Saavedra en el siglo XIX y Cañete se sitúa entre los más eminentes y fecundos. En distintas ocasiones publicó importantes noticias biográficas sobre el Duque de Rivas y juzgó el valor de sus producciones. Recordamos su estudio de la *Historia de la sublevación de Nápoles*, dado a luz en *El Heraldo* en 1849. Un prefacio suyo va al frente de otros de Alcalá Galiano, Ochoa, Pacheco y Hartzenbusch en las *Obras completas* de don Ángel, colección reunida en 1854. Bello fue su estudio crítico "El Duque de Rivas" (¿de 1881?); precedió al drama *Don Álvaro* en la lujosa antología *Autores dramáticos contemporáneos y joyas del teatro español del siglo XIX*. (La antología fue compilada por el excelente estilista don Pedro de Novo y Colson; dramaturgo, dedicó a Cañete en el año 1882 el drama histórico *Vasco Núñez de Balboa*.) De 1884 fue "El Duque de Rivas", la primera mitad del libro de Cañete titulado *Escritores españoles e hispanoamericanos*. Finalmente, ese mismo año salió una edición barcelonesa de las *Obras completas*, también con prólogo de Cañete. [31]

Un conocido experto sobre el Duque de Rivas, Edgar Allison Peers, nos asegura de la exactitud de don Manuel, y de la confianza que podemos tener en él como autoridad. Y, en efecto, a través del estudio crítico fundamental que hizo del noble y que publicó en 1923 en la *Revue Hispanique*, iba aceptando o prefiriendo en varios casos las interpretaciones y juicios del antiguo biógrafo. [32] Vasta es la materia, y por eso aceptaremos el respetado dictamen de Peers y nos limitaremos a considerar ciertos asuntos que causaron controversia.

Uno fue *Don Álvaro*. Cañete y Valera pudieron convenir en la enorme importancia de la obra pero no en su significación. Ahora Pastor Díaz y otros comentaristas, señalando el segundo título del drama, creyeron que *Don Álvaro* reprodujo el fatalismo de los griegos. Pero Cañete no podía persuadirse de que "don Ángel se propusiese únicamente pintar en tan admirable poema la tiranía ineludible del hado sofocando la libertad de las acciones humanas". Se explicó así: "El Duque de Rivas no abandona su héroe a los horrores de una predestinación criminal inevitable como la de Edipo, sino que le condena a

---

[31] Para datos bibliográficos extensos sobre obras del Duque de Rivas, véanse: Gabriel Boussagol, "Ángel Saavedra, Duc de Rivas", *Bulletin Hispanique*, XXIX (1927), 71. E. Allison Peers, "Ángel de Saavedra, Duque de Rivas. A Critical Study", *Revue Hispanique*, LVIII (1923), 566.

[32] Peers, "Ángel de Saavedra", pp. 97, 133, 197, 198 y 203, por ejemplo.

experimentar las consecuencias del *fatalismo del error voluntario,* digámoslo así, que por una sucesión infalible nos precipita de abismo en abismo cuando la razón no nos detiene al borde de ellos". Luego preguntó: Si don Álvaro no intentara, con buen o mal fin, robar una hija a su padre, ¿tendría ocasión de hacer uso de la pistola que hiere mortalmente al marqués de Calatrava?" [33] En fin, Cañete dedujo que habiendo escogido el mal, don Álvaro no había de lograr el bien. Valera no se acomodó a esta teoría de error voluntario. El robar a una novia le parecía poca cosa para que mereciese un castigo tan tremebundo. "Todo caballero —escribió en la revista *El Ateneo* a fines de 1888— no siendo una mandria, y estando tan fina y entrañablemente enamorado, hubiera hecho lo mismo en iguales circunstancias, salvo el caso de una virtud sublime, que no se puede poner como modelo ideal y como precepto corriente." Y luego prosiguió: "Todas las desventuras de don Álvaro no ocurrieron, ni tuvo el poeta intención de que ocurriesen, sino de resultas de un acaso funesto; el disparo de la pistola que da muerte al Marqués de Calatrava. Lo demás es un encadenamiento de consecuencias naturales". [34]

Aunque la explicación del sevillano ha tenido defensores, [35] una vez más, parecería, el criterio de Valera ha podido prevalecer e imponerse. La condesa de Pardo Bazán, por ejemplo, consideró "útil, bien escrita y digna de ser consultada" [36] la biografía de Ángel Saavedra que apareció en *Escritores españoles e hispanoamericanos;* pero creyó también que Cañete, al tratar de explicar la figura de don Alvaro lidiaba con un imposible porque no llegó a comprenderla.

---

[33] Manuel Cañete, "Duque de Rivas", en Pedro de Novo y Colson, ed., *Autores dramáticos contemporáneos y joyas del teatro español del siglo XIX,* I (Madrid: Imprenta de Fortanet, 1881), p. 17.

[34] Cit. por Enrique R. de Saavedra, en don Ángel de Saavedra, *Obras completas,* I (Madrid: Sucesores de Rivadeneyra [*Colección de escritores castellanos,* CV], 1884), p. xviii.

[35] Por ejemplo, escribió por entonces el ensayista argentino Santiago Estrada: "Dan derecho a creer en el simbolismo de que habla Cañete, las creencias que profesaba don Ángel Saavedra, y la intervención del sacerdote en las escenas finales de *Don Álvaro,* confiando a la divina misericordia la salvación de aquellos a quienes arrastra al abismo el exceso de pasión, o como alguien ha dicho, el culto ciego por los ídolos de barro", en *Teatro. Colección de artículos de Santiago Estrada, miembro correspondiente de la Real Academia Española* (Barcelona: Imprenta Henrich y Cía, 1889), p. 266. Pero un crítico moderno juzga que don Álvaro mata menos por razones de su hado que por las circunstancias debidas a su sangre mestiza. Véase: Walter T. Pattison, "The Secret of don Álvaro", *Symposium,* XXI (1967), 67-81.

Recepción más favorable han tenido los elogios que hizo de *El Desengaño en un sueño*. Se recordará que en 1849 Cañete presentó al público la historia de la revolución de Masaniello y que el duque, complacido, le rogó desde Nápoles que se ocupase también de otra obra suya, de este drama entonces impreso pero todavía no representado. (Enrique R. de Saavedra nos informa que *El Desengaño* fue representado en el teatro del Apolo, el 10 de diciembre de 1875 y que la Academia envió una corona de Laurel.) [37] Entonces Cañete aclamó la pieza; la estimó, después de *Don Álvaro* y *El Moro expósito*, como la más encumbrada y original obra poética del gran director de la Real Academia y la llamó "el drama filosófico de Mediodía, profundo en su esencia, como el del Norte, brillante y lozana en su aspecto como el sol ardiente que nos ilumina". [38] Otros, como el Marqués de Valmar y Enrique de Saavedra, exaltaron también la universalidad de *El Desengaño*. Pero, enemigo de la literatura de tono pesimista, don Juan Valera volvió a disentir; hablando del Duque, dijo: "mientras que en *Don Álvaro* se dejó llevar de su instinto natural sano, e hizo una obra simpática, aquí se dejó llevar, sin caer en la cuenta, de teorías pesimistas a la moda de entonces, de un catolicismo viciado que humilla el ser humano más de lo que prescribe la ortodoxia, e hizo una obra falsa que no puede interesar". [39] Apenas podían separarse más, entonces, Valera y Cañete, al juzgar estas producciones de su compañero en la Academia.

A pesar de tales divergencias, los dos polemistas iban a cooperar en un proyecto formal. Juntaron sus nombres con el de don Aureliano Fernández-Guerra firmando una proposición que se leyó ante la Academia en junta de 27 de abril de 1864. Propusieron los tres que la corporación se ocupara en hacer una edición popular a par de elegante y manuable de obras selectas de clásicos españoles. Andando el tiempo, las contribuciones de nuestro crítico a la *Biblioteca selecta de autores clásicos españoles*, el fruto del plan, serían los tomos tercero y noveno, sus ediciones de las *Farsas y églogas* de Lucas Fernández y del *Teatro completo* de Juan del Encina.

Cañete compuso numerosos libros, artículos y discursos sobre la Edad Media y el Siglo de Oro. De 1867 fue su discurso académico

---

[36] Emilia Pardo Bazán en *Nuevo teatro crítico*, I (1891), 39.
[37] E. R. de Saavedra, p. 96.
[38] Cit. en *Ibid.*, p. xxiii.
[39] *Ibid.*

¿Por qué no llegó a su apogeo el idioma castellano hasta la segunda mitad del siglo XVI?; el mismo año publicó en *La Guirnalda,* periódico quincenal, una noticia sobre el códice "Coloquio de Fenisa a lo divino, en loor de nuestra señora"; el 18 de enero de 1868 apareció en el diario *La Constancia* su "Carta al señor don José María de Asensio y Toledo, sobre sus opúsculos relativos al pintor Francisco Pacheco y al dramático Sebastián de Horozco"; dos artículos, "Documentos curiosos para la historia de la lengua castellana en el siglo XVI" y "Los tetrásticos o epigramas de cuatro versos del eruditísimo varón San Gregorio, Nacianceno", fueron del año de 1871 y salieron en la *Ilustración española y americana,* órgano que también dio a luz, en 1872, a "El Maestro Ferruz y su auto de Caín y Abel"; de 1880 fue la reimpresión de la *Propaladia* de Torres Naharro con las observaciones del crítico; en la *Revista hispanoamericana* se encuentra en 1881 "Noticias que pueden servir para averiguar el verdadero apellido de Juan del Encina, poeta dramático del siglo XV"; siguieron a éstas los estudios de "Lope de Rueda y el teatro español a mediados del siglo XVI", los cuales están en el *Almanaque de la Ilustración* de 1883; Cañete prologó con una carta, en 1884, la *Colección de poesías de un cancionero inédito del siglo XV,* obra preparada por Alfonso Pérez Gómez Nieva; luego aparecieron el libro *Teatro español del siglo XVI,* de 1885, y dos ediciones póstumas, el *Teatro completo de Juan del Encina* (1893) y *El Viaje entretenido,* de Agustín de Rojas (1901). He aquí, entonces, algunos de los estudios eruditos de Cañete, "preciosos fragmentos" para una historia del teatro medieval español, según la frase de Menéndez Pelayo.

La propuesta a favor de la publicación de obras selectas de clásicos españoles fue adoptada por la Academia en 1864; a Cañete le tocó ordenar piezas dramáticas de Juan del Encina, Gil Vicente, Bartolomé de Torres Naharro, Lope de Rueda y Juan de Timoneda. Con lentitud y sólo en parte podía cumplir con tales obligaciones, tardanza debida a su escrupulosidad, a la dificultad de los temas y a las continuas frustraciones de no poder encontrar nada de nuevo. Algunos literatos, Alfredo Morel-Fatio, por ejemplo, se iban impacientando ante tan alargadas diligencias. Investiguémoslas, pues, un poco más atentamente.

¿Por qué no llegó a su apogeo el idioma castellano hasta la segunda mitad del siglo XVI?, [40] fue el tercero de los discursos que Cañete leyó

---

[40] *¿Por qué no llegó a su apogeo el idioma castellano hasta la segunda mitad del siglo XVI?* Discurso escrito por don Manuel Cañete, individuo de

ante la Real Academia. Baladí, en el fondo una mera defensa de la grandeza de Felipe II, causó un clamor forense bastante vulgar. Dio origen a la polémica que hubo entre Cayetano Manrique, con su comentario en *El Imparcial*, y Adolfo Llanos y Alcaraz, quien contestaba a Manrique en las columnas de *La España*. Manrique se quejó de que se hubiera hablado mal en el discurso de una obra suya; Cañete la había llamado "un opusculejo que ha corrido por esta corte: *El príncipe don Carlos conforme a los documentos de Simancas,* por don Cayetano Manrique... en el cual no hay más que una carta sin fecha, que se dice de don Carlos, y que no habla mucho del buen discurso del príncipe...". [41] Manrique creía que Felipe II mandó matar a su hijo y que la carta lo probó. El original fue destruido por orden del mismo monarca, explicó el descubridor, pero "el archivero don Diego de Ayala, que debió recibir la orden para hacer desaparecer el documento, tuvo muy buen cuidado de hacer de él un pequeño extracto de su puño y letra, dejándolo en el mismo sitio". [42] Llanos se burlaba del empeño de Manrique de probar la autenticidad de su hallazgo y, con sumo desdén, le juzgó "regido por la impotente voluntad de un niño". [43] Señalando que el archivero Ayala seguramente no habría cometido semejante abuso, para él peligrosísima torpeza, negó que el papel tuviese importancia histórica de ninguna especie. Sobre éste y otros asuntos relacionados con la época imperial, los adversarios argumentaron por dos meses en la prensa. De valor muy dudable fue esta campaña contra el rey Felipe; pero con otro ataque el historiador dio en lo vivo, poniendo en claro la debilidad fundamental de la tesis del discurso de Cañete: «Quede, pues, consignado —escribió en su cuarto artículo— que la grandeza, prosperidad material, extensión o preponderancia militar de un imperio no supone, ni debe suponer, perfección de idioma". [44]

---

número de la Real Academia Española y leído ante dicha corporación en la sesión pública inaugural de 1867. (Madrid: Imprenta y Estereotipia de M. Rivadeneyra, 1867), 57 pp.

[41] Cit. por Cayetano Manrique, "Variedades. El señor Cañete ante la Historia", *El Imparcial*, 8 octubre 1867.

[42] *Ibid.*

[43] Adolfo Llanos y Alcaraz, "Variedades. Los censores del señor Cañete ante el sentido común. Art. III", *La España*, 6 noviembre 1867.

[44] Cayetano Manrique, "Art. IV. Tesis, silogismo y otros desaguisados del señor Cañete", *El Imparcial*, 11 octubre 1867.

Hemos mencionado contrariedades que estorbaban a Cañete en sus búsquedas de nuevos datos sobre padres del teatro español. En 1883, acordándose de sus muy dilatadas pesquisas sobre la figura de Lope de Rueda, el crítico tuvo que confesar que había sido inútil cuanto había hecho "por adquirir en Sevilla y Córdoba noticias de Lope de Rueda que añadiesen algo a las ya vulgarizadas, o que sirviesen cuando menos por demostrar su exactitud". [45] Ni había tenido mejor fortuna, nos dice, en la ciudad de Segovia; antes bien se le había desvanecido en gran parte la esperanza que abrigaba al escribir el prólogo de las *Farsas y églogas* de Lucas Fernández.

Probablemente su principal informante en Sevilla fuese don Antonio Sánchez Moguel. El 16 de octubre de 1869, este erudito había escrito una carta a don Manuel informándole que, tras cuidadosas investigaciones, no pudo decirle nada nuevo sobre Rueda que no conociera ya. Desafortunadamente, añadió en ella, Rodrigo Caro, llegando a la figura del insigne cómico (en sus *Claros varones naturales de Sevilla*), sólo logró terminar los cuatro primeros renglones de la comenzada biografía. En la carta, entonces, bastante extensa, se trató más de curiosas noticias sobre el antiguo Corral de comedias de Sevilla y sobre el Maestro Joan de Malara. (Inédita, es la carta IX de nuestro apéndice.) Así es que Cañete en su artículo de 1883, "Lope de Rueda y el teatro español a mediados del siglo XVI", no pudo anunciar ningún descubrimiento biográfico nuevo; lo que hizo fue analizar los vagos recuerdos que dejaron Cervantes y Agustín de Rojas sobre el dramaturgo, viendo lo que hubo de verídico en sus bosquejos; también sacó a colación *Las seiscientas apotegmas* de Juan Rufo, fuente de versos sobre Rueda, no mencionados antes por los historiadores literarios. Los versos cantaban:

> ¡Quién vio que Lope de Rueda
> Inimitable varón,
> Nunca salió de un mesón
> Ni alcanzó a vestir de seda!
>   Seis pellicos y cayados,
> Dos flautas y un tamborino,
> Tres vestidos de camino
> Con sus fieltros gironados;

---

[45] Manuel Cañete, "Estudios acerca de nuestra historia literaria. Lope de Rueda y el teatro español del siglo XVI", *Almanaque de la Ilustración,* año XI (1883), 35.

Una o dos comedias solas,
Como camisas de pobre;
La entrada a tarja de cobre
Y el teatro casi a solas. [46]

En noviembre de 1869, un mes después de fecharse la carta de Sánchez Moguel, don Abelardo de Carlos compró la revista ilustrada *El Museo Universal;* en diciembre la convirtió en la celibérrima *Ilustración española y americana*. Cañete, quien había colaborado con *El Museo*,[47] empezó en 1870 su larga colaboración con el segundo periódico. De interés aquí son dos artículos suyos publicados en la *Ilustración* en 1871 y en 1872 respectivamente; fueron: "Los tetrásticos o epigramas en cuatro versos del eruditísimo varón San Gregorio Nacianceno, llamado por excelencia el Teólogo, traducidos del griego en octava rima castellana por don Pedro Mudarra de Avellaneda, poeta desconocido del siglo XVI" y "Teatro español del XVI. El Maestro Jaime Ferruz y su Auto de Caín y Abel".[48] Todavía se guarda en la Biblioteca de Menéndez Pelayo *El Paul convertido* de don Pedro Mudarra y Avellaneda; de 86 folios, es una copia con letra de Manuel Cañete, de otro manuscrito.[49] Como nos dice don Miguel Artigas, Cañete examinó y copió en parte, en la biblioteca de su amigo el señor Duque de Frías, «dos manuscritos que contenían algunas obras de Mudarra, y entusiasmado con el descubrimiento de un nuevo poeta, no se le coció el pan hasta darlo a conocer al público literario".[50] En 1924 Artigas continuó la tarea de dar a conocer escritos de Mudarra conservados en tomos manuscritos que fueron del Duque de Frías. En fin, San Gregorio fue un poeta cristiano del cuarto siglo y Mudarra, su traductor, un hombre de gusto, como se ve en estas curiosas estrofas:

Huye el uso de los líquidos olores,
las pomas y los cueros adobados,
los blandos tocamientos, los sabores
dulces al paladar y desusados,

---

[46] *Ibid.*, 36.

[47] Manuel Cañete, "Una joven poetisa y un niño poeta", *Museo universal*, VI (1861), 239-240.

[48] En los tomos XV (1871), 459-461, 475-476 y XVI (1872), 486-487, 534-535, 582-586, respectivamente.

[49] Según Miguel Artigas, *Catálogo de los mauscritos de la Biblioteca Menéndez Pelayo* (Santander: Talleres Tipográficos J. Martínez, 1930), p. 174.

[50] Miguel Artigas, "Don Pedro Mudarra de Avellaneda", *Boletín de la Real Academia Española*, XI (1924), 288.

porque no te afeminen sus amores.
Vencido de éstos, ¿qué te habrá quedado
de esfuerzo varonil? Unos placeres
son de varones y otras de mujeres.

Aunque Cañete publicó en 1872 su artículo sobre el maestro Jaime Ferruz en las páginas de la *Ilustración,* tal vez fuese más juicioso combinar nuestra explicación de este escrito con observaciones sobre el libro *Teatro español del siglo XVI; estudios histórico-literarios.* [51] El artículo sobre el valenciano Ferruz forma parte de este libro publicado en 1885, al lado de otros capítulos sobre Lucas Fernández, Micael de Carvajal, el Maestro Alonso de Torres y Francisco de las Cuebas. Alfredo Morel-Fatio reseñó la nueva edición en 1886 y no sin irritarse; lo que le disgustaba era el ver que, en los capítulos sobre Fernández y Carvajal, hicieran esencialmente una reproducción textual de los antiguos prefacios de Cañete. Para el crítico francés la hora de un nuevo análisis de la *Josefina* había llegado; el estudio tenía que rehacerse porque se había descubierto en los años intermedios otra edición, palenciana, de la pieza; adquirida en Italia, era de 1540 y propiedad del conde de Sizeranne. Pero, continuaba el hispanista, esta edición era más larga que la toledana de 1546, habiéndose suprimido en ésta estrofas innecesarias. A estos datos, podríamos añadir que en 1929 vino a la noticia de Joseph E. Gillet, la existencia de todavía otra edición de la tragedia sagrada; toledana y de 1545, preservada en Madrid en la biblioteca del duque de T'Serclaes, Gillet la publicó en 1932.

En el *Teatro español del siglo XVI,* una serie de apéndices, A, B y C, siguen los capítulos iniciales sobre Lucas Fernández y Micael de Carvajal. El apéndice A es una noticia de algunas obras dramáticas anteriores a 1650 que tienen por asuntos la historia del patriarca José, hijo de Jacob (en latín, español, francés, italiano y alemán); el apéndice B contiene artículos que podían añadirse a los catálogos bibliográficos y biográficos del antiguo teatro español, con arreglo a las noticias que se habían recogido en el estudio relativo a Micael Carvajal; el apéndice C es de mayor interés porque en él fueron puestos

---

[51] *Teatro español del siglo XVI. Estudios histórico-literarios,* por don Manuel Cañete, individuo de número de las Reales Academias Española y de Bellas Artes de San Fernando y electo de la de la Historia (Madrid: Imprenta y Fundición de M. Tello [*Colección de escritores castellanos: críticos,* XXVII], 1885), viii-360 pp.

por primera vez en letras de molde 198 versos de la *Farsa de la Constanza* de Cristóbal de Castillejo.

El manuscrito de la farsa fue otro de los que perdió Gallardo en el saqueo de Sevilla del 13 de junio de 1823. Había recibido el permiso del bibliotecario de los archivos escurialenses, el padre Piedralabas, de llevárselo a casa; así podría descifrar a sus anchas los difíciles borrones; pero antes de poder sacar en limpio la deseada copia, don Bartolomé tuvo que huir a Sevilla y entonces ocurrió la desaparición del manuscrito original. Parece que don Leandro Fernández de Moratín tuvo la oportunidad de estudiar el manuscrito antes de su triste pérdida. Hizo de su contenido un resumen y copió a la vez hasta 198 versos de la farsa. Los posteriores *Orígenes del teatro español* incluyen este resumen de la comedia; pero la censura no quiso permitir que se publicasen también los versos bastante lúbricos de la *Constanza*. Cañete encontró estas notas moratinianas del texto prohibido y, aunque señaló su fuente al repetir el sumario juicio del argumento que se había publicado en los *Orígenes*, no confesó la procedencia de estos versos que ahora da a luz en el Apéndice C. Es difícil no pensar que la supresión fuese voluntaria; de todos modos, omisión accidental o subterfugio, su silencio le ha ganado algunas reprensiones. [52]

Otros extractos publicados en el *Teatro español del siglo XVI* vinieron de la *Representación de los mártires Justo y Pastor*, de Francisco de las Cuebas; según J. P. Wickersham Crawford, Cañete, antes en su prólogo a las *Farsas y églogas* de Lucas Fernández, había sido el primero que señaló la importancia de esta representación. [53] En el mismo lugar don Manuel había podido anunciar el nombre de otro dramaturgo olvidado; escribió en 1867: "Leyendo los conocidos opúsculos de Ambrosio de Morales he tropezado yo mismo con un poeta del siglo XVI no citado por Moratín ni incluido en el Catálogo de Barrera. Para solemnizar la triunfal entrada que por Marzo de 1568

---

[52] Por ejemplo, le censuró R. Foulché-Delbosc en "Deux Œuvres de Cristóbal de Castillejo", *Revue Hispanique*, XXXVI (1916), 495, diciendo: "le moins que l'on puisse dire, c'est qu'il est peu honorable de publier, en laissant croire qu'on en est l'auteur, une étude que l'on a 'empruntée' aux papiers d'un mort". Para más sobre la pérdida de la farsa de *La Constanza*, véase: Antonio Rodríguez-Moñino, *Historia de una infamia bibliográfica. La de San Antonio de 1823* (Madrid: Editorial Castalia, 1965), pp. 39-40.

[53] J. P. Wickersham Crawford, "Representación de los Mártires Justo y Pastor, de Francisco de las Cuebas", *Revue Hispanique*, XIX (1908), 428.

hicieron en Alcalá de Henares las reliquias de sus gloriosos patronos, dispusiéronse varias representaciones alusivas al martirio de los santos [Justo y Pastor]. La de la Universidad se debió a la pluma del Maestro Alonso de Torres, catedrático de prima de Retórica, patrón del Colegio de San Isidoro, varón doctísimo en lenguas y autor de algunas obras didácticas en latín".[54] Cañete suponía que cierto anónimo *Auto del martirio de Sant Justo y Pastor,* el número 29 entre varias piezas representables de un códice del siglo XVI, bien pudiera ser la obra del Maestro a que aludió Ambrosio de Morales. "Indúceme a presumirlo —continuó—, no sólo el carácter de la obra, sino el haberse encomendado a otro autor dramático desconocido hasta el día, a Francisco de las Cuevas (cuyo nombre omite la descripción de Morales y no consta en el Catálogo de Barrera), la que el Abad y Cabildo de la Santa Iglesia de Alcalá hicieron ejecutar en un gran castillo sobre ruedas que se llevó en la procesión, yendo en su guarda dos gigantones hermosamente vestidos de salvajes, muy otra de la que figura en el códice mencionado". [55]

Fue don Eugenio de Tapia quien adquirió este códice comprándolo en 1844 para la Biblioteca Nacional. Ese mismo año don Eugenio dio idea de su hallazgo en un periódico mensual llamado el *Museo literario.* Allí, en su orgullosa descripción del códice, anunció equivocadamente que las noventa y cinco composiciones que contenía eran todas anónimas, error corregido más tarde por Buenaventura Carlos Aribau. En el segundo tomo de la *Biblioteca de autores españoles,* Aribau había notado que uno de los autos de la rarísima colección, el de *Caín y Abel,* iba firmado por el maestro Jaime Ferruz. También Barrera, en su *Catálogo bibliográfico y biográfico del teatro antiguo español,* nombró a Ferruz como el autor de la misma obra de asunto bíblico. Pero la brevedad de la noticia de Barrera sorprendió a Cañete. "Como son raros los ingenios catalogados por Barrera de quienes no indique algo referente a su vida y circunstancias —escribió Cañete en 1872, en su artículo sobre Ferruz publicado en la *Ilustración española y americana*—, parecióme extraño el silencio sobre las del Maestro Ferruz, máxime cuando hablan de él humanistas como Palmireno, historiadores como Escolano, bibliógrafos como Nicolás Antonio y sobre todo, Ximeno, Rodríguez y Fuster, consagrados especialmente a ilus-

---

[54] Cañete, *Farsas y églogas,* p. ix.
[55] *Ibid.,* p. xi.

trar los anales literarios del reino de Valencia". [56] A base de las memorias históricas de Lorenzo Palmireno, de Gaspar de Escolano y de los otros mencionados biógrafos de Ferruz, Cañete pudo discurrir largamente sobre la vida de este doctor de la universidad de Valencia, eminente teólogo y filósofo. De las muchas observaciones que hizo después sobre el auto de Caín y Abel, tal vez fueran las más interesantes aquellas relativas al acto del fratricidio y a la manera que se perpetró. Ante el silencio de la Santa Biblia, Ferruz había imaginado que el labrador mató a su hermano con la reja de un arado:

>   Y porque Dios aceptó
>   El de Abel su regalado,
>   Caín, de invidia incitado,
>   Con despecho le mató
>   Con la reja de un arado.

Pero Milton, señala Cañete, hace de una piedra el instrumento mortífero; Alfieri, en su drama *Abele*, continúa el crítico, menciona una azada, mientras que Byron, en *Caín*, opta por un tizón cogido del altar del sacrificio.

Los estudios histórico-literarios de que se compone el *Teatro español del siglo XVI* contienen algunas de las mejores páginas debidas al erudito; se percibe a través de ellas el entusiasmo con que Cañete describía lo que tanto le llegaba al alma: el espíritu religioso del pueblo español y la expresión candorosa de esa fe por medio del teatro. De cuando en cuando en ellas reaparece el impenitente polemista. Ataca, por ejemplo, la aserción de Schack que el elemento popular no empezó a tener cabida en la escena española hasta que Juan del Encina produjo sus églogas, volviendo a insistir en que lo verdaderamente popular fueron las comedias representadas en la Edad Media con objeto de solemnizar festividades del culto. [57]

La *Propaladia* de Bartolomé de Torres Naharro, el teatro completo de Juan del Encina y *El Viaje entretenido* de Agustín Rojas de Villandrado fueron otras obras del teatro antiguo español que ocuparon a Cañete durante el ocaso de su carrera.

---

[56] Manuel Cañete, "Teatro español del siglo XVI. El Maestro Jaime Ferruz y su *Auto de Caín y Abel*", *Ilustración española y americana*, XVI (1872), 486.

[57] Para una larga y severa réplica, véase la reseña del *Teatro español del siglo XVI* hecha por A. L. Stiefel en *Literaturblatt für germanische und romanische Philologie*, IX (1888), cols. 127-139.

De 1880 fue su edición de la *Propaladia*.[58] Dedicó esta publicación a la memoria del insigne poeta don Adelardo López de Ayala, su amigo constante, muerto solamente el año anterior. (Conviene añadir que también por entonces, 1880-1885, iban apareciendo las obras completas de López de Ayala; formaron siete de los tomos de la *Colección de escritores castellanos*, con prólogo de Tamayo y estudio crítico de Cañete.) Don Manuel, hablando de la rareza y corto número de ejemplares de la *Propaladia*, dijo que no tenía noticia de que se hubiera vuelto a imprimir la colección después del siglo XVI; habían podido dar a conocer la *Comedia Himenea* Moratín y Nicolás Bohl de Faber y éste sacó del olvido también algunos trozos de las comedias *Jacinta, Calamita* y *Aquilana*. Hacía falta una edición nueva que fuese íntegra como la primitiva. Juzgando que muy grueso sería el volumen si incluyese en uno solo la colección entera, Cañete anunció en el primer tomo que dos habría y que reservaría para el segundo sus observaciones y noticias críticas; se contentó por el momento con una breve advertencia preliminar. En el primer tomo el Censor de la Real Academia insertó las comedias *Serafina, Soldadesca* y *Tinellaria* y reunió en un solo lugar las composiciones líricas que en las antiguas ediciones estaban esparcidas.

Alfredo Morel-Fatio reseñó la nueva publicación en la *Revue Critique d'Histoire et de Littérature*.[59] Lamentó que en una edición destinada a finos conocedores se hubiera modernizado la ortografía del texto original. Al mismo tiempo negó que pudiera creer las insinuaciones de algunos; no quería pensar como ellos que Cañete se consideraba el custodio oficial del antiguo teatro español y que, para deshacerse de competidores en este terreno, retardaba tanto los estudios y reimpresiones que tenía prometidos. Sin embargo, el francés se impacientaba. El 11 de marzo de 1883 escribió a Menéndez Pelayo desde París: "Estoy esperando con ansia la continuación del Torres Naharro

---

[58] *Propaladia, de Bartolomé de Torres Naharro, dirigida al Ilmo. Señor el Sr. Don Fernando Dávalos de Aquino, marqués de Pescara, conde de Lorito, gran Camarlengo del Reino de Nápoles*, etc. Reimprímela, seguida de observaciones acerca de su importancia en la historia del teatro español, acompañada de noticias bibliográficas, e ilustrada con sumaria explicación de los vocablos oscuros, don Manuel Cañete, individuo de número y Censor de la Real Academia Española, I (Madrid: Librería de los Bibliófilos Fernando Fe [*Libros de antaño*, IX], 1880), x-429 pp.

[59] Tomo XI, 1.º (1881), pp. 48-51.

del señor Cañete (¿qué motivo hay para ir tan despacio?)". [60] Pero la suerte no quiso que fuese Cañete, muerto en 1891, sino precisamente don Marcelino el que haría el prólogo para la proyectada segunda mitad de la *Propaladia*. Al reproducir los textos el gran bibliógrafo defendió al difunto académico, diciendo que había dilatado la continuación, "sin otro motivo, a lo que entendemos, que el deseo de encontrar noticias bibliográficas de Torres Naharro, de quien casi nada se sabe con certeza fuera de lo que en sus propios escritos consta. Las noticias no parecieron, y como lo mejor es enemigo de lo bueno, Cañete no llegó a escribir el prólogo..." Prosiguiendo con su apología, añadió el culto santanderino: "la mala suerte del dramaturgo extremeño ha querido que no sea Cañete el encargado de renovar su memoria ante los lectores de nuestros días... hubiera dado, de seguro gran novedad al tema, ya con hábiles cotejos y oportunas reminiscencias, ya con agudas observaciones técnicas sugeridas por su larga práctica de crítico teatral". [61]

Tampoco sin ayuda suplementaria publicó Cañete sus ediciones del *Teatro completo de Juan del Encina* y de *El Viaje entretenido* de Agustín de Rojas. [62] Su proemio al primer título fue adicionado por Francisco Asenjo Barbieri; Adolfo Bonilla y San Martín escribió un epílogo para el segundo de dos tomos sobre Rojas. Libros póstumos, preferimos limitarnos a dar los datos bibliográficos para poder pasar a otros prólogos del sevillano, a dos en particular que nada tuvieron que ver con la historia del teatro.

En 1872 aparecieron las *Obras inéditas* de Quintana, [63] precedidas de un juicio crítico de don Manuel. Este volumen contenía veinticuatro

---

[60] En Enrique Sánchez Reyes, ed. *Epistolario de Morel-Fatio y Menéndez Pelayo* (Santander: Consejo Superior de Investigaciones Científicas, 1953), p. 79.

[61] Marcelino Menéndez Pelayo, *Estudios de crítica histórica y literaria*, II (Buenos Aires: Espasa-Calpe Argentina, S. A., 1944), pp. 270 y 271.

[62] *Teatro completo de Juan del Encina*. Edición de la Real Academia (Madrid: Sucesores de Rivadeneyra, 1893), lxviii-415 pp. Proemio de Manuel Cañete, adicionado por Francisco Asenjo Barbieri. Agustín de Rojas, *El Viaje entretenido*, con estudio crítico por don Manuel Cañete (Madrid: B. Rodríguez Sierra [*Colección de libros picarescos*, III-IV], 1901), 2 tomos. Epílogo de A. Bonilla y San Martín en el tomo II.

[63] *Obras inéditas del Excmo. señor don Manuel José Quintana*, precedidas de una biografía del autor por su sobrino don M. J. Quintana y de un juicio crítico por el Ilmo. señor don Manuel Cañete de la Academia Española (Madrid: Medina y Navarro, Editores, 1872), lxxxiii-288 pp.

poemas de diversa índole, la defensa que hizo Quintana de sus *Poesías* ante el tribunal de la Inquisición en agosto de 1818, el fragmento de su incompleta *Vida del Duque de Alba*, la memoria sobre el proceso y prisión de Quintana en 1814, una necrología de Lord Holland escrita para la *Gaceta* de Madrid del 23 de enero de 1841 y algunos recuerdos sobre don Agustín Argüelles. Extraña que los herederos del gran patriota hubieran seleccionado a Cañete para el grave deber de apreciar estas obras póstumas; notorio era que don Manuel había juzgado antes algunas composiciones del egregio vate y que las había condenado. Cañete mismo reconoció esta anomalía y, creyéndose ser doblemente honrado por semejante confianza, prometió corresponder lealmente. "Responsabilidad grande, sin duda —observó—, tratándose de un hombre como Quintana, y para mí tal vez mayor que para otro alguno, porque en ciertos puntos capitales no están de acuerdo mis ideas con las del eminente repúblico". [64] En efecto, en 1867, ante la Academia y en su discurso sobre el apogeo del idioma castellano, nuestro defensor de Felipe II había declarado que "El Panteón del Escorial" fue "una diatriba en hermosos versos". [65] En su prefacio a estas obras inéditas, el crítico atemperó su descripción del mismo poema; dijo que encerraba riqueza de dicción, felices rasgos de poesía, pero al mismo tiempo inexactitud en la exposición y juicio de hechos y caracteres históricos.

Una verdadera curiosidad literaria es otra obvia respuesta de Cañete a los horrores descritos en "El Panteón del Escorial"; también en verso, es la poesía "La tumba en El Escorial". Esta composición de escenario sepulcral se encuentra en un librito necrológico publicado en 1879, en *Siemprevivas que depositan varios ingenios en la tumba de su majestad la reina doña María de las Mercedes de Orleáns y Borbón*. [66] Recién muerta esta esposa de Alfonso XII, Cañete la imaginó en el mausoleo, tiernamente recibida por la sombra de Felipe II; "como si el bronce y el oro / cobrasen aliento y vida" las efigies de

---

[64] *Ibid.*, p. xxxviii.
[65] Cañete, *¿Por qué no llegó a su apogeo...?*, p. 21, n. 2.
[66] Publicado por la Imprenta Nacional. Entre los colaboradores encontramos a Alarcón, Arnao, Barrantes, Cánovas, M. Catalina, Cavestany, Cervino, M. Fernández y González, García Gutiérrez, Hartzenbusch, Menéndez Pelayo, Melchor de Palau, Querol, Rodríguez Rubí, Selgas, R. de la Vega y Zorrilla. De Menéndez Pelayo son unos versos en latín y hay otras composiciones en alemán, vascuence y catalán.

Carlos V, Felipe II, su hijo Carlos y la reina Isabel descienden de la altura y llegan a la capilla donde yace doña María. De rodillas, Felipe, muy distinto en su aspecto físico al feo tirano descrito por Quintana, contempla serenamente a la nueva compañera. Le dice:

> "De tu plácida inocencia
> Miro la paz con envidia,
> Ángel que vuelves al seno
> De la patria primitiva". [67]

Al comentar las *Obras inéditas* de Quintana, Cañete mostró particular entusiasmo por los dos romances "La fuente de la Mora Encantada" y "A Somoza", frutos de la madurez del vate. Juzgó que la primera composición pudiera estimarse "precursor de un género cultivado después con afán por los corifeos de la nueva escuela, bien que ninguno le haya igualado, ni mucho menos excedido, en la perfección y encanto de la forma, en la pureza y corrección del lenguaje".[68] Sostuvo que ni Espronceda ni el Duque de Rivas hicieron después nada en el mismo género que la superara. En cuanto a Zorrilla, Cañete hace esta pregunta, eco de su actitud negativa ante producciones del lírico cantor: "¿Dónde la poderosa inspiración, la sobriedad y buen gusto de 'La Fuente de la Mora Encantada', no ya entre el vulgo de composiciones de ese género que invadían nuestro Parnaso hará treinta o treinta y cinco años, sino entre las popularísimas *orientales* del mismo Zorrilla, tan aplaudidas ayer, tan olvidadas hoy?".[69] El segundo romance, "A Somoza", no le parece menos inspirado; además, afirma que si Quintana hubiera terminado su fragmento de la *Vida del Duque de Alba,* habría sido la más acabada y perfecta de sus obras históricas.

La colección de obras inéditas son fundamentales para la bibliografía de Quintana; consiguientemente, tanto ella como el prólogo que la precede se han consultado mucho. Menos conocido ha de ser el estudio preliminar que Cañete terminó en 1884 para una nueva edición de la *Historia de Gil Blas de Santillana.*[70] Lo suponemos así,

---

[67] *Ibid.*, p. 145.
[68] Quintana, *Obras inéditas*, p. xlvii.
[69] *Ibid.*, p. xlix.
[70] *Historia de Gil Blas de Santillana,* obra escrita en francés por Mr. Lesage y traducida al castellano por el padre Isla, anotada por don Adolfo de Castro, y precedida de un prólogo del Ilmo. señor don Manuel Cañete de la

menos conocido, porque se trata de una edición tan monumental, seguramente muy costosa, adornada con grabados y riquísimas oleografías.

Ahora, ya se ha indicado el poco interés que tenía don Manuel en hacer la crítica de novelas. Y, ¿qué mucho que mostrase esta indiferencia aun alrededor de 1863, año que fue nombrado Censor de novelas, si autores como Ayguals de Izco y Fernández y González dominaban entonces en España el campo novelístico? Por lo menos la historia de Gil Blas tenía para un erudito y polemista como Cañete especiales atractivos: el libro era antiguo y había sido motivo de mucha discusión sobre cuestiones de plagio. En su extenso prólogo, él rechazó aseveraciones del Padre Isla, del canónigo Llorente, de Voltaire y de otros que habían llamado robada a España estas aventuras. Declarando que el entendimiento del novelista francés engendró la obra, juzga "injusto desposeer a Lesage la gloria que le corresponde por haber imaginado y compuesto esta novela, cuya perpetua juventud patentiza que pertenece al selecto número de las pocas que contribuyen eficazmente a instruir deleitando, porque se fundan en lo que tiene siempre vida propia, esto es, en la realidad humana".[71] Al mismo tiempo Cañete censura a algunos comentaristas franceses, creyendo que no conocían suficientemente bien la literatura española y que no entendían lo que le debió a ella Alano Lesage. Y declaró severo: "Ese desconocimiento de cosas nuestras que les importaba mucho saber, porque son de esencia para el caso concreto a que se refieren; esa flagrante injusticia con que afectan desdeñar o tener en poco las obras españolas que tanto estudiaba, estimaba y aprovechaba el preclaro ingenio a quien celebran y admiran, es a todas luces vituperable en hombres de tan superior entendimiento".[72]

A decir verdad, Cañete atacó a críticos franceses en varias ocasiones; le pareció que algunos despreciaban sin razón auténticas contribuciones del pueblo español. Por ejemplo, ya en marzo de 1862, en la hermosa revista *El Arte en España,* había publicado el artículo "Refutación de algunos errores del señor Beulé, miembro del Instituto de Francia, acerca de la pintura española". Beulé había tenido la temeridad, según Cañete, de escribir, en la *Revue des Deux Mondes*

Real Academia Española (Barcelona: Espasa y Compañía, Editores, s. f.), 2 tomos, 595 y 542 pp., respectivamente. El prólogo, tomo I, pp. i-xliii.
[71] *Ibid.,* p. iv.
[72] *Ibid.,* p. xi.

en 1861, que los pueblos situados al sur del Garona abusaban de la hipérbole y que por eso era lógico que hubieran exagerado, en un exceso de orgullo nacional, la importancia de la escuela española en el arte; para Beulé, no podía compararse esta escuela de pintura con las de Italia, Francia, Flandes ni de Holanda. Pudo sacar tan notables conclusiones, nos dice don Manuel, después de pasar solamente quince o veinte días en España donde visitó algunos museos. Cañete, aquí en su extensa y sarcástica contestación, defiende con citas de reconocidos expertos, algunos de ellos franceses como Gautier y Viardot, la reputación de los más grandes pintores de su país; finalmente, concluye que aunque ninguna nación de la Europa moderna podía disputar la primacía de las escuelas de Italia, que la española, en comparación con la francesa, era más característica, más original, más rica y más importante. [73] No halla, sin embargo, sorprendente que Beulé desbarrase así al hablar de cosas de España; no era nada nuevo entre escritores franceses, sosotiene Cañete, y continúa diciendo que "hasta uno de los hombres más ilustres de Francia, el sesudo Villemain, honra de la crítica moderna, ha disparatado recientemente a más y mejor (con ignorancia impropia de su mérito y renombre) al discurrir sobre la poesía y los poetas españoles del presente siglo". [74] No hubo de faltar, entonces, el artículo donde Cañete desharía también este entuerto ventilando su descontento con ciertos errores de Villemain; seguramente publicado antes en otra parte, saldría el escrito, "Dictamen del famoso crítico Villemain sobre la crítica española y mejicana" en 1872, en la *Ilustración española y americana*. Allí Cañete diseca un capítulo sobre la poesía española en México y en España que el crítico francés incluyó en sus *Ensayos sobre el genio de Píndaro y sobre la poesía lírica en sus relaciones con la elevación moral y religiosa de los pueblos* (1859). Don Manuel se quejaba de que en su aprecio de la

---

[73] Esta defensa de la pintura española facilitó tal vez la entrada de Cañete en la Academia de Bellas Artes de San Fernando. Al contestar a su discurso de recepción, Antonio Arnao comentó: "Bueno sería que otros escritores siguieran este camino de vindicación; pues no les faltaría materia en que ejercitar sus buenos oficios", en p. 38 de los *Discursos leídos ante la Real Academia de Bellas Artes de San Fernando en la recepción pública del Ilmo. señor don Manuel Cañete el día 23 de marzo de 1880* (Madrid: Imprenta y Fundidición de M. Tello, 1880). El discurso de Cañete fue: "Florecimiento de la pintura moderna y sus caracteres». La contestación de Arnao, pp. 33-48.

[74] Manuel Cañete, "Refutación de algunos errores del señor Beulé, etc.", *El Arte en España*, I, 5 de marzo (1862), 29.

elevación moral de los dos países Villemain se hubiera limitado casi exclusivamente al estudio de los dos ingenios Gertrudis Gómez de Avellaneda y José María de Heredia, cubanos ambos. Además, arguyó, Heredia en su poesía se había declarado enemigo de España, de la madre patria, y por eso sería un representante muy pobre del espíritu poético nativamente español.

Unos años más tarde Cañete tendría la oportunidad de juzgar oficialmente poesía de tema religioso. En enero de 1880 su amigo don Cayetano Vidal le invitó a tomar parte en el milenario de Montserrat. Habría un certamen literario en el cual se admitirían composiciones castellanas, catalanas y provenzales. Para formar el jurado se había pensado en Cañete en representación de Castilla; en Mistral en la de Provenza; en Llorente para Valencia; [75] Quadrado para Mallorca; y Milá, Rubió y Cayetano Vidal para Cataluña. Don Manuel aceptó el cargo de Jurado para el concurso poético y luego fue elegido el presidente del certamen. Vidal le envió la historia de Montserrat para preparación del necesario discurso preliminar del presidente. Después del milenario, en julio, don Cayetano regaló a Cañete dos sillas de baqueta con su título de Académico de la de Bellas Artes de Barcelona.

El año de 1880 fue realmente uno de subida actividad formal para nuestro académico porque en agosto Cañete presidió el cortejo que acompañó al cementerio los restos de don Juan Eugenio Hartzenbusch.

Sin duda la estancia de Cañete en Cataluña en 1880 tuvo algunos efectos posteriores. No se olvidará la publicación dos años después en Barcelona de su edición de Gil Blas. Además, volvería a la misma provincia en 1884 para participar en una importante festividad intelectual; se celebró en octubre la inauguración de la Biblioteca-Museo Balaguer, nuevo y hermoso repositorio para 22.000 volúmenes y obsequio de don Víctor Balaguer a los ciudadanos de Villanueva y Geltrú. Cañete, quien asistió con el encargo especial de representar la Academia Española, iba a componer dos cartas literarias sobre el acto; estas cartas fueron enviadas al director del *Diario de la Marina* de la Habana, y, el año siguiente, aparecieron de nuevo prologando

---

[75] Cañete había hecho un examen detenido de *Las leyendas de oro* de don Teodoro en la *Revista europea*, agosto de 1875. Según Juan Navarro Reverter, el juicio de Cañete, entre varios favorables, fue el que satisfizo más al poeta valenciano. En *Teodoro Llorente, su vida y sus obras. Florilegio de sus poesías* (Barcelona: F. Granada y Cía., Editores, ¿1909?), p. 38.

un libro de Balaguer, *Las Ruinas de Poblet*.[76] (Después de la inauguración, Cañete, Balaguer, la Marquesa de Marianao y otros habían hecho una visita a las ruinas del Monasterio de Poblet.) Los oradores principales durante el acto inaugural fueron Balaguer, el alcalde de Villanueva, Cañete y el Capitán General de Cataluña. A esto siguieron un banquete y una velada artístico-literaria en el teatro donde recibieron aplausos los poetas Melchor Palau, Mosén Verdaguer y don Manuel, éste por su composición "La Paz de Cuba", una epístola en romance endecasílabo que había dirigido a López de Ayala en 1879.[77] Terminadas las actividades en Villanueva y Geltrú y la excursión al Monasterio de Poblet, Cañete se marchó a Barcelona. En esa capital aceptó la hospitalidad de la señora Marquesa de Marianao y se alojó en el palacio del Paseo de Gracia. Más tarde en otro palacio, en el de San Ildefonso, escribiría en 1886 sus gratos recuerdos de la memorable inauguración.[78]

Ahora bien, en este capítulo hemos examinado las obras eruditas de Cañete y sus labores de académico. A lo dicho se puede añadir que fue en 1878, con la muerte de Escosura, que fue nombrado Censor interino de la Academia Española (y en 1879, Censor hasta la muerte). Además, debiéramos explicar algo sobre su actitud hacia determinados miembros de la augusta corporación. Sin detenernos en discursos suyos sobre ciertos compañeros, discursos leídos ante ese foro y consagrados a don Frutos Saavedra y a don Andrés Bello,[79] nos restringiremos a

---

[76] *Las Ruinas de Poblet,* por don Víctor Balaguer de las Academias Española y de la Historia, con un prólogo de don Manuel Cañete, individuo de número de las mismas academias (Madrid: Imprenta y Fundición de M. Tello [*Colección de escritores castellanos,* XXX], 1885), 397 pp.

[77] *La paz de Cuba*, epístola, a don Adelardo López de Ayala, por don Manuel Cañete (Madrid: Imprenta y Fundición de M. Tello, 1879), 10 pp. Blanco García la ha llamado notable por su majestad.

[78] Don Manuel Cañete, *Al Excmo. señor don Víctor Balaguer. Recuerdos de la inauguración de su Biblioteca-Museo en Villanueva y Geltrú* (Villanueva y Geltrú: Junta de la Biblioteca-Museo Balaguer, 1886), 10 pp.

[79] Manuel Cañete, "Necrología del Ilmo. Sr. D. Frutos Saavedra Meneses", *Memorias de la Real Academia Española,* V (Madrid: Imprenta y Fundición de M. Tello, 1886), pp. 161-176. Discurso leído en noviembre de 1868. *Discurso leído ante la Real Academia Española en su junta pública inaugural de 1881, dedicada a la memoria del insigne venezolano Andrés Bello,* por don Manuel Cañete, individuo de número y censor de la Academia (Madrid: Imprenta y Fundición de M. Tello, 1881), 43 pp. Según Menéndez Pelayo: "Entre nosotros contribuyó más que nadie a la justa estimación del nombre de Bello, don Manuel Cañete..." en *Historia de la poesía hispanoamericana,*

exponer sus actividades en pro y en contra de dos figuras excelsas que habían de recibir por entonces entrada en la Academia, su posición ante don Marcelino Menéndez Pelayo y don Benito Pérez Galdós.

En 1881 Cañete escribió el artículo "Menéndez Pelayo en la Real Academia Española", publicándolo en el primer tomo de la *Revista de Madrid*. En su escrito, negó que la primera corporación literaria de España se hubiera convertido en un conjunto de momias de poco afecto a la juventud y ajenas a los cambios y movimientos de la vida intelectual. "Quizás el haber entendido también que la juventud del espíritu es la más bella —añadió—, sea causa de que la Academia Española haya preferido en esta ocasión a cualquier otro el espíritu juvenil en quien se hermanan, por maravillosa virtud del Supremo Artífice, las más hermosas flores de la primavera y los frutos más saludables y gustosos del otoño de la vida". Así es que el 6 de marzo de 1881 había podido tomar posesión de su plaza de académico el que fue el más joven de todos, don Marcelino Menéndez Pelayo. Aunque por este tiempo el catedrático había compuesto solamente una parte mínima de su vasta producción, Cañete pudo reconocer en él altas calidades de un maestro excepcional: "cerrar los ojos a la luz que brota en su entendimiento —continuó el articulista—, al resplandor de su fantasía, a la claridad de su juicio, a su prodigiosa memoria, a la viril independencia de su carácter, a los valiosos elementos que reunidos en armónica proporción constituyen su individualidad, poderosísima en las regiones intelectuales, valdría tanto como suponer que es noche oscura cuando el sol inunda con sus rayos la tierra, prestándonos vida y calor desde la mitad del firmamento".[80] Estos dos eruditos pertenecían a la misma confraternidad ideológica;[81] pero no por eso hemos de creer que Cañete se expresara aquí con menos sinceridad. En la Biblioteca de Menéndez Pelayo se encuentra una copia autógrafa de las *Poesías* de don Manuel; las íntimas palabras de la dedicatoria revelan cuán profundo era el respeto del dedicante por el joven santanderino. Dicen:

I (Madrid: Consejo Superior de Investigaciones Científicas [*Edición nacional de las obras completas de Menéndez Pelayo*, XXVII], 1948), p. 354, núm. 1.

[80] Manuel Cañete, "Menéndez Pelayo en la Academia", *Revista de Madrid*, I (1881), 235 y 236.

[81] Ambos se oponían resueltamente a los krausistas. Cañete, en 1883, en el *Diario de la Marina* de la Habana, llamó a Julián Sanz del Río un profesor "que mientras vivió metió tanto ruido y causó tantos estragos desde la cátedra de la Universidad Central con la funesta y ridícula jerigonza que apellidaba filosofía". Cit. en Cossío, *Correspondencias*, p. 108.

"al insigne escritor y poeta don Marcelino Menéndez Pelayo; al joven esclarecido, que en su primera juventud, en los años en que otros empiezan a estudiar, puede ser honra de las letras y maestro de los más doctos; en testimonio de admiración y cariño".[82]

Pero en 1889 cuando Pérez Galdós solicitaba su entrada en la Academia, Cañete escribió sobre el "funesto ejemplo" que eran algunas de las novelas del candidato, llamándolas literatura con aire de impiedad y de perversión.[83] Además, en enero de 1889, cuando hubo la lucha por el sillón académico que dejó vacante el Duque de Villahermosa, Cañete dirigió la campaña a favor del poco conocido Andrés Commelerán y en contra de Pérez Galdós; el novelista, vencido, tuvo que esperar hasta junio del mismo año para verse finalmente elegido.[84]

Más podría escribirse sobre este antagonismo. Pero mejor sería dejarlo para el capítulo siguiente. Allí estudiaremos la crítica de actualidad que hizo Cañete en los últimos años de su carrera.

---

[82] Palabras firmadas de su puño y letra en una copia de sus *Poesías* de 1859.

[83] En la *Ilustración española y americana*. Véase el tomo XXXIII (1889), 92.

[84] Véase: H. Chonon Berkowitz, *Pérez Galdós. Spanish Liberal Crusader* (Madison: University of Wisconsin Press, 1948), p. 229.

Capítulo VII

LA CRÍTICA DE CAÑETE EN LA ÉPOCA REALISTA

Fuera de la Academia Cañete seguía ejerciendo sus profesiones de periodista, de dramaturgo y de modesto funcionario y con ellas se ganaba una existencia precaria; en 1868 sufrió el reveés de quedar cesante. Nos informa la Condesa de Pardo Bazán que "en los primeros años de la Revolución que le había dejado cesante, Ayala, que le debía servicios literarios de mucha cuenta, quiso darle algún destino, salvándole así de la suma estrechez. Cañete rehusó con valor, y fue vendiendo, para sustentarse, parte de su rica biblioteca". Y la autora recordó este ejemplo de ingratitud política: "La Restauración llegó risueña y pujante; hizo ministros a los insultadores de Isabel II, pero no repuso a Cañete en su antiguo cargo en el ministerio de Fomento".[1] Finalmente, en 1875, su lealtad fue recompensada; tuvo la dicha de servir al Estado a las órdenes de su Alteza, la Serenísima Señora Infanta de España, Doña María Isabel Francisco de Asís de Borbón y Borbón. Además de ser designado aquel año el Secretario de la Infanta,[2] el 28 de diciembre nombraron al académico Gentilhombre de Cámara en ejercicio. También tenemos noticia de otra honra; en

---

[1] Emilia Pardo Bazán, en *Nuevo teatro crítico*, Año I, diciembre (1891), 36. *El Diario Español* había anunciado el 30 de enero de 1863 el nombramiento de Cañete para la plaza de oficial del Ministerio de Fomento. Fue durante este servicio que compuso "Administración del Estado. Consejo y Consejeros de Estado", en José Gil Dorregaray, ed., *Historia de las órdenes militares, cruces y distintivos españoles* (Madrid: Imprenta de Tomás Rey [*Historia de las órdenes de caballería*, II], 1865), pp. 169-184.

[2] En 1885 Cañete dedicó a la Infanta su libro sobre el teatro español del siglo XVI. En septiembre de 1886 compuso para ella el poema *En el Real Sitio de San Ildefonso* (Madrid: Sucesores de Rivadeneyra, 1888), 16 pp.

enero de 1883 se le hizo a Cañete la concesión de la gran Cruz de Isabel la Católica.

Pero el secretario de la Infanta era un cincuentón y puede decirse que ya había pasado los momentos culminantes de sus carreras de crítico de teatros y de dramaturgo. No por eso se sentía menos seducido por la literatura dramática y él trataba de mantenerse firme en los círculos teatrales; pero las nuevas generaciones lo consideraban una reliquia con risibles doctrinas moralizantes y un modo anticuado de vestirse. Fue José Gutiérrez Abascal quien recordó en 1891 que don Manuel tenía el aspecto de un sabio de la Enciclopedia; recordó también que "las vulgares ropas de la indumentaria moderna se despegaban de su talle un poco encorvado de cortesano que hace una reverencia y sólo estaban bien cuando en las solemnidades académicas lucía la casaca de color marrón orlada con sendos laureles. Después de la muerte de Molins, era el único inmortal que vestía el uniforme".[3] Leve falta la de no querer vestirse a la moda mientras que mucho más seria fue la creciente intolerancia de Cañete ante nuevas direcciones de la literatura. Causó, por supuesto, que tuviera adversarios entre los literatos jóvenes; hábiles satíricos, liberales muchos de ellos, en vez de odiarle por sus censuras, solían hacer de él el objeto más frecuente de sus bromas. Creyendo que un abismo le separaba de don Manuel, Clarín, el más renombrado del grupo, negó que en el fondo le malquisiese. "No tengo contra V. ni un adarme de hiel —le escribió en un *Palique*— ¡Somos V. y yo de mundos tan diferentes! ¿Quiere V. saber un secreto? Pues bien, ¡hasta me es V. simpático!"[4]

Es posible que Cañete, como escritor de poemas representables, se recelase algo de estos jóvenes tan temibles en su crítica —después de todo nunca había sido muy afortunado en sus producciones escénicas. Su última, *El Peluquero de su Alteza*, comedia en que colaboró con Manuel Tamayo y Luis Fernández-Guerra, había sido estrenada allá por el año de 1853. Ahora al querer reanudar en 1872 su actividad en este campo se limitó a hacer adaptaciones o a traducir. Primero dio al público dos zarzuelas, *Beltrán y el Pompadour* y *La Flor de*

---

[3] "Kasabal" [José Gutiérrez Abascal], "Revista de Madrid", *La Ilustración ibérica*, Barcelona (1891), 722.

[4] "Clarín" "Palique", en *Madrid cómico*, 29 de enero (1887).

Besalú, de 1872 y 1874, respectivamente. Refundió en 1879 la comedia calderoniana *En esta vida todo es verdad y todo mentira;* finalmente, de marzo de 1890 fue el estreno de *La prensa del lagar,* su traducción de una obra de Jorge Sand.

Nos faltan noticias de la *Flor de Besalú*. De *Beltrán y la Pompadour* sabemos que la obra fue tomada de un drama francés en siete actos y que se estrenó en el Teatro de la Zarzuela el 9 de marzo de 1872.[5] Correspondencia de la época indica que el arreglo fue aplaudido. Con sentido del humor e insinuando los problemas pecuniarios de Cañete, le escribió otro autor dramático, don Carlos Coello: "Tres veces he tenido el honor (y el buen ánimo) de ir a su casa a dar a V. plácemes por el feliz éxito de su Zarzuela, y ni una sola el gusto (y el descanso) de encontrarle en ella. Mañana jueves, si Dios fuere servido, pienso ir la cuarta para vengarme de Vd. con la lectura de una comedia que he hilvanado estos días, no movido de ambición de gloria, no señor, sino necesitado de proporcionarme algo de eso que llaman *dinero*, y que si Vd. no sabe lo que es, yo no lo sé tampoco".[6] La carta fue enviada el 3 de abril de 1872.

La refundición, aparentemente, también tuvo una recepción favorable. Todavía íntimo amigo de varios importantes actores y empresarios, Cañete, y su socio en este proyecto, don José Campo Arana, dedicaron su versión de la comedia a dos famosos talentos de las tablas, a Antonio Vico y a Rafael Calvo. Parece que un empresario, don Felipe Ducazcal, había pedido a los colaboradores que buscasen en el teatro antiguo español alguna comedia con que pudiesen lucirse Vico y Calvo y que lo refundiesen. Campo Arana, opinando en una carta que el poner en la escena *Peribáñez* tendría entonces escaso resultado, tenía también algunas dudas sobre la conveniencia de esta obra de Calderón; él escribió a Cañete: "Acaso este juicio mío [sobre *Peribáñez*] esté fundado en el encanto que me ha producido leer

---

[5] No he visto estas obras. Según Patrick Paul Rogers, *The Spanish Drama Collection in the Oberlin College Library* (Oberlin, Ohio: Oberlin College, 1940), p. 73, núm. 1250: *Beltrán y la Pompadour;* zarzuela en tres actos, música de don José Casares (Madrid: José Rodríguez, 1872), 80 pp. En *The British Museum Catalogue of Printed Books* (Ann Arbor: J. W. Edwards, 1946), tomo IX, p. 119: *La Flor de Besalú*, zarzuela en tres actos, 1874, 8.º.

[6] En José María de Cossío, *Correspondencias literarias del siglo XIX* (Santander: Biblioteca de Menéndez Pelayo, 1930), p. 306.

inmediatamente "En esta vida todo es verdad y todo mentira", sin que yo me atreva a señalar esta última como mejor para el efecto de la presentación de Vico y Calvo en el Español, no porque le falte igualdad en la importancia de los papeles de Heráclito y Leonido, hermosos caracteres desarrollados como Calderón sólo sabía hacerlo, sino por la grande dificultad que ofrece para acondicionarla a nuestra escena y lo embrollado del final que no corresponde a lo demás de la obra". [7] A pesar de estos obstáculos la obra apareció el 4 de octubre de 1879, Calvo representando el papel de Leonido, Vico el de Heráclito. Nueve años más tarde Cañete recordaría con orgullo el éxito que tuvo *En esta vida todo es verdad y todo es mentira*. [8] Afirmó en 1888: "El gran interés que ambos artistas desplegaron la noche del estreno en la ejecución de sus papeles respectivos, les valió copiosa lluvia de aplausos y ser llamados a las tablas multitud de veces. La empresa recogió también el fruto de su buen propósito, viéndose precisada los días en que se efectuaron las primeras representaciones a poner carteles de *no hay billetes* mucho antes de comenzar la función". [9] Una tragedia, sin embargo, había de ocurrir que robó a Cañete gran parte de su placer; murió en 1885 Campo Arana, habiendo sido antes víctima de un trastorno mental.

Muy otra fue la historia desastrosa de *La Prensa del lagar*. Esta vez Cañete sólo pudo lamentar que la obra tuviese "una representación consecutiva", repitiendo con dichas palabras la expresión cínica que empleaba en tales casos su amigo Coello. La traducción fue presentada el primer día del mes de marzo de 1890 por la compañía de Emilio Mario; era la versión española de *Le Pressoir*, una pieza dramática de Jorge Sand de 1853. Don Manuel, sufriendo de pésima salud, se vio incapacitado y no presenció el calamitoso y silbado estreno; pero copió en la *Ilustración española y americana* el testimonio de periódicos de la corte. Asegurando, uno de ellos, que el Teatro de la Comedia estaba completamente lleno esa noche, el diario añadió: "Los socios de cierto círculo, los contertulios de determinado café, los autorcillos de piezas por horas, de revistas insulares y de engendros

---

[7] *Ibid.*, p. 221. Carta s. f.

[8] *En esta vida todo es verdad y todo mentira,* comedia en tres actos y en verso de don Pedro Calderón de la Barca, refundida por don Manuel Cañete y don José Campo Arana (Madrid: José Rodríguez, 1879), 72 pp.

[9] Manuel Cañete, "Teatros", *Ilustración española y americana,* XXXII (1888), 150.

literarios, los del club del hígado, y todos, en fin, los que tenían algún agravio que vengar del eminente arreglador de la obra que se estrenaba, se habían dado cita en el coliseo de la calle del Príncipe, y al levantarse el telón no estaban en sus asientos con la imparcialidad que debe llevar al teatro el que va a ver una obra dramática, sino con la prevención y el cuidado del cazador".[10] En otros periódicos se celebró con fruición la tumultuosa hazaña; Fray Candil, quien adquiría parte de su celebridad atacando a miembros conservadores de la Academia (a Cañete, a los Fernández-Guerra, a Balaguer y a Pidal, por ejemplo), dio festiva publicidad en sus *Capirotazos* al fracaso de la obra prejuzgada. En ellos dijo: "Lo chistoso del caso está en que don Manuel no es el autor... del delito. Cañete ha traducido un drama o comedia de Jorge Sand. Sólo a un crítico académico se le ocurre traducir en estos tiempos de naturalismo una obra de un escritor romántico... Pero Cañete, como la mayoría de los críticos *formalistas,* piensa que la vida no tiene más que una fase. Hablar a Cañete de evolución es... como hablar a mí de metafísica. Ay, Don Manuel! Lo propio que con las especies animales sucede con los géneros literarios: unos viven a expensas de otros".[11]

Cañete defendió el haber traído tan tardíamente este idilio a la escena española; negando que el del naturalismo fuese el único arte dramático digno de la civilización contemporánea, señalando que ya en Francia se verificaba una reacción contra la escuela materialista, explicó que había querido ofrecer al público su versión del poema original por el generoso pensamiento de la comedia, por la integridad del carácter de sus personajes y por su fiel estudio de costumbres del pueblo bosquejadas con encantadora sencillez. Para probar que el éxito desfavorable de *La Prensa del lagar* no se debía a su versión castellana, Cañete también citó en su defensa varios artículos que alababan la bella y escrupulosa fidelidad de su traducción.[12] En suma, este intercambio demuestra bien la enorme distancia estética que separaba el dramaturgo de sus detractores; lo cual no quiere decir que en estos últimos años de su carrera de juez de las letras, don Manuel fuese

---

[10] *Ibid.,* XXIV (1890), 198.
[11] "Fray Candil" [Emilio Bobadilla], *Capirotazos* (Madrid: Librería de Fernando Fe, 1890), pp. 105-106.
[12] Manuel Cañete, "Teatros", *Ilustración española y americana,* XXIV (1890), 197, 198, 211, 214.

despreciado; el que colaborase como crítico teatral con revistas de la categoría de la *Ilustración española y americana, La Academia* y la *Revista de Madrid* prueba que todavía no había perdido sus admiradores. Además, alrededor de 1880 era Director de la Sociedad de Autores Dramáticos; y todavía en noviembre de 1889 el respetado don Francisco Fernández y González, autor de la *Historia de la crítica literaria desde Luzán hasta nuestros días,* señalaba a Cañete como el patriarca de los críticos teatrales de Madrid. [13]

Durante esta última fase de su carrera, a diferencia de sus tiempos con los periódicos *El Faro, El País* y *El Heraldo,* Cañete hizo sus reseñas de teatros y de actualidades esencialmente en revistas. Hubo, sin embargo, excepciones.

Recordamos que en el *Diario de la Marina* hemos encontrado los ataques que hizo Cañete en 1883 contra el krausista Julián Sanz del Río (capítulo anterior, n. 81). Sabíamos también que en diciembre de 1884 Cañete envió cartas literarias al director de ese diario sobre actividades culturales que tuvieron lugar en Poblet y en Villanueva y Geltrú. En otra del 6 de mayo de 1885 el corresponsal informó a sus lectores de la Habana que había dictado desde el lecho su última carta del 28 de diciembre y que, estando enfermo de gravedad, sólo había logrado vencer a la muerte después de dos meses de dolencia.

Es su carta siguiente la que va a ocuparnos aquí; fue del 30 de mayo de 1885 y en ella Cañete habló de *Las críticas de D. Manuel de la Revilla,* publicadas en Burgos en dos tomos aquel año y el año anterior; también en la misma epístola comentó obras de los tres novelistas Pérez Galdós, Pardo Bazán y Alas. Revilla, quien había sido uno de los adversarios de Menéndez Pelayo, en la famosa polémica sobre la ciencia española, fue admirado de los liberales y Cañete confesaba que no podía aceptar todas sus ideas filosóficas. Pero a pesar de estas diferencias en sus principios, creía que cumplía a su buena fe decir que siempre que no le cegaba a Revilla la pasión ni le ofuscaba el espíritu de secta, éste juzgaba con gran lucidez las creaciones de la fantasía y las obras del entendimiento, dando muestras de ilustración nada vulgar y de buen gusto intuitivo. Continuando la carta, don Manuel no hizo comparables concesiones al enjuiciar obras recientes de los novelistas; se diría que él se dejaba influir en exceso por preocupaciones de tipo moralizante si podía escribir:

---

[13] Véase, Cossío, p. 389.

De entre las muchas novelas originales publicadas en estos últimos tiempos, se me vienen a la mano, examinadas ya, *Tormento* y *La de Bringas*, de Pérez Galdós; *La Tribuna* de doña Emilia Pardo Bazán, y el primer tomo de *La Regenta* (único publicado hasta ahora) de Leopoldo Alas (Clarín). Estas cuatro obras, sean cuales fueren las diferencias debidas a las calidades propias del peculiar ingenio de sus diversos autores, parecen ramas nacidas de un tronco mismo, cuya raíz debe estar por lo que se advierte viciada o emponzoñada. ¡Qué infernal espíritu, qué exageración tan repugnante y antiartística la de aquel cura amancebado con la heroína de *Tormento*! ¡Qué malevolencia tan pueril y tan cursi la que informa el vulgarísimo argumento de *La de Bringas*! ¡Y qué índole tan contraria a lo que debía esperarse del claro ingenio, del alma delicada de persona tan distinguida como la señora Pardo Bazán, la de los cuadros generalmente antipáticos de que se compone el desdichado conjunto de *La Tribuna*. En cuanto a *La Regenta*, cuya primera parte va por el mismo sendero de lo exagerado y de lo falso a que ahora se da el nombre del *realismo,* tal vez por lo abiertamente que pugna con la realidad, nada he de decir interín no acabe a salir a luz. [14]

Más reprensible, quizá, que la intolerancia de Cañete en este caso, fuese su clandestinidad. Por lo menos su actitud estética tenía una explicación; Cañete creía que estas formas del realismo tiraban a lo indecente mientras que el fin del arte era el perfeccionamiento moral. Pero ¿cómo se explica su vacilación en publicar en periódicos de Madrid censuras (como las citadas) que prefirió dar a luz solamente en un órgano remoto? Es Clarín quien nos dice en el *Madrid cómico* que el sevillano tenía esa lamentable costumbre: "por los *Reflejos de Fray Candil* —escribió en enero de 1887— he averiguado que Cañete, siguiendo su costumbre y la de otros, de atacar en sus cartas ultramarinas a los escritores a quienes quieren mal, y de los cuales no dicen palabra en la prensa de la Península, digo que Cañete ha publicado en América no sé qué contra este mísero Clarín, según Bobadilla, 'queriendo burlarse de mí'. —¿Conque esas tenemos, don Manuel?— Lo mismo ha hecho V. con Galdós y con otros, más inocentes

---

[14] *Diario de la Marina*, 30 mayo 1885. De otra parte, en su correspondencia literaria publicada en el mismo periódico, el 25 de enero de 1885, él alaba la *Historia de mis libros* de Alarcón.

que yo todavía".[15] Su informante Bobadilla también compuso un artículo "Cañete y 'La Prostitución en la Habana' "; aunque confesó al fin del escrito que no encontraba ninguna relación entre los dos ("como se habrá notado —dijo— maldito lo que tiene que ver don Manuel con el libertinaje habanero"), es obvia la insinuación — el crítico se prostituía en las columnas del *Diario*.[16]

Tanto en el diario como en *La Época* de Madrid, don Manuel atacó al más mordaz de esta cuadrilla de satíricos, a Antonio de Valbuena, el autor de los libros *Ripios aristocráticos* y *Ripios académicos*. Valbuena tenía la costumbre de motejar a Cañete con apodos como "cucañete", "ca..cañete" y "académico de la legua"; también expresaba dudas sobre su honradez. "Respecto a la conciencia profesional —escribió en los mencionados *Ripios académicos*—, es decir, a la conciencia que usa don Manuel cuando ejerce de crítico, el señor Bonafoux averiguó tiempo atrás que Cañete, en cuanto algún poeta tropical le envía una caja de cigarros buenos, le suelta un bombo que le aturde".[17] En el mismo libro Valbuena repasó alegremente ripios que encontraba en poesías de nuestro vate concluyendo sus observaciones con estas quejas de dudoso gusto: "Nacen Espronceda y Enrique Gil, verdaderos poetas, o flores de preciado aroma, como usted decía, y se mueren pronto. Nace usted, verdadera hierba antipoética, o verdadero abrojo literario, y vive usted y dura ¡ay! y escribe..y es usted más viejo que un palmar".[18] Peores expresiones de destemplanza fueron dirigidas a Cañete desde las páginas de los *Ripios aristocráticos*; el mayor delito del crítico fue el de haber querido defender a los marqueses de Molins y de Valmar denunciados en semejantes análisis por Antonio de Valbuena; estos estudios don Manuel llamaba "repugnantes desahogos de malevolencia".[19] Para Valbuena los dos nobles eran poetastros y Cañete un adulador; convendría añadir que publicaba sus artículos en el diario democrático *El Progreso* y que en su política Valbuena era firmemente antimonárquico.

---

[15] En el *Madrid cómico*, 29 enero 1887.
[16] Bobadilla, *Capirotazos*, p. 109.
[17] Antonio de Valbuena [Venancio González], *Ripios académicos* (Coatepec: Tipografía de Antonio M. Rebolledo, 1890), p. 50.
[18] *Ibid.*, p. 63.
[19] Cit. por Valbuena en *Ripios aristocráticos*, 3.ª ed. (Coatepec: Antonio M. Rebolledo, 1889), p. 146.

Finalmente, es un periódico también, en *La Esperanza,* donde se encuentra la reseña que hizo Cañete en 1869 de *La Caramañola,* una comedia en tres actos y en prosa compuesta por don Ramón Nocedal.[20] Todavía no se había ejecutado en ningún teatro cuando Cañete escribió sobre ella el par de artículos encomiásticos que apareció en este diario. Otro comentador, don Fernando Cos-Gayón, denunció la obra en 1870 en la *Revista de España;* declaró en sus páginas que el pensamiento de la pieza era reaccionario y que "supo lo que se preparaba la prensa absolutista, y se desató en alabanzas de la comedia en que se zahiere la institución de la prensa".[21] *La Esperanza* era en efecto un órgano conservador, el principal del carlismo. Además, en su forma impresa no se daba el nombre del autor de *La Caramañola,* sino que se le identificaba con el seudónimo "un ingenio de la corte". Cañete explicó estas irregularidades atribuyéndolas a la nueva situación política; ésta, dijo, imposibilitaba la representación de piezas semejantes en los teatros del país. Habló sarcásticamente en su artículo de "esta gloriosa época de libertades";[22] sin duda el insulto le proporcionó alguna recompensa emocional; tanto le había sucedido con el destronamiento de la reina. Otra satisfacción fue la oportunidad de ayudar así al hijo de don Cándido Nocedal; después de todo, sólo dos años antes en 1867, *La Constancia,* fundada por don Cándido (y suprimida por la Revolución) fue la defensora del crítico en una de sus muchas polémicas.

Antes de ser nombrado el crítico de teatros de la *Ilustración española y americana,* destino que ocupó oficialmente sólo en 1883, Cañete había contribuido revistas teatrales sueltas a esta acreditada publicación. Ya por 1870 aparecieron unas cuantas, siendo la más importante su artículo sobre *El Encapuchado,* una partida en tres jugadas, puesta en acción por don José Zorrilla. Otra vez el crítico quedó convencido de que el poeta valía más que sus obras. "Hasta aquellas donde ha recibido menos aplausos y que no han logrado hacerse populares, —aseveró en este artículo— descubren que su punto de vista es bueno, elevada su manera de concebir los asuntos, y su inspiración llena de misteriosa poesía; más emplea para dar forma visible a sus creaciones medios tan poco adecuados a la genial belleza del fondo, que rara vez

---

[20] Fue reproducida en el diario católico *El Siglo futuro,* el 31 de mayo de 1878.
[21] Véase, *Revista de España,* XIII (1870), 147-153.
[22] Véase, "La Caramañola", *El Siglo futuro,* 31 mayo 1878.

dejan de empequeñecerlas y afearlas."²³ Cañete llamó la atención de sus lectores a algunos de los versos de la pieza, versos que el autor puso en boca del personaje Mariposa. A veces la muchacha se expresa con poética sencillez; por ejemplo, cuando dice:

> .... Desde niñas,
> Vida común hemos hecho:
> Mi madre te dio su pecho;
> Juntas las siembras y viñas
> De Quintanilla corrimos,
> Al par con las mariposas
> Que alegraban, revoltosas,
> Sus espigas y racimos.

Pero, enamorado el poeta del retruécano, de las exageradas trasposiciones, la hace decir en otra ocasión:

> "Yo nací vueltas en torno
> De los que amo para dar." ²⁴

Los años 1870-1874 podrían llamarse la primera época de Cañete con la *Ilustración;* durante ella el académico escribió copiosamente para la revista. Sin embargo, casi todos sus artículos de entonces fueron de crítica literaria en vez de crítica dramática específicamente. Así es que encontramos en estos tomos de la *Ilustración* escritos suyos sobre los poetas Felipe Pardo y Aliaga, San Gregorio Nacianceno, Narcisa Pérez Reoyo ²⁵ y Antonio Arnao; es en este período cuando publica también los ya mencionados artículos sobre el crítico Villemain y la lírica española, sobre el auto de Caín y Abel y sobre las doncellas cantaderas de

---

²³ Manuel Cañete, "Revista de teatros", *Ilustración española y americana,* XIV (1870), 378.
²⁴ Cit. en *Ibid.,* 379.
²⁵ Véase también: *Horas perdidas.* Colección de poesías de doña Narcisa Pérez Reoyo de Boada, precedida de un prólogo del Ilustrísimo señor don Manuel Cañete de la Real Academia Española (Lugo: Imprenta de Soto Freire, Editor, 1874), xiii-594 pp. Otras obras menores que Cañete prologó en estos años son: *Entre el cielo y la tierra.* Poesías de la señorita doña Joaquina García Balmaseda, precedidas de un prólogo del señor don Manuel Cañete, individuo de número de la Real Academia Española (Madrid: Imprenta de M. Campo-Redondo, 1868), vii-160 pp. Don Eduardo Malvar, *Recuerdos de un viaje a los santos lugares* (Madrid: Imprenta Calle del Pez, 1876), xxv-xxxx-202 pp. Con prólogo de Manuel Cañete.

León. Además, de su pluma y escrita para el mismo órgano fue una serie de memorias sobre la Exposición de Bellas Artes de 1871.[26]

El hiato representado por los años 1875 a 1883, los que separan las dos épocas de la labor de Cañete con la *Ilustración* fue ocupado por otras actividades suyas de diversa índole. Por ejemplo, él mantenía entonces correspondencia con don Gaspar Núñez de Arce sobre asuntos de poesía. Fue en 1875 que aparecieron los *Gritos de combate* de don Gaspar. El poeta escribió a Cañete el 29 de marzo de aquella primavera; enviándole sus nuevos versos, le pidió que los leyese y juzgase. El texto de la súplica es informativo y muestra que el poeta pensaba que la aprobación de don Manuel influiría favorablemente en la venta del libro. "Hojee usted, si tiene tiempo, mis poesías —le rogó— y si las cree merecedoras de su crítica, escríbala usted, querido Cañete, porque estoy cesante, necesita ganarme la vida, y su autorizada opinión a más de honrarme, si es favorable, o, por lo menos, no me es adversa, puede facilitarme la venta de ejemplares."[27] Con esta carta Josefina Romo Arregui ha publicado la contestación entusiasta del sevillano: "Mil y mil gracias por el ejemplar de los "gritos de Combate", que conservaré entre mis libros como inestimable joya. Ayer lo recibí y ya lo he leído y releído entero con singular delicia, y lo volveré a leer aun repetidas veces. Lo bueno goza el privilegio de deleitar cada vez más el ánimo". Llamando una necesidad de su corazón el hacer un juicio crítico de las bellísimas selecciones del tomo, Cañete prometió que prepararía un estudio razonado de ellas para la *Revista de España*.[28]

Otro quien buscó la intercesión del sevillano por entonces fue el joven Juan Cavestany, dramaturgo estimable. Sólo tenía diecisiete años cuando en 1878 escribió a Cañete pidiéndole que le protegiese de una falsa acusación. Parece que el periodista satírico don Eduardo Lustonó había enviado a *El Globo* de Madrid un comunicado denunciatorio; en él intentó probar que la poesía de Cavestany titulada "Las ermitas

---

[26] No olvidemos que Cañete entró en la Real Academia de Bellas Artes de San Fernando en mayo de 1880; en esa corporación era Vocal de las Comisiones permanentes de Monumentos históricos y de la Inspección de Museos.

[27] Cit. por Josefina Romo Arregui, en *Vida, poesía y estilo de D. Gaspar Núñez de Arce* (Madrid: Consejo Superior de Investigaciones Científicas [*Revista de Filología Española*, Anejo XXXIV], 1946), p. 183.

[28] Cit. por *Ibid.*, p. 193. Es interesante notar que Núñez de Arce sucedió a Cañete como Censor de la Academia.

de Córdoba" fue un plagio. Desde luego Cañete no había perdido el antiguo espíritu batallador de sus tiempos juveniles y además ya era el introductor del joven dramaturgo, habiéndole llamado en febrero de aquel año "una legítima esperanza de la musa escénica" en las páginas de *La Academia*.[29] La delicada situación finalmente había de culminar en una confrontación física entre los dos críticos. Aunque no sabemos muchos detalles, otro protegido de Cañete, Carlos Coello,[30] mencionó algunos en una carta firmada en octubre; allí indica que Cañete estuvo a punto de tener un desafío con Lustonó. "Estoy viéndole a Vd. —le escribió a su protector— en el pasillo del Teatro metiéndole a su contrincante el puño del bastón por los ojos y poniéndole como ropa de pascua. Repito mi enhorabuena por el desenlace pacífico y honorosísimo para Vd."[31] El asunto no tuvo mayores consecuencias.

El tercer tomo de *La Academia* contiene una carta de Cañete dirigida a don Juan de Dios de la Rada; en ella, el 15 de mayo de 1878, el periodista dio razón de *Consuelo*, la obra maestra de su amigo don Adelardo López de Ayala. No deja de desilusionar la carta porque, a pesar del valor histórico-literario del poema, el escrito se reduce esencialmente a una verbosa enhorabuena. Incluye también, y esto podría hacerlo útil a investigadores modernos, muchas citas que hizo don Manuel de otros críticos que le habían adelantado en esta tarea; en efecto, pasado mes y medio desde la fecha del estreno, se encontró con poco que añadir a los ya abundantes comentarios. No obstante, en *Consuelo* Cañete descubrió el tipo de realismo que él tuvo por el más apropiado. "¿Qué hay en *Consuelo* que no sea natural, verdadero, humano; —preguntó en otra ocasión— que no arranque de las entrañas de la sociedad en que vivimos; que no está en perfecta armonía con la realidad, bien que revestido sobriamente del barniz poético indispensable para dar brillo a la creación artística?"[32]

Cañete colaboró con dos excelentes revistas más antes de principiar su segunda época con la *Ilustración española y americana;* fueron la

---

[29] Manuel Cañete, "Crítica dramática", *La América*, III (1878), 91. En el mismo artículo presentó al novel dramaturgo don Pedro de Novo y Colson, alabando su obra *La Manta del caballo*.

[30] Cañete escribió el prólogo de su *Roque Guinart*, drama en tres actos y en verso (Madrid: Imprenta de la Biblioteca de Instrucción y recreo, 1874), xxi-132 pp.

[31] En Cossío, p. 308.

[32] Manuel Cañete, «Los teatros», *Ilustración española y americana*, XXVII (1883), 111.

Revista de Madrid y la *Revista hispanoamericana*. Se le encargó a don Manuel la sección de teatros de aquélla en 1881; en ésta, en 1882, iba apareciendo, entre otras contribuciones suyas, su famosa biografía de José Joaquín Olmedo. [33] La condesa de Pardo Bazán ha declarado que en este trabajo sobre el poeta peruano Cañete dio la medida cabal de sus facultades críticas. [34]

En 1881 Cañete aceptó la invitación de apreciar en la *Revista de Madrid* el mérito de obras escénicas; pero la aceptó suspirando. Casi un sesentón, no muy robusto, tales cargas empezaban a parecerle bastante pesadas. "Esto de andar todas las noches de ceca en meca —escribió, dirigiéndose a don Miguel García Romero— o lo que es igual, de teatro en teatro, corriendo como si dijéramos a caza de estrenos, para luego tener que dar caza con la pluma a desdichados autores o a actores infelicísimos, es cosa más grave de lo que parece a primera vista, y no cuadra ya muy bien con mis años ni con mis achaques." [35] Pero el crítico, sentándose siempre en los teatros en una butaca de las primeras filas y apuntando atentamente sus notas, continuaría por diez años más esta rutina fatigadora. Sin duda su situación económica hacía necesaria tales andanzas, aunque algunos han creído erróneamente que era holgada. [36] Como revistero ya había fijado sus cánones; creía que el arte

---

[33] El estudio sobre Olmedo forma la segunda mitad del libro *Escritores españoles e hispanoamericanos* publicado en 1884. No debe olvidarse que de 1881 fue el discurso académico de Cañete sobre Andrés Bello. Otra muestra de su interés en Hispano-América fue su artículo sobre las poesías de Casimiro de Collado, miembro de la Academia mexicana, que salió en la *Revista de Madrid* en 1881.

[34] Escribió además en su *Nuevo teatro crítico*, Año I, diciembre (1891), 42: "El estudio sobre Olmedo no podrá llamarse definitivo, porque no podía Cañete azotar como lo azota, verbigracia, Menéndez y Pelayo (no en el terreno de la erudición, según imaginan los profanos, sino en el de la comprensión y análisis); pero será de perpetua consulta para los que aspiran a conocer la literatura hispanoamericana". Ella encontró en la biografía bien escogida erudición, cabal dominio del asunto, acertada elección de autoridades, limpieza y buena pasta del estilo y lenguaje.

[35] Manuel Cañete, "Crítica teatral", *Revista de Madrid*, I (1881), 21. Léase también en la entrega del 22 de septiembre de 1885 de la *Ilustración española y americana* el artículo de Clarín "Carta a un sobrino disuadiéndole de tomar la profesión de crítico".

[36] Según "Kasabal", Cañete "era solo y reunía muy buenos sueldos; pues además de sus cargos académicos, tenía el de Secretario de la Junta de Damas de la Justa Superior de Señoras para la Beneficencia, y además de sus trabajos en la *Ilustración española y americana*, colaboraba en varias revistas de América, que le pagaban muy bien", en "Revista de Madrid", *La Ilus-*

no podía realizar su destino siguiendo los caprichos de la moda o la tiranía de las escuelas. Poco amigo de la ciega fatalidad como tema artístico, quería que el teatro buscase direcciones más cristianas, más inspirativas. "El drama actual debe desarrollarse al calor de la esperanza —aseguró, al escribir su aceptación— debe ser el drama de la Providencia porque ésta, como el ángel a las almas puras, va conduciendo progresivamente a la humanidad al suspirado término de su regeneración." [37]

Para esta revista Cañete produjo algunas defensas de nuevas obras de Cavestany, el joven dramaturgo, y, en tres artículos muy extensos, su análisis de *El gran galeoto*. A pesar del excesivo mal humor con que juzgó esta obra de Echegaray, Cañete ha escrito en su reseña algunos reparos perspicaces. Tal vez su irritación se debiese en parte al entusiasmo casi sin precedentes del público y de la prensa; otros autores españoles del siglo, autores dramáticos a quienes Cañete consideraba artífices superiores a Echegaray, no habían gozado tanta aclamación popular. Según el articulista, la noche del estreno, dentro del teatro, hubo salvas repetidas de aplausos, gritos de asombro, rugidos; después, al aire libre, llevaron "en triunfo al señor Echegaray en las altas horas de la noche desde la calle del Príncipe a la calle de la Princesa, acompañándole con hachas encendidas del modo que se acompaña al Viático, aclamándole y vitoreándole como se aclamaba y se vitoreaba en Grecia a los triunfadores olímpicos". [38] Se leía en los periódicos que Echegaray había abierto nuevos campos. Pero Cañete no encontró muy nuevo el recurso de usar un diálogo entre Ernesto y Julián para explicar el sentido de la comedia, un prólogo que tantos llamaron atrevido y genial. Aun Plauto, dijo, había expuesto los fundamentos del drama *Anfitrión* en un diálogo preliminar y dramaturgos españoles renacentistas siguieron la misma costumbre. "Apelar a tan añejo recurso —amonestó— con objeto de hacer comprensible lo que el drama está obligado a explicar por sí mismo..., es un retroceso contrario a las leyes por que hoy se rige la dramática." [39] Lo nuevo aquí fue la tesis del autor y Cañete la tuvo por falsa e indemostrable, como tuvo por extravagante el título. El propósito de convertir a *todo el mundo* en gran Galeoto, o

---

tración ibérica (1891), 722. Es verdad que las revistas americanas le pagaron más que a otros corresponsales.

[37] Manuel Cañete, "Crítica teatral", *Revista de Madrid*, I (1881), 24.
[38] *Ibid.*, 284.
[39] *Ibid.*, 344.

sea en alcahuete, le parecía una ridícula falsificación de la realidad humana. Pero la fría y precisa lógica del crítico probablemente no sirvió para rebajar ni un dedo a Echegaray en la estimación de sus innumerables admiradores.

En una carta de fines del mes de diciembre de 1882, el discreto director de la *Ilustración española y americana,* don Abelardo José de Carlos, hizo una súplica a nuestro erudito. "Deseando que en *La Ilustración* aparezcan críticas y revistas teatrales escritas con notable acierto, me permito suplicarle me diga si tendrá inconveniente en hacerse cargo de esta sección. Como creo a Vd. el único en Madrid sea capaz de darle el interés que necesita, de aquí el tomarse esta libertad." [40] Cañete aceptó, presintiendo seguramente cuántas dificultades el nuevo puesto le presentaría; si sólo habían existido en Madrid tres teatros cuando él llegó en 1844, ahora, cuarenta años más tarde, la capital poseía más de una docena.

La mayoría de sus reseñas teatrales en la *Ilustración* se ocuparían del fecundo escritor don José de Echegaray y de los dos adherentes del matemático, Eugenio Sellés y Leopoldo Cano. De Echegaray juzgó: *Conflicto entre dos deberes,* Un *milagro en Egipto,* Vida *alegre y muerte triste, El bandido Lisandro, La realidad y el delirio, Los dos fanatismos, El hijo de hierro y el hijo de carne, De mala raza, Lo sublime en lo vulgar, Manantial que no se agota, Los rígidos, El prólogo de un drama y Un crítico incipiente;* de Sellés comentó *Las esculturas de carne* y de Cano, *La Pasionaria.* En general Cañete condenaba este grupo diciendo que se alejaba de toda idealidad poética y que buscaba su inspiración en lo tremebundo. Condenaba también lo que llamaba el estilo telegráfico de Echegaray, estilo de preguntas y respuestas.

Con todo, don Manuel encontró mérito en algunas producciones del popularísimo dramaturgo. El estudio trágico en tres actos y en verso *Un milagro en Egipto* (1883) tenía un carácter especial que dio gusto al erudito. Trataba de una época muy remota de la historia de ese país; Cañete consideraba la obra una excelente aplicación al drama del método arqueológico de Flaubert, un estudio minucioso de paganos como el de *Salammbô. Vida alegre y muerte triste* (1885), *Lo sublime en lo vulgar* (1888) y *Un crítico incipiente* (1891) completan la lista de obras de Echegaray que recibieron la aprobación crítica del revistero.

---

[40] Cossío, p. 289.

Las relaciones entre Echegaray y Cañete cayeron a su nadir cuando éste publicó en 1887 un artículo titulado "Génesis del drama 'Dos fanatismos'". El caso es complicado, pero parece que un tal don Justo Rodríguez Alba terminó en 1885 el manuscrito de *¿Religión o fanatismo?*, una obra escénica. Faltándole confianza en sus propias fuerzas, dio el manuscrito a otros para que lo leyesen; luego un amigo le puso en relación con un dramaturgo muy conocido. Lo leyó también éste y ofreció recomendarle al señor Calvo de la compañía del Teatro Español. Pasado algún tiempo se cumplió lo prometido, pero el empresario le manifestó que ya tenía otro drama sobre el fanatismo religioso y que sería imposible usar dos análogos. El 30 de enero de 1887 Cañete publicó una carta de Rodríguez dirigida a él y en la cual se explicaban todos estos antecedentes; también se aclaró en ella que el otro drama era del mismo autor que le recomendó a Calvo. Después en el artículo de 1887 el crítico dijo de *Dos fanatismos*: "bien mirado el nuevo drama de Echegaray no es más que una especie de variación sobre el tema de *¿Religión o fanatismo?*"[41] Pronto salió la obra de Echegaray impresa y llevando una advertencia; allí el autor sostuvo que había planeado el drama ya por 1882 pensando en el título *Un neo y un ateo;* relató la historia de la pieza y terminó diciendo: "No pensaba explicar al público la génesis de mi obra, relato que en verdad poco le interesa; pero a ello me obligan las impertenencias absurdas y ridículas de unos, y el haber sido indignamente acogidos por otros".[42] Cañete contestó que si Echegaray ya tenía planeada su obra que debía habérselo advertido sinceramente a Rodríguez cuando el aspirante solicitó su consejo profesional. E increpó a su vez: "No hay, pues, indignidad de ninguna especie en haber traído a colación, para apreciar dramas de un mismo asunto, la historia que refiere con tan cortés mesura en el mencionado prefacio [la carta] el señor Rodríguez Alba. Si no es exacto lo que este señor dice, con apariencias poco favorables a su generoso patrocinador; si las indicaciones que hace son impertinencias absurdas y ridículas, allá se las entienda con él el señor Echegaray. En cuanto a mí, ni en este caso, ni en ninguno, he de recibir lecciones de dignidad del celibérrimo poeta".[43] Pero al año siguiente el crítico tomó

---

[41] Manuel Cañete, "Génesis del drama 'Dos fanatismos'" *Ilustración española y americana*, XXXI (1887), 71.

[42] Cit. por Cañete en *Ibid.*, XXXI (1887), 103.

[43] *Ibid.*

la iniciativa en reconciliarse con Echegaray. Le rogó que prestase su prestigio al homenaje en el Teatro Español por la memoria del joven actor Rafael Calvo. Además, escribió en la *Ilustración*: "a nadie como al autor de *El gran Galeoto* de tantas obras superiormente interpretadas por Calvo correspondía el honor, triste y grato a la par, de encarecer en tan solemne ocasión el mérito extraordinario del artista y el noble carácter del amigo". [44]

Por lo común Cañete no estaba tan dispuesto a perdonar reales o supuestas ofensas. Esto lo demostró en su proceder con Clarín en la ocasión del gran triunfo de *La Pasionaria*. En cuanto a este drama en tres actos de don Leopoldo Cano, Cañete informó a sus lectores: "desde que se representó en el Teatro de Variedades más de sesenta noches consecutivas *La Cruz del matrimonio*, no había conseguido igual fortuna en los coliseos de Madrid ninguna producción dramática de cierta importancia hasta que se ha puesto en escena el nuevo drama original de don Leopoldo Cano. Las mismas obras de Echegaray que obtuvieron mayor éxito, como *El gran Galeoto* y *Conflicto entre dos deberes*, no llegaron al número de representaciones seguidas que ha logrado *La Pasionaria*". [45] Impasible, no guiado por la opinión del gran público, Cañete negó que el drama fuese bueno, como años antes había hecho en similares circunstancias al exponer sus ideas sobre *La cruz del matrimonio*. Cuando Clarín, quien admiró en este caso la fortaleza del disidente, [46] se lo indicó por escrito, Cañete no quiso contestarle. "A propósito de cartas, señor Cañete —se quejó más tarde el novelista, en el *Madrid cómico*—. Yo también le he escrito a V. una hace tiempo para felicitarle por su valentía al luchar sólo contra todos los defensores de *La Pasionaria*... Sé que soy un escritorzuelo insignificante, y a V. debo de parecerle todavía más insignificante de lo que soy. Pero la cuestión está en averiguar si a una carta de felicitación, respetuosa, hasta amable, se debe contestar, por poco que valga quien la escribe." [47]

El 28 de octubre de 1883 salió el *Madrid cómico* adornado de una caricatura de Cañete; se veía muy garboso en el dibujo, fumando

---

[44] En *Ibid.*, XXXII (1888), 278.
[45] En *Ibid.*, XXVII (1884), 99.
[46] Dice en sus *Ensayos y revistas (1888-1892)* (Madrid: Manuel Fernández y Lasanta, 1892), p. 133: "Cuando la crítica militante contribuyó escandalosamente al éxito de *La Pasionaria* del señor Cano, Cañete fue de los pocos que supieron protestar contra semejante absurdo".
[47] Clarín, "Palique", *Madrid cómico*, 26 octubre (1884), 6.

un cigarro, descansando el codo derecho en un montón de críticas que le pasaba de la cintura. Por debajo había unos versos que decían: "Muy sensato al criticar, / Enemigo del rigor, / y tan cortés, que al pegar / parece que hace un favor". Hasta aquí se han considerado solamente sus críticas severas en *La Ilustración;* pero, como sugiere el poema, él se mostraba también indulgente con ciertos dramaturgos y a algunos favorecía. Fueron éstos con sus obras que Cañete aprobó en la revista: Pedro Novo y Colson, autor de *Vasco Núñez de Balboa, Un archimillonario* y *La bofetada;* Miguel Echegaray, el de *Sin familia* y *En primera clase;* Ricardo de la Vega (hijo de Ventura), el de *La abuela, El domingo gordo, A casarse tocan* y *¡Bonitas están las leyes!;* Gaspar Núñez de Arce, el autor de *El Haz de leña;* Carlos Coello, el de *La mujer de César;* y Vital Aza, el de *El sombrero de copa, El Señor Gobernador* y *El Señor Cura*.

En las mismas columnas se hallan abundantes noticias sobre afamados cómicos; allí don Manuel habla de los estilos declamatorios de las actrices Concepción Rodríguez, Joaquina Baus, Matilde Díez, Bárbara y Teodora Lamadrid, María Guerrero, Sarah Bernhardt, Lina Novelli y Eleonora Duse;[48] describe asimismo las aportaciones particulares de Joaquín Arjona, Antonio Guzmán, Manuel Ossorio, José Valero, Antonio Vico y de Ricardo y Rafael Calvo. En 1888 tuvo la triste tarea de componer la necrología de don Rafael Calvo y en 1891 escribió con dolor la del viejo y empobrecido don José Valero. Al tributar homenaje a la memoria de don José, Cañete rogó: "séame dado lamentar aquí tan irreparable pérdida, y recordar con lágrimas nacidas del corazón que Valero ha sido el más espontáneo, el más inspirado, el más original y más grande de los actores españoles del siglo actual".[49]

Ayala, Selgas, Coello, Luis Fernández-Guerra y Rodríguez Rubí también murieron en los años que el crítico colaboraba en la *Ilustración;* finalmente, hubo de aparecer el retrato de Cañete mismo en la revista, junto con el anuncio de su muerte en Madrid el 4 de noviembre de 1891.

---

[48] Habiendo visto desempeños de ambas señoras, Cañete tenía a Duse por mejor actriz que Bernhardt.

[49] Manuel Cañete, "Los teatros", *Ilustración española y americana*, XXXV (1891), 38. Javier de Burgos envió a Cañete un telegrama que decía que la última carta y recuerdos de Valero habían sido para el crítico y sus compañeros. Véase, Cossío, p. 214.

Había hecho un tiempo abominable en la capital ese otoño; primero vinieron lluvias, seguidas de un frío penetrante de principios de noviembre. Por entonces don Manuel tenía la costumbre de ir todos los días a la casa de Aureliano Fernández-Guerra; su hermano adoptivo guardaba cama, medio ciego y seriamente enfermo de una bronquitis. Después de una de estas visitas, Cañete contrajo en las calles la pulmonía que le fue fatal.

Murió el 4 de noviembre a las tres de la tarde, habiendo recibido dos días antes los Santos Sacramentos. Falleció en un modesto piso, cuidado por algunos fieles servidores y rodeado de amigos cariñosos.

Se le enterró en un alto nicho del Sacramental de San Justo, el 5 de noviembre a las dos y media. Antes del entierro muchísimas personas, en su mayoría literatos, habían venido a verle en la casa mortuoria. El cadáver, vestido con el hábito de San Francisco, fue colocado a la hora debida en una sencilla caja de cinc; ésta, a su vez, fue puesta en un coche fúnebre, todo negro. El féretro iba en una carroza tirada por cuatro caballos empenachados; a los dos lados marchaban porteros de la Academia de la Lengua y del Teatro Real con hachas encendidas. Sobre el féretro se veían las coronas mandadas por la Academia de la Lengua, la *Ilustración española y americana* y el Círculo Artístico Literario. El duelo fue precedido por Tamayo y Baus y por otros individuos de varias academias y sociedades. La Infanta Isabel envió un carruaje; en él iba el marqués de Nájera en su representación. Siguieron el duelo cerca de cien carruajes más. La comitiva marchó por la calle de los Caños, la plaza de Isabel II, la calle de las Fuentes, la Calle y Plaza Mayor, la Calle de Toledo a la Sacramental de San Justo. Formaron parte de ella el Duque de Rivas, el Marqués de Roncali, José Echegaray, Juan Valera, Emilio Castelar, Manuel del Palacio, Antonio Sánchez Moguel, Narciso Campillo, Ricardo de la Vega, Joaquín Balaguer, Javier de Burgos, Antonio Vico, Ricardo Calvo y otras notabilidades.

Cuando Tamayo supo que Cañete no había dejado ni testamento ni capital alguno, le dio parte de ello a un juez competente para que se incautaran los muebles del ilustre muerto. Tras consecuentes determinaciones jurídicas, Emilio Cotarelo adquirió los papeles del crítico, documentos que más tarde regaló a don Marcelino Menéndez Pelayo.

En todos los principales periódicos de Madrid se insertaron necrologías del finado; la de Emilia Pardo Bazán apareció en su *Nuevo teatro crítico* como la de José Fernández Bremón en la *Ilustración española y americana;* en Barcelona, José Gutiérrez Abascal, "Kasabal", publicó otras notas biográficas en *La Ilustración ibérica*. El 2 de febrero de 1894, Santiago de Liniers, al pronunciar el discurso de su recepción pública en la Real Academia Española, pintó un retrato de la fisonomía literaria del difunto compañero. Dijo el nuevo socio en esta ocasión: "No son los tiempos presentes, y líbreme Dios de abominarlos, favorables como los de Cañete a la polémica literaria, ni los géneros, ni aun los individuos que los cultivan apasionan a nadie, ni la crítica razonada, rigurosa y austera puede ejercerse aplicando sus inflexibles reglas a la producción de los contemporáneos". Y añadió: "Correría quien tal hiciese el riesgo que no corrió jamás nuestro llorado compañero en los años mejores y más activos de su incansable labor; el riesgo de no ser leído ni escuchado por nadie, ni aun por los mismos criticados". [50] Pero hubo por lo menos un criticado contemporáneo a quien no podía aplicarse fácilmente la última frase citada. La verdad es que la más sensible de las necrologías dedicadas a Cañete había salido en *El Imparcial;* llevó la firma de un novelista quien en vida de don Manuel se llamaba su irreconciliable adversario en letras; [51] en fin, el autor del artículo fue don Leopoldo Alas.

---

[50] En *Discursos leídos en las recepciones públicas de la Real Academia Española*, 2.ª serie, III (1947), p. 226.

[51] Véase, Cossío, p. 110.

Apéndice

CORRESPONDENCIA LITERARIA HASTA AHORA INÉDITA

Aunque Cañete murió sin blanca, ha legado a una afortunada posteridad la acumulación de años de su correspondencia. Varios estudiosos se han aprovechado de la ventajosa herencia, utilizando las cartas para investigaciones literarias. Sería instructivo nombrar a algunos: en 1922, a base de esta correspondencia, Alberto López Argüello arregló su conocido *Epistolario de Fernán Caballero;* los hispanistas Edgar Allison Peers y Gabriel Boussagol la usaron para sus respectivos estudios sobre el Duque de Rivas en 1923 y 1926; lo mismo hizo Emilio Cotarelo y Mori al preparar "La Avellaneda y sus obras" para el *Boletín de la Academia Española* en 1930; el mismo año Miguel Artigas, en la página 423 de su *Catálogo de los manuscritos de la Biblioteca de Menéndez y Pelayo,* identificó varios artículos sueltos nacidos de las cartas de don Manuel; más recientemente, en 1946 y 1961, las han podido utilizar Josefina Romo Arregui y Ramón Esquer Torres —la escritora hizo de algunas un apéndice para su obra *Vida, poesía y estilo de don Gaspar Núñez de Arce,* y no necesita explicación el artículo "Epistolario de Manuel Tamayo y Baus a Manuel Cañete", insertado por el señor Esquer Torres en la *Revista de literatura.*

La suma cortesía de don Ignacio Aguilar, el distinguido director de la biblioteca santanderina, hace posible que aquí se publiquen diez cartas más de la misma colección. Todas son de literatos, pero son muy diversas en sus temas, tonos, fechas y extensión. La más larga, con mucho, es el número IX, en que el erudito don Antonio Sánchez Moguel da raros datos sobre los orígenes del teatro sevillano; la más conmovedora es el número VI, sobre la convalencia de don Aureliano Fernández-Guerra, ausente de Madrid en El Escorial; la más interesante como documento sería el número V, donde don Antonio Gil y

Zárate, abatido, rememora el fracaso del Teatro Español. Las demás llevan las firmas de Eustaquio Navarrete, Antonio García Gutiérrez, José de Bremón, el marqués de Cabriñana y Pascual Gayangos. Tienen, pues, gran variedad y en cada caso se ha respetado la ortografía de las originales autógrafas, sin enmendarla.

CARTA I.

Abalos 19 de mayo de 1846

Sr. D. Manuel Cañete;

Amigo mio: disimulará V. que no haya contestado antes a su apreciable última, pues habiendo venido algunos amigos a buscarme para ir a las fiestas de Sto. Domingo de la Calzada á que acude toda esta provincia, he aprovechado esta ocasión para desenfrailar por algunos dias en una espedicion agradable. Nada tengo que decirle a V. mas que darle las gracias por haberse acordado de mi podre nombre para honrarlo, incluyendolo en el numero de los redactores de la Revista de Europa: he visto el primer numero y si por el se ha de juzgar creo que corresponderá el periódico a la bien merecida reputacion de los que lo escriben: su artículo de V. sobre todo me ha gustado infinito y tanto mas cuando que yo abundo en las mismas ideas que V., y ya hace mucho tiempo que estoy diciendo que Zorrilla con todas sus buenas dotes de imaginacion y facilidad está haciendo por la ligereza y desaliño un gran perjuicio a la literatura, pues seducido el público con las brillantes dotes de su poeta favorito se acostumbra a su estilo, y de este modo se pervierte el gusto en terminos que los que escriben con conciencia y pulso pueden estar seguros de ser poco leidos; y como todos los que escriben aspiran a la popularidad muchos buenos ingenios se descarrian, amando mas la gloria efimera de ser imitadores del fecundo poeta que llegar a la posteridad con buen nombre: no hablo de los poetastros sin talento que queriendo darse a la imitacion abultan sus defectos y no saben hacer suyas ningunas de sus bellezas. Yo a Zorrilla lo comparo al inagotable Lope de Vega; como este ha sabido hacerse popular, como este legara un nombre a los siglos futuros; pues apenas ninguna composicion suya merecerá llegar a ellos como apenas ninguna composicion de Lope merece ser leida en este siglo.

Lastima grande que nuestros mas asombrosos talentos en todas epocas se agosten por estimar mas las faciles laureles de un dia que la gloria duradera que se consigue con el estudio, el detenimiento y el juicio.

Hablando ahora de mis artículos (que desearia que fuesen tan buenos que no desdijesen de los bellos y elegantes que se publicaran en la revista), supuesto que en la del español se publicaron todos los que remití hasta el reinado de D. Alonso exclusive que son los que forman la primera parte de mi escrito me parece que cuando se trate de insertar los que siguen podrian encabezarse de este modo: *D. Alonso el Sabio*: articulo 1° 2° 3° & y poner todos los que respectan a este rey sin hacer caso de la numeracion antigua: los que siguen los encabezaremos literatura del siglo catorce; y los pondremos con numeracion aparte. V. comprendera las causas porque quiero hacer esta variación. La primera es porque habiendose de incluir en una publicacion que nada tiene que ver con la revista del español antigua, no hay para que tener en cuenta la numeracion de sus articulos: la segunda razon es porque siendo el alma de un periodico la variedad, hay lectores que se cansan cuando se les presenta una larga serie de artículos y con solo ver su numeracion se retraen de la lectura y el modo de evitar esto es presentar los artículos en grupos para que de este modo conozcan mejor la variedad de asuntos que en ellos se trata. En fin, en esto como en todo me pongo enteramente en manos de V.

Conservese V. bueno y mande como guste a su aff.^{mo} amigo y servidor.

Q.S.M.B.

E.J. Navarrete.

CARTA II.

Por fuera: Sr. D. Manuel Cañete
Redacción de la Gaceta de Teatros
Madrid

Sevilla 11 de Dic.^{bre} 1848

Sr. D. Manuel Cañete
Madrid

Muy Sr. mio: sabedor por nuestro amigo Tamayo, de que existen en poder de V. algunos periódicos que me han sido dirigidos á esa desde la Habana, estimaría tuviera V. la bondad de entregarlos al Sr. D. Pablo Aparicio, que es el dador de esta, y se encarga de remitirlos por uno de los mayorales de las diligencias.

Aprovecho esta oportunidad para dar á V. las mas expresivas gracias por la buena opinion que, como escritor, de mí tiene, y que confieso no merecer. He visto algunos artículos suyos, que me han consolado cuanto es posible, de la ingratitud y del olvido del público; sin embargo, ya voy creyendo que lo más conveniente para mi tranquilidad, poner los medios para que me olvide eternamente.

Aqui espera sus órdenes, su af.^{mo}

A. García Gutiérrez

C.^{e} del Desengaño n.º 6 C.^{to} pr$\bar{\text{a}}$l de la derecha; vive D. Pablo Aparicio donde podra dirigirse si se urge contestar.

CARTA III.

Sr. D. Manuel Cañete.

Muy Sr. mio y amigo: me he tomado la libertad de disponer de V. con el objeto de que me lea el drama consabido, en el teatro del Príncipe, ó donde V. y el amigo Delgado dispongan.

Si V. no pudiera acceder a mi deseo, lo estimaria q.^{e} me lo avisara con tiempo, porque la cosa urge.

Yo había pensado titular el drama *Un duelo a muerte,* pero no le gusta á Adelardo. Usted me dirá lo que le parezca.

No haga V. caso de algunas incorrecciones de lenguaje que se enmendarán en la impresión.

Le da anticipadas gracias y se ofrece como siempre á sus órdenes, su amigo af.^{mo} q.b.s.m.

A. García Gutierrez

Diciembre 2.

CARTA IV.

Vitoria 22 de mayo de 1849

Mi querido Cañete: —He seguido con el interés propio de nuestra fiel amistad la polémica empeñada entre V. y Rubí. Los últimos artículos que publican los periódicos me han alarmado, puesto que pueden dar ocasión á consecuencias desagradables. Espero que V. se apresurará á calmar mi natural inquietud, como lo exije la correspondencia de nuestro afecto. —Imposibilitado por mi alejamiento de ejercer en este caso los oficios de un amigo leal, creo que la intervencion de los muchos con que V. cuenta habrá evitado que se lleven a su extremo lamentables cuestiones que por su naturaleza solo deben tratarse en el campo del raciocinio y de la templada y pacífica discusión.

Cuando V. me conteste le diré francamente mi opinion sobre las causas que han producido este conflicto, que espero sea el último que V. experimenta en su distinguido desempeño de la crítica literaria. De otro modo sería imposible seguir una carrera cuyos laureles Vd. ha de conquistarse por cierto con la punta de su florete.

Diga V. á Cervino que no le ha remitido el importe de la venta de su poema, porque aun no se han despachado todos los ejemplares ó sea los 15. que componen la totalidad de los que tenía y los que me remitió. En semana santa solo le vendieron ¡cinco! Es verdad que las abundantes nieves alejaron á los fieles de la concurrencia i los ejercicios devotos. El Vicario encargado de esta espedicion lleva ya vendidos otros tantos.

Si tiene V. un momento de lugar le estimaré compre y me remita con Micaela los tomos que me faltan de las obras siguientes, a las cuales estoy suscrito: y cuyo importe le abonaré:
Historia de Granada, por Lafuente Alcantara: tengo los tomos 1.º y 2.º

Historia de la Civilizacion de España por Gonzalo Munoz: tengo los cuatro primeros tomos y debe haberse concluido esta publicación, que contendrá otro tomo ó dos mas.

Biblioteca de autores españoles: tengo tambien los cuatro primeros tomos y deben haber salido otros cuatro ó cinco.

He tenido el gusto de conocer y tratar aquí al joven artillero de Gabriel con quien hablo frecuentemente de V., como tambien con el ínclito Villoslada.

El correo se vá y no puedo mas por hoy. Mis recuerdos afectuosos a los íntimos, y de V. spr̄e am.º amigo.

J. DE BREMON

CARTA V.

Sr. D.ⁿ Manuel Cañete.

Mi estimado amigo. No habiendome invitado nadie á tomar parte en el Album para el Sr. Conde de S.ⁿ Luis, no debe V. extrañar que no se haya asociado á esta empresa quien, como yo, no tenia de ella mas que una idea vaga, y se halla enteramente apartado de la literatura. Ademas, si alguna vez he acertado en el género dramático, he sido siempre de lo mas desgraciado en el lírico, y por lo mismo me he negado constantemente á cuantas invitaciones se me han hecho para unirme á otros literatos con el objeto de formar coronas poéticas y otras colecciones de igual naturaleza. Al cabo de ocho año [sic] que hace dí el último adios á las musas, ¿que papel quiere V. que haga entre tanto jóven de imaginacion fresca y lozana, un viejo que en tanto tiempo solo ha tomado la pluma para redactar órdenes y reglamientos? Por último, la petición de V. me parece extemporanea. Despues del lastimoso resultado que ha tenido el teatro español, de cuya junta he sido á la verdad triste presidente, pero de cuyo cargo no quisiera acordarme ¿que entusiasmo ha de quedarme para celebrar al autor de un pensamiento avortado, como avortarán en este pais todos los pensamientos que tiendan á favorecer la literatura y á promover la ilustracion entre nosotros? ¡Hartas pruebas tengo de ello en el ramo que dirijo y en el cual se han venido á estrellar mi celo y mi perseverancia contra los obstáculos que ofrecen aquí la ciega ignorancia y las pasiones mezquinas!

Por estas razones, bien puede V. conocer que no debería ceder á su honrosa invitacion; pero si el Sr. Conde tiene gusto en que mi nombre, olvidado ya en la literatura, figure entre los que adornan el proyectado Album, procuraré complacerle con alguna composicion corta, para la cual le pido á V. algunos días, porque en estos me apuran precisamente ocupaciones perentorias que absorven toda mi atención y de que no puedo distraerme un instante.

Con este motivo se repite de V. su af.^{mo} y S.S. que S.M.B.

ANTONIO GIL Y ZÁRATE

CARTA VI.

Escorial 3 de octubre de 1857

Manolo mio: no hay ocupacion para ti, por grave que sea, capaz de quitar valor á la carta de un amigo. Yo deseaba y necesitaba escribirte; pero había hecho propósito de no escribir, de no leer, de no hablar hasta que sintiese alivio en mi padecimiento. Cuatro palabras seguidas que hablase, me exasperaban la tos; cuatro lineas que escribiese á la familia, me lastimaban la cabeza. Afortunadamente, de suyo taciturno, Manolito Cueto, ha secundado mi plan á maravilla. Pasa el dia rezando a mi lado, ó haciendo silencioso y mudo juguetes de juncos y caña en el agua, para divertirme. Hago pues una vida cartujana, sino quieres compararla con la de alguno de los antiguos filósofos majaderos. Estoy apartado del trato humano; no leo; no escribo; hablo al dia 20 palabras; me acuesto á las 7 de la noche y me levanto a las 7 de la mañana; recorro el monasterio, me paro ante alguna de las batallas de Flandes; y siempre largo tiempo delante de los seis cuadros de la de Lepanto; paseo dos horas por la galería de convalecientes, sentándome cada cuatro vueltas, y respirando el aire puro del campo. La tarde la paso en el campo; y aunque á muy largo trecho, visito a un ingenio que construimos yo y Manuel sobre muy lindo arroyo, oculto á los ojos de todos en la espesura.

Esta quietud y calma, este sistemático silencio, el hechicero descanso de la naturaleza, todo rompe las travas del pensamiento, que vuela desembarazado y libre. No se derrama ahora como en los días de la juventud; no fantasea palacios encantados; no se consume estérilmente. ¿Creerás que ni descubro por aquí la paleta y colores de que se valen las musas para recordar la naturaleza? Más docto y discreto el pensamiento, hallo que se apacienta en los afectos q.ᵉ el tiempo y la experiencia han depurado y quilatado, teniéndolos por bien empleados y felices. Y como sé que siendo en un principio muchos, van los años reduciéndolos á muy pocos, en estos se complace como tesoro rarísimo y de inapreciable valor.

Yo te sigo en tus afanes de hoy y en los de ayer; en la lealtad de tu corazon en todos tiempos; en la abnegacion que te sublima; en la ternura y fijeza que casi te hace único y solo; y siempre tengo motivos para quererte mas.

¿Y qué te dire del ala de nuestro corazon, cuyo talento, virtudes y peregrinas prendas compiten entre sí tanto que no se sabe por qué mas se distingue? ¿Y qué de aquel padre grave, siempre bueno, y siempre digno de envidia por el favor de Apolo? Quisiera Manuel, escribirles á todos; pero temo fatigar mi cabeza. No solo á ellos, sino á nuestros comunes amigos procura hacer entender q.ᵉ los tengo en mi memoria y en mi cariño.

Mañana son los dias de tu madre: sus padecimientos, el amor que os profesais con genios iguales, las visisitudes de su vida, todo esto se presenta á mi, á mi imaginacion con mas poesía q.ᵉ estos bosques y dilatados campos. No hiere mi alma lo que la hería antes. Dile á D.ª Fran.ᶜᵃ cuanto deseo su alivio y su completa y constante felicidad. ¿No está ella unida a la del amigo q.ᵉ más ama tu

AURELIANO.

CARTA VII.

Escorial 26 de julio de 1861.

Amado Manolo: he sabido con gozo que tu madre está mejor, cuando más nos flaqueaban las esperanzas de alivio por haberse hecho crónico su padecimiento. Pero deseo tener directamente de tí minuciosas noticias, y que al fin me digas que ves á D.ª Francisca firme y alentada; desplegar su espíritu, pasar su ratitos en la iglesia, y animarse algun dia, tomar el ferrocarril y solazarse en el palacio arzobispal de Alcalá de Henares. No te digo que en el Escorial, porque las cuestas de estos riscos no son para personas que tienen resentido el pecho.

Ahora lo estamos palpando con la pobre Teresita Rizzo. Petra se la trajo por ver si lograba proporcionarle algun alivio con la pureza de estos aires y con no dejarla un instante abandonada á sus pensamientos. Algo se ha conseguido; pero hemos tomado el recurso de que todos los días venga una burra, ya para que la pasee, ya para que la lleve y traiga al mismo monasterio. En fin, no anda fuera de casa ni dos varas siquiera sino borricalmente; sistema engorroso para ella y para nosotros tambien, naturalmente.

El 6 de agosto abre este ferrocarril para el público, y por medio de relaciones eficaces suelen algunas personas venir ahora, en un abrir y cerrar de ojos. ¿Por qué no tocas algún resorte para venirte un sábado y estarte conmigo hasta el lunes, sino puedes otra cosa? Eso poco, repitiéndolo todos los domingos, te sería de salud y esparcimiento. Pasado el dia 6 ya no tienes escusa: uno de cada siete debemos descansar; ¿cómo emplearlo mejor que en el campo, en la soledad más amena, en la libertad más preciosa, al lado de un amigo que nos ama entrañablemente? Segurísimo estoy que te has de alegrar si tomas mi consejo.

Cuando vengas no me conocerás de lo repuesto que estoy. Por fin he entrado en mi mismo, he conocido q.º me iba acabando a toda prisa; y ahora pongo puntales a la vida, por mas que me sea incomoda por el prurito la holganza.

Escríbeme dos renglones mientras me das un abrazo; pero procura que esto sea muy pronto.

Me hallo a oscuras de política, de noticias de amigos, de todo. Vivimos en un desierto. A nadie visito: los aires meneados por el viento son mis tertulias, el contemplar los bosques y las sierras mi geografía; el comer, mis empresas literarias. Vente, vente, vente.

Petra, Llop, Teresa y Manolo te lo ruegan con tu amantísimo

AURELIANO

CARTA VIII.

Córdoba 12 de Oc.^{bre} de 1861.

Sōr D. Manuel Cañete.

Mi querido amigo; con el mayor sentimiento he sabido el fallecimiento de su Sōra. Madre (Q.D.H.) el que me ha impresionado vivamente.

Quisiera estar al lado de V. para prodigarle los consuelos de un buen amigo, si bien infructuosos, le demostraría así la extraordinaria parte que toma en su acerbo dolor.

Dios haga, mi buen amigo, que V. que tan religioso es, encuentre algún alivio en esa resignación cristiana que tan arraigada tiene en su pecho.

Así se lo pide al cielo su cariñoso amigo aff.^{mo} s.s. q. b. s. m.

EL MARQUÉS DE CABRIÑANA.

CARTA IX.

Sevilla 16 de Octubre de 1869

Sr. D. Manuel Cañete.
(Madrid).

Mi distinguido y estimado amigo: Con singular satisfacción, he recibido la favorecida carta que se sirvió dirigirme Vd. hace algún tiempo; y, digo con singular satisfacción, porque, aceptando mis espontáneas ofertas, me dispensaba la señalada honra de ocuparme en su obsequio. Ahora, si hasta el presente no he acusado el recibo de su citada carta, ni he puesto en conocimiento de Vd. el resultado de mis gestiones, ha sido unicamente porque aplazaba hacerlo para cuando hubiera podido comunicarle algunas noticias curiosas. Mis muchas y perentorias ocupaciones, de un lado, y de otro la proligidad y esmero que reclamaba la búsqueda de los datos solicitados por Vd., me han impedido terminar más pronto, cual de corazón hubiera deseado, estas diligencias. Conociendo Vd. que le profeso acendradísima estimación, desde luego verá que cuanto acabo de esponerle en descargo de mi silencio, es verdadero de todo punto.

Allá van, pues, las noticias que he podido adquirir, las cuales celebraré vivamente que sean útiles al propósito de Vd., nunca lo bastante loado, de sacar a luz esas preciosas joyas de nuestro teatro, que por nuestra proverbial incuria yacían sepultadas en el más doloroso olvido; de ilustrarlas con su atinada y penetrante crítica, y de presentar a la pública admiración, con toda su magnitud, los padres verdaderos de nuestra literatura dramática. Dios le conceda tiempo y reposo para terminar cumplidamente su admirable pensamiento, en una época tan mezquina y, por decirlo así, tan *anti-literaria* como la presente.

El más antiguo Corral de Comedias en esta capital, de que se guarda memoria, estaba situado en un Corral de vecinos, calle del Coliseo, frente a la Cárcel de la Santa Hermandad. Esta noticia, la he hallado en un códice bien antiguo que poseo, referente a cosas de Sevilla donde por incidencia se hace esta mención. Por eso, no he podido hallar ninguna otra noticia perteneciente al propio Corral. Ni Ortiz de Zúñiga, ni Aranda, ni Mogardo, ni Peraza, ni Espinosa, tratan en modo alguno del antiguo teatro hispalense; por lo cual se ignora la fecha de su fundación, su capacidad, su importancia, lo propio como los nombres de los comediantes, la calidad de las comedias y la significación de sus autores. Este descuido de los historiadores de Sevilla, ha venido a sepultar en el olvido más sensible y lamentable la historia de la escena española, en su infancia, en la patria de Lope de Rueda y Juan de Mal-lara. Ni aun estos inolvidables ingenios, ilustradores de nuestro teatro, se han librado de aquella indiferencia lastimosa; a pesar de ser sevillanos y de haber florecido grandemente en su misma patria. Así, como más adelante veremos, las noticias que de ellos se tienen, además de ser escasísimas, vienen a hacer más revelante el olvido en que yacen aquellos ilustres varones.

Volviendo al Corral, y refiriéndome al códice ya indicado, diré a Vd. que aunque se ignore la fecha de su fundación, puede asegurarse que existía ya por los años 1550; puesto que la fecha del propio códice, donde se menciona la existencia de aquel Corral, no pasa de dicho año de 1550. Aquí, pudo muy bien haber trabajado Lope de Rueda con su compañía. Los sevillanos gustaban entonces mucho de esta clase de divertimientos pues que entonces esta Metrópoli era el emporio del saber y la cultura, y de la riqueza por abrigar entonces la Contratación de Indias, verdadero río de plata. Y que en tiempos del famoso batioja, aquella afición era importante, lo demuestra sobradamente el haberse derribado el Corral, levantándose en su lugar y en el propio sitio, por cuenta del Ayuntamiento, un hermoso Coliseo cuyo solo coste ascendió á 25.000 ducados. Hízose esta fundación en el año 1599, segun preciosos documentos antiguos que he consultado, y producía al Ayuntamiento, sin dueño, en renta 3.000 ducados anuales. D. Juan Arroyo, decía haber visto en la portada y en el techo de este Coliseo las armas de la Ciudad con el mote: "A CAESARE NOBILITAS A SE IPSA FIDELITAS", alusión á la fidelidad de Sevilla á Carlos V. en la guerra de *Las Comunidades*. Esto no tendría nada de extraño, toda vez que siendo *La Ciudad* dueña del Teatro, debía llevar éste sus Armas, si el propio D. Juan Arroyo no agregara que los cómicos del Coliseo fueron los autores de aquel mote y los que propusieron al Consejo y Regimiento de la Ciudad que lo colocaran en su Escudo; lo que, aceptado, vino haciéndose algun tiempo. Este es el curioso lema que indicaba a Vd. en mi anterior.

Increible parece que de este teatro, no se tengan más noticias que las que acabo de consignar. En mis lecturas de papeles antiguos referentes a cosas de esta ciudad, (mi favorita ocupación, como Vd. sabe) no he podido encontrar ningunos otros datos, y eso que los he procurado con especial diligencia, si exceptuamos una *Relación del incendio que hubo en el Coliseo, año de 1620*. Este documento bien curioso, ofrece en algunos párrafos indicaciones que acaso sean útiles al propósito de Vd; por lo cual copiaré aquí lo más sustancial, literalmente: "Abiendo Ortiz representado las fiestas del Corpus, le pareció dexar la cōpañía como lo hizo, y aviendose juntado despues de partir entre los hermanos valēcianos, y otro cōpañero, comēçarō á representar en el Corral del Coliseo (obra tan grandiosa, y labrada con cuenta de la Ciudad, con tanta grandeza y costo) lunes 22 de Iulio, la comedia de San Onofre, intitulada: "El gran rey de los desiertos," compuesta por Claramonte, con 14 ó 15 aparencias de tanto ingenio y artificio que obligó a la gente que acudiese en gran número quatro arreo que se representó: Estando pues el último dellos que fué jueves 25 del dicho casi á las ocho de la noche acabando el postrer passo de la comedia en que aparecía su Angel en una nube, empezó á emprenderse el fuego de una vela que por ser de noche se puso en lo alto de las aparencias, en ellas mismas, que estavan cubiertas con gran cantidad de lentisco, que por estar ya casi seco empezó a arder con alguna fuerza juntamente con la nuve, de que luego se apartó el angel, temiendo el peligro. ." ... "ardió todo el teatro y la manzana de casas en que se hallaba enclavado" ... "En él murieron sobre 20 personas" ... "Los comediantes se escaparon todos, aunque el Angel se chamuscó. El que hazia la figura de San Onofre salió casi desnudo, con una mata de yedra por paños menores, y algunos muchachos le siguieron con vaya, hasta meterle en su casa que estava bien distante." ...... La reedificación costó 19.000 ducados. Nada más, como llevo dicho, he podido saber de este Coliseo.

Respecto al insigne batioja Lope de Rueda, nada nuevo diré a Vd. que no conozca ya. Valderrama, Ortiz de Zuniga, Matute y Gaviria lo propio que los demas anticuarios hispalenses que tratan de sus claros compatriotas, no añaden ni una línea á las escasísimas noticias biográficas que ofrece Nicolás Antonio de aquel ilustre autor y representante. Rodrigo Caro, que comenzó a escribir su biografía en *Claros varones naturales de Sevilla,* no pasó de los cuatros primeros renglones, á causa de haberle sorprendido la muerte comenzando aquella obra, que de haberla concluido sería de inmensa curiosidad e importancia, por los elevados talentos que distinguían á esta lumbrera de nuestro parnaso. En Córdoba, a pesar de haber puesto en movimiento á mis amadísimos compañeros los socios del "Liceo", tampoco se ha podido encontrar nada que trate del famosísimo sevillano. Pensé que hubiera podido hallar alguna cosa en el Ayuntamiento, o al menos la causa de haber dado á una calle de esta capital el nombre de Lope de Rueda; pero se me dijo que para la rotulación de esta calle no se había tenido presente ninguna tradición relativa á aquel escritor, sino simplemente la idea de honrar su memoria dando su nombre a cualquier calle de la capital. Y, por último, ni en la Biblioteca Colombina, ni en poder de los anticuarios, ni entre mis muchos códices antiguos, de igual modo, he visto nada que se refiera al propio sevillano. Termino pues, estos apuntes acerca de él, diciéndole que del teatro que estubo junto a la calle de Lope de Rueda, no sé más sino que existió en el siglo XVII, que no tuvo mayor importancia, pues que el antiguo y principal teatro hispalense, primero Corral y luego Coliseo no fue otro que el que llevo indicado existente en la calle conocida de antiguo con el nombre de Coliseo, que aun lleva. En una palabra, el teatro susodicho no es otro sino el que estuvo en el Alcazar, que, como Vd. sabrá, está próximo a la calle de Lope de Rueda. Hoy tenemos otro teatro en la calle de Amor de Dios, después del de San Fernando, el mejor de los restantes, nombrado Lope de Rueda.

De Juan Parthenio Tovar, ofrecí facilitar una biografía inédita aun: y en las siguientes líneas la verá Vd. La he tomado de la obra inédita *Hijos de Sevilla señalados en santidad, letras & por D. Justino Matute y Gaviria.* Hela aquí: "*Juan Parthenio Tovar,* sevillano, poeta laureado, catedrático de Poética y Oratoria en la Universidad de Valencia, por los años de 1499, imprimió varias Eglogas latinas y otras poesías en Valencia en la imprenta de Jorge Suriano, año de 1503, y por ella se conoce su patria, según Fr. Jaime Villanueva en su *Viaje literario por varios Iglesias de España.* Juan Sobrarias de quien habla D. Nicolas Antonio Bib. Nov. [*Biblioteca Hispana Nova*], bajo el nombre de *Joanes Soprartis,* parece que fue amigo de Tovar, si acaso habla de él en un poemita muy raro *in laudem Farthenici Poeta,* del qual hace memoria Latassa [Félix de Latassa y Ortín] en su Biblioteca Nova de los escritores aragoneses tomo I. Los del apellido Tovar, eran de familia antigua y muy distinguida en Sevilla, desde el tiempo del Rey D. Pedro. El Almirante Juan Sanchez de Tovar que sucedió en su dignidad á su padre Fernandez Sanchez de Tovar año de 1384 murió el año siguiente en la batalla de Aljubarrota, dexando sucesión y aun en el día permanece esta familia con honor y brillo á la qual pertenecen los marqueses de Paterna."—

Tocante á Juan de Mallara, vea Vd. la interesante biografía que de él escribió Rodrigo Caro que se contiene en sus *Claros varones,* ya mencionados. . [Aquí omitimos la cita de Caro.]

Pero no es únicamente en esta obra donde el gran Rodrigo Caro hace mención del Maestro Malara. En su *Santuario de Ntra. Sra. de Consolación y antiguedad de la villa de Utrera. Osuna 1622,* dice también: "No es de pasar en silencio (habla de alguna ofrenda á aquella imagen) que el M. Joā de Malara, biē conocido en Sevilla por sus buenas letras q̄ enseñava, fue muy devoto desta Señora; lo qual mostró en una comedia que hizo en verso Castellano (y pienso que fué de las primeras en España se hizieron en verso) de que yo tengo el original, y con sus discipulos la vino á representar á esta villa el año de 61. y ofreció un bulto de plata de su persona y ciertos vestidos y cirios de cera blanca, de la qual hace mēcion en su comedia, que comiença:

"Villa de Utrera, noble y venturosa."......

Observe Vd. que esta noticia la escribió Caro en 1620 y la anterior biografía en 1649, según acredito con toda la amplitud posible en mi obra "Rodrigo Caro, su vida: su epoca, sus escritos" que preparo para los moldes. Las copias que acabo de trasladar son exactas, es decir tal como las escribió este grande hombre, y se me figura que hasta el presente ninguna persona se ha ocupado de ellas; ni mucho menos se ha impreso la anterior biografía.

He aquí, carisimo amigo, los materiales que he podido reunir hasta ahora. Tómelos Vd. y haga de ellos cuanto estime procedente, seguro de que en su búsqueda como en cuanto se relacione con D. Manuel Cañete experimenta un verdadero placer su apasionado amigo.

S. S. q. b. s. m.

ANTONIO SANCHEZ MOGUEL

Mis cariñosos recuerdos a Zarco.

CARTA X.

Santander
24 mayo 73

Ciudadano Manuel Cañete:

No sé si le dijeron á V. que estuve dos veces en su casa á despedirme, y hubiera ido la tercera á no haberme asegurado Zarco que iba V. á venir con él el dia antes de mi marcha, que se verificó el Martes ult.º 20 del corriente.

El objeto de mi visita, ademas de tomar sus órdenes para Paris, Londres y Viena, era, segun diria á V. Manolito, —rogarle me devolviese el *Cancionero de Juan del Enzina*, las *Comedias* de Lope de Rueda, las *Farsas* y *Autos* que le presté a V. ultimamente y fueron de Don Cayetano Alberto de la Barrera, y algun librejo mas pertenecientes todos al Teatro Antiguo.

Segun los tiempos que corren y la probabilidad de que el dia menos pensado me vea precisado á fijar mi domicilio en Londres, comprenderá V. facilmente el gran deseo que tengo de que esos y otros libros que tengo prestados vuelvan cuanto antes al hogar doméstico. A esto se agrega que Adolfo Ribadeneyra (ignoro si por disposicion de su difunto padre ó *motu propio*) se empeña en que yo le haga el tomo de *Dramáticos anteriores á Lope de Vega*, ó cuando no que dirija la publicacion, y le dé los materiales para que otro los coordine y corrija las pruebas.

Escuso decir que cuando recibí dicho encargo procuré eludirlo con decir que V. tenía ya trabajos importantes en dicho sentido, y pensaba publicar bajo los auspicios de la Academia Española lo más notable de nuestro teatro antiguo. Nadie, pues, mejor que V. podia y debia encargarse del tomo que en un principio fue, segun parece, ofrecido a Rios, aunque por desavenencias ocurridas entre Ribaneyra y él, no llegó á ultimarse el contrato.

Ignoro si la indicacion por mi hecha al editor de la Biblioteca ha surtido ó no efecto; y si ha sido V. invitado, como lo propuse, para confeccionar el mencionado tomo. Supongo que sí, y tambien que habrá V. aceptado; pero en el caso contrario comprenderá V. la razon que me mueve á rogarle con instancia quiera cuanto antes devolverme los expresados libros, que debe ya tener copiados y sobradamente digeridos.

V. dirá en que puede servirle en estas tierras su af.^{mo} amigo

PASCUAL DE GAYANGOS.

www.ingramcontent.com/pod-product-compliance
Lightning Source LLC
Chambersburg PA
CBHW030616230426
43661CB00053B/2012